メモリースティック

九龍ジョー
Joe Kowloon

ポップカルチャーと社会をつなぐやり方

まえがき

半径五メートルの場所から

初めて原稿料というものをもらった仕事は、当時ソフト・オン・デマンドの社長だった高橋がなり氏へのインタビューだった。男性誌、いわゆるエロ本に掲載された。二〇〇四年のことだ。

その二年前、ぼくは同社でバイトをしていた。バイト経験がインタビューに活かされたかどうかは思い出せないが、ガチガチに緊張したことはよく覚えている。駆け出しそのものだった。取材にかこつけて、高橋に直接伝えたいことがあった。あなた方のつくったものが、あなた方の思惑を越えて、モニターの前に沈みこむ腰の重いわたしの身体に響いたのだと。「自分の欲望のポテンシャルを低く見積もってはならない」耳元でそう囁かれたような錯覚。正確には、それをもたらしたのは高橋ではなく、彼の起用した何人かの監督や女優たちだったのだが。

日経連が「新時代の『日本的経営』」を発表したのが一九九五年。その年、一月に阪神淡路大震災が起こり、三月に高校を卒業した。同じ月に地下鉄サリン事件。「安全神話」の崩壊。住専問題、薬害エイズ、大蔵官僚の汚職、沖縄米兵少女暴行事件……。まったり生きるための堅牢な足場は揺れ出していたが、まだまだ呑気だった。とっくに亀裂だらけだったと気づいたのは二一世紀に突入してからだ。〇〇年代前半、フリーターと無職を行き来しながらとくにやるべきことのなかったぼくは、八王子の実家で、毎日のようにマンガ喫茶に通っていた。夜な夜な家族が寝静まるのを待ってAVをおかずに自慰をした。疲れ果てては寝そべった。また朝がきて、太陽が昇り、目が覚めたら昼すぎで。マンガ喫茶しか行くところがなかった。時間はリニアで進んでいるはずだが、ループして、方向感覚すらない。なにもできない。なにもしたくない。誰にも必要とされていない。あのぐったりとした感覚がいまでも身体に刻み込まれている。

運よく出版の世界に潜り込むことができた。二〇〇四年に初原稿料を受けとって以来、さまざまな媒体と出会い、原稿を書く機会を得た。音楽、映画、演劇、文学、プロレス、お笑い、マンガその他、ポップカルチャーについて書くことで、半径五メートルぐらいの自分がどうやったら社会とつながることができるのかを考えていた。いや逆かもしれない。できるかぎりウソくさくないやり方でつながろうと思ったら、そこにポップカルチャーがあった。書いてきたジャンルはばらばらでも、同じ問いの周りをぐるぐると螺旋のように巡ってきただけだ。その軌跡をなぞるように本書は構成されている。

第一章では〇〇年代以降、ドラスティックに変化する音楽や映画の世界で、インディペンデントな立場から新しい可能性を切り拓いているアーティストたちの動きを活写する。最初に登場するのは映画監督・松江哲明とミュージシャン・前野健太だ。ふたりの邂逅によって生まれた映画『ライブテープ』の成立過程を追うことは、そのまま一〇年代以降のユースカルチャーの原風景を描くことでもあるだろう。さらに、その風景を賑やかにしている現在進行形のアクションを、東京のインディ音楽シーンを中心に追っていく。これらの動きは演劇ほか隣接するジャンルや、さらにはおとなり韓国にまで広がっていく。

第二章では、〇〇年代以降の社会変動、とりわけ若い世代を直撃した非正規雇用/フリーター問題や、東日本大震災がもたらした影響を見ていく。建築家の坂口恭平が3・11へのリアクションとして立ち上げた「新政府」とはなんだったのか。劇作家・岡田利規(チェルフィッチュ)や、批評家・杉田俊介の問題意識が浮かび上がらせるフリーター的身体のあり様とは。それらをカルチャーの切り口から記述していく。交換可能なフレキシブルな身体の行方は、前田司郎、三浦大輔、松井周といった演劇人たちの試みや、伝統芸能を経由しながら、最終的にはセクシャリティの問題へと行き着くことになる。

第三章では、「身体」というキーワードを引き継ぎながら、「ベタ／ネタ／メタ」のレイヤーが可視化されるようになった現代社会を象徴するジャンルとして、プロレスを扱う。その身体表現が観客にどう受け止められているかを考察することで、インターネット以降の感性とフィジカルの関係を洗ってみたい。その上で、立川談志と立川志らくの師弟関係を通して、落語における言葉と身体のせめぎ合いを凝視し、文化を継承していくことの意味を考える。

と、もっともらしく書いてみたが、それぞれの原稿は独立した飛び石のようなものであり、時にはちょこっと跳躍をお願いすることもあるかもしれない。また一方で、本書に収録された最も古い原稿は二〇〇五年、新しい原稿は二〇一五年に書かれていることを踏まえれば、ここ一〇年のポップカルチャーの記録、という見方もできるだろう。登場する固有名詞は局所的なものだが、射程はできるだけ広くとったつもりだ。ゆっくり解凍してもらえたら幸いである。

目次

I章　音楽と映画のインディペンデント

あの映画館で待ち合わせ

二〇〇九年の大晦日、営業時間外の吉祥寺バウスシアターで、十数名ほどの男女とともに一本の映画を観る。同年正月に撮影された松江哲明監督作品『ライブテープ』だ。吉祥寺の武蔵野八幡宮から井の頭公園まで、ミュージシャンの前野健太が弾き語りをしながら歩くワンシーンワンカット七四分の音楽ドキュメンタリー。

撮影ルートには吉祥寺サンロードが含まれており、映画には当のバウスシアターも映り込んでいる。撮影からジャスト一年後というタイミングで、同館のスタッフ・武川寛幸が、出演者および撮影クルーのためにプライベート上映をしてくれたのだった。同年一〇月、東京国際映画祭で「ある視点」部門グランプリを受賞した『ライブテープ』は、年末より同館で公開されたばかりだった。上映が終わると、年明けを待って、みんなで武蔵野八幡宮に初詣をした。

あれから五年が経った。

二〇一四年五月一四日、同じバウスシアターのスクリーンで、松江と前野、さらに平日の夕方五時という時間帯にもかかわらず集まった観客とともに、『ライブテープ』の爆音上映を鑑賞した。ただの上映ではない。以後、もう二度と同館で『ライブテープ』が上映されることはないのだ。バウスシアターはこの月をもって、三〇年間続いた歴史に幕を下ろすことになっていた。

スクリーンに五年前の吉祥寺が映し出される。

ギターを弾き、歌いながら前野健太が歩く。五日市街道の奥に一瞬、自分が見切れた。たしかにぼくはここにいた。前野がサンロードの角を曲がる。バウスシアターの看板が映る。看板の前にしゃがみ込む前野。アコースティックギターでイントロをつま弾く。曲は〈100年後〉だ。『ライブテープ』はなぜかこのシーンで画面が一瞬暗転する（ワンカットは持続したままで）。その意味をこれまで深く考えたことはなかったが、この日の暗転には胸を衝かれた。バウスシアターが、客席に向けてウインクしたように見えたからだ。

「100年後、君と待ち合わせ」

上映後、松江と前野、さらに公開時に宣伝をサポートした加瀬修一とともに李朝園で焼肉をつつく。さらに『ライブテープ』のロケ場所のひとつでもあるハモニカ横町のバー「なよ乃」へ。途中から、やはり宣伝を担当したプロデューサーの直井卓俊が合流する。誰も思い出話はしないが、なよ乃の柱や丸椅子には当時の記憶が付着している。

かつて、なよ乃は〝一軒目〟の店だった。ここで一杯ひっかけてから、吉祥寺の街へ。しかしあの頃、通った店も多くはすでになくなっている。この五年、松江や前野をめぐる状況も大きく変わった。吉祥寺の駅前も変貌したが、それでもバウスシアターがなくなるなんて思いもしなかった。

映画館としてはクローズしたバウスシアターで最後に一〇日間、「ラスト・バウス／ラスト・ライヴ」というライブイベントが催された。在りし日のバウスシアターでは、演劇公演や音楽ライブも頻繁に行われていた。バウスシアターらしい最期の宴だ。

その三日目、ホライズン山下宅配便とＮＲＱのツーマンライブに足を運ぶ。両者ともバウスシアターの大きなスクリーンに映像を投影しながら、その前で演奏をした。あれ？　バウスってこんなに音よかったっけ？　映画館とは思えぬほど解像度の高い出音に改めて驚かされた。boidの樋口泰人が爆音上映用に組んだアナログ機材中心の音響設計が活きている。

その翌日、新宿の紀伊國屋書店で、拙著の出版記念イベントがあった。共著者の磯部涼と、ゲストに迎えた北沢夏音と前野健太とともにトークをした。テーマは「街と歌」。自然とバウスシアターの話になるが、前野はあまり乗ってこない。『ライブテープ』については一言だけ。

「久しぶりに劇場で観たけど、あの頃かけてたサングラス、安っぽかったな」

イベントの締めにやってくれた弾き語りで前野が披露した新曲は、ちょっとディランを彷彿とさせるフォークソングで、そのタイトルは〈今の時代がいちばんいいよ〉だった。

「音楽と人」(2014)

『ライブテープ』について私が知っている2、3じゃすまない事柄

まあ、あの楽隊のおと！　あのひとたちは発っていく。ひとりはもうすっかり、永遠に逝ってしまったし。わたしたちだけここに残って、またわたしたちの生活をはじめるのだわ。生きていかなければ。……生きていかなければねえ。

チェーホフ『三人姉妹』

ライブ後、会場出口付近で汗だくの前野健太に声をかけたのは、二〇〇八年三月二一日のこと。場所は秋葉原のクラブグッドマンだった。

「きっと会うことになるから」

前野健太のライブを、初めてバンド「デヴィッド・ボウイたち」を従えた編制で見た夜だった。この時点での「デヴィッド・ボウイたち」の顔ぶれは、吉田悠樹（二胡）、あだち麗三郎（サックス）、POP鈴木（ドラムス）、服部将典（ベース）。

当時のブログにぼくはこんな感想を書き残している。

「〈友達じゃがまんできない〉のメロウ、〈天気予報〉のダイナミズム、バンド編制だからこそ初めてわかることがたくさんあった」

前野健太に夢中になりはじめていた。

ずっと前から、周りの若い友人たちには言われていた。「九龍さんはぜったいマエケン（前野健太）を気に入るはず」なのに、その魅力に気づくのに一年かかった。

しかし一度ライブを見てからは、もう虜だった。

前野のライブには、いつも強烈な〝一回性〟があった。

ライブが「作品展示」になってしまうミュージシャンが多い中、前野の歌は、その場に居合わせた人間に強烈に刃を向けてくる。スルーができない。当の前野もいつも汗だくである。「前野健太にみんなもっと衝撃を受けるべきだ」おせっかいな想いが芽生えた。前野の存在を知らせるべき何人かの顔も浮かぶ。

真っ先に浮かんだのが、映画監督の松江哲明だった。

だから帰り際、前野に声をかけたのだ。

その頃の松江哲明といえば、作品中によく豊田道倫の曲を使っていた。しかし豊田にはカンパニー松尾という盟友とも呼べる映像作家がいる。しかも松尾は、松江の師匠筋でもある。もっと同世代で松江作品にフィットするミュージシャンがいるのではないか。そんなことをずっと思っていた。

松江自身も『童貞。をプロデュース』（二〇〇七）の公開にあたり、劇場公開用のブリッジ映像に銀杏ＢＯＹＺのフロントマン・峯田和伸を起用したことがあった。しかし、銀杏ＢＯＹＺにはもはやバンドクルーといってもさしつかえのない絆で結ばれた映像スタッフがいる（実際、ブリッジ映像の撮影もそのスタッフのひとり、手塚一紀が担当した）。

そこに現れたのが前野健太だった。

とはいえ、ぼくは松江以外の何人かの若手監督に対しても「前野健太の音楽を起用したらハマるにちがいない」と夢想していた。なので、最初に前野健太の存在を紹介した映画人は、多くの若手映画監督と関係を持つ同世代の映画プロデューサー、直井卓俊だった。

まだ京橋にあった映画美学校そばの喫茶店で、直井に前野健太と三輪二郎のＣＤ-Ｒを手渡した日のことをよく覚えている。なぜか直井と別れた直後、京橋の横断歩道で偶然にも豊田道倫とばったり会った。その後の前野健太と三輪二郎、豊田道倫の関係を思えば、あれはいったいどんな星の巡り合わせだったのだろうかと思う。

そしてなにより秋葉原グッドマンだ。

「松江哲明ときっと会うことになるから」

ぼくの予言ともつかないささやきに、前野は「怖いですね」と答えた。

出会いはその半年後にやってきた。

八月一一日、阿佐ヶ谷ロフトAで開催された直井卓俊率いるSPOTTED PRODUCTIONS主催のイベントに、前野のミニライブがプログラムされたのだ。同イベントにはトークゲストで松江も呼ばれていた。

「オレ、なにやればいいですかね」完全にアウェイな状況で、前野は少しだけナーバスになっているように見えた。

前野は弾き語りで三曲演奏した。

〈18の夏〉

〈メッセージ〉

〈天気予報〉

会場の空気をガラッと変える、熱のこもったライブだった。

イベント終了後、前野と松江を引き合わせる。すでに松江は物販で前野健太のファーストアルバム《ロマンスカー》を購入していた。

松江はその夏に制作中だった映画『デトロイト・メタル・シティ』のＤＶＤ特典用メイキング映像の挿入歌に、さっそく前野健太の〈天気予報〉を採用する。それも二テイク。アルバム《ロマンスカー》収録のバージョンと、いまはもう流通していない《初期音源集》の収録バージョン。打ち合わせを兼ねて初めて松江の自宅を訪問した前野は、松江のPCのデスクトップに映ったiTunesの再生回数が〈天気予報〉だけ突出していることに気づいていたという。

以降、前野健太のライブの客席最前列で、大声で合唱する松江の姿をよく見かけるようになった。しかし、その手にまだカメラは握られていない。

九月七日、東高円寺UFOクラブでのライブで、前野のバックバンド「デヴィッド・ボウイたち」にドラマーとしてPOP鈴木が加入。この夜をもってデヴィッド・ボウイたちは、《ライブテープ》の出演者でもあり、現在にまで続くメンバー編成（あだち麗三郎をのぞく）となった。

改めて紹介しよう。前野が音楽活動を始めた頃からの友人であり、バンド「NRQ」「カナリヤ」を中心に、ウタモノから即興シーンまで引っ張りだこの二胡奏者、吉田悠樹。ワールドワイドに活躍するシンガーソングライター、トクマルシューゴを擁し、USインディ直系サウンドを聴かせるバンド「GELLERS」のベーシスト、大久保日向。「絶望の友」「さかな」を始め数々の重要バンドを渡り歩き、現在はバンド「フレグマ」「synapse」などに参加しているドラマー、POP鈴木。

大久保もPOPもこの時点では暫定的なサポートメンバーのつもりだったという。

夏の終わり、松江の父親がガンのため容体が思わしくないという話を聞く。そのこともあってか、松江は飲んで酔いつぶれる機会が増えた。

事件は一〇月一四日に起こった。

その夜、ぼくは、松江、プロレスラーのマッスル坂井、デザイナーの細谷麻美と渋谷で飲んでいた。タワーレコード新宿店の開店一〇周年記念で松江とマッスル坂井のトークショーが企画され、ぼくが司会をすることになっていた。その打ち合わせを兼ねた飲み会だった。

打ち合わせ自体はスムーズに終わり、店の前で自転車移動の松江と細谷と別れる。ぼくと坂井はタクシーで中野坂上に移動し、もう少し話そうとファミレスに入った。すると、しばらくして、細谷から携帯に電話がかかってきた。

「松江さんが……」鳴き声である。遠くで松江の怒号も聞こえる。

泣きじゃくる細谷の話を汲み取ると、松江が知らない男たちに殴りかかっているのでそれを止めてほしい、と言っていることがわかった。それ以上は話が見えない。場所を聞くと、中野坂上をやや新宿寄りに下った通りだという。かなり近い。

現場へと駆けつけると、大勢の警官に取り囲まれて悪態をつきまくっている松江がいた。口から出血している。いちばん偉そうな警官に目ぼしをつけ、「ごくろうさまです！」と声をかけながら輪の中に分け入った。

「君、知り合い？」警官は冷静だ。「近所から通報があったもんでねぇ」

松江を連れ帰ることを約束し、その場を収めようとすると、「んだごらぁ！」松江がなおも警官に突っかかろうとする。それをなんとかなだめる。

改めて細谷から聞き出した話はこうだ。

松江とふたり組のチンピラが、すれ違いざまの売り言葉に買い言葉で取っ組み合いになった。数で勝るチンピラ勢が松江を組み伏すも、松江は大声を上げて抵抗。その声を聞いた近隣住民が通報。パトカー二台に分乗した警官たちが到着する頃には、チンピラふたりは逃走し、現場には口から血を流しながら大声でわめく松江だけが残された。

クールダウンした松江を見送り、さきほどのファミレスに戻ってきたぼくと坂井は、呆れるというよりも、むしろ松江の情動の激しさに感心してしまっていた。

「あれには敵わないよなぁ」坂井がしみじみと言った。


三日後、松江の父親の容体が急変する。

タワレコのイベントは急遽マッスル坂井の単独トークショーに変更して開催。ぼくたちは、お客さんにウソまじりの事情説明をした。

「松江監督は警察に逮捕されたので来られなくなりました」

二日後の一〇月一九日、松江の父は帰らぬ人となった。

同じ頃、ぼくは吉祥寺の若い友人たちと自主映画をつくっていた。タイトルは『A・Y・A・K・A』。監督・脚本は漫画家の大橋裕之。主演は前野健太と漫画家ルノアール兄弟の原作担当である左近洋一郎、さらに当時SPOTTED PRODUCTIONSの手伝いをしていた女子大生の小林郁香。吉祥寺の古本屋バサラブックスを舞台に、三人の愛憎が絡み合う三〇分弱の短編で、ぼくは撮影を担当した。

この『A・Y・A・K・A』を手伝ってくれた若い友人たちが、二ヵ月後に『ライブテープ』の撮影を支えるスタッフとなる。

かつて吉祥寺駅前のハーモニカ横町に「イラブチャー」という立ち飲み屋があった。店主の佐藤広輝は、弁天湯という吉祥寺の銭湯を使った音楽ライブ企画「風呂ロック」の運営代表でもあった。そんなこともあって、イラブチャーは音楽好きを中心に、地元の老若男女が夜な夜な集う賑やかな店だった。が、二〇〇七年の秋、イラブチャーは惜しまれながら閉店。ぼくと若い友人たちはしばらく飲み屋難民となった末に、同じハーモニカ横町の「なよ乃JINJIN」というバーに入り浸るようになる。なよ乃もまた、いかにもバンドマン風なロン毛のバーテン、石指拓朗の人懐っこさもあり、居心地よく飲める店だった。

二〇〇八年一二月二日、吉祥寺バウスシアターで『HOT FUZZ』の上映後トークに出演した松江は、サンロード商店街を歩きながら「ここで映画を撮ったら面白いだろうな」と思いつく。さらに駅前まできてぼくの若い友人のひとり、小松周とバッタリ出会い、彼の案内でハーモニカ横町にやってきた。店はもちろん、なよ乃だ。そこで松江は、小松たちに先ほど思いついた映画の構想を話した。

翌一二月三日、ぼくは松江からの電話で中野の中華料理屋に呼び出される。店内には前野健太もいた。

松江は単刀直入に切り出した。「前野さんの映画をつくりたい。いっぺんに何曲かのPVを撮るようなイメージです。元旦の吉祥寺で撮影しようと思います。そこで九龍さんに、スタッフになってくれそうな吉祥寺に詳しい人たちを集めてもらいたいんです」

もちろん二つ返事で引き受けた。

松江にその中華料理屋に呼びだされるのは二度目だった。前回はそこに峯田和伸がいた。前述した『童貞。をプロデュース』のブリッジ映像の撮影日のことだ。

内容は、『童貞。』の主人公、加賀賢三が劇中で歌うオリジナルソング〈穴奴隷〉を、峯田が弾き語りでカバーするというもので、中野サンモール商店街でのゲリラ撮影だった。撮影方法はワンシーンワンカット。カメラマンは銀杏BOYZのスタッフであり、ドキュメンタリー映画『僕たちは世界を変えることができない』（二〇〇七）の監督でもある手塚一紀が担当した。

吉祥寺サンロードで映画を撮る、ということを松江が思いついた背景には、間違いなくこの中野サンモールで弾き語る峯田和伸の姿があったはずだ。

もともと松江にはワンシーンワンカットへのこだわりがあった。『ライブテープ』や『童貞。』に先駆ける二〇〇五年、豊田道倫の〈グッバイ・メロディー〉という曲のPVで、松江はすでにワンシーンワンカット撮影を採用している。なにかの折にぼくがインタビューした際も、「ミュージシャンのライブを映像で見せるときは一曲まるまる使いたい。できればカットも割りたくない」と発言していた。

音楽の持続している空間を割りたくない。

見方を変えれば、こうも言えるかもしれない。豊田道倫も、峯田和伸も、そして前野健太も、容易に割ることができない音楽空間を生み出すミュージシャンなのだ。だからこそ、松江は彼らに惹かれてしまうのだと。

二〇〇九年元旦、午前一一時三〇分、吉祥寺北口改札に『ライブテープ』の撮影スタッフが集合する。

最初にしたのは自己紹介だ。それにならい、監督と出演者を除く現場スタッフ一三人の名前と役割を紹介してみる。

撮影を担当したのは近藤龍人。いまや日本映画を代表するカメラマンのひとりだ。現場では、七四分間移動しながらのワンシーンワンカットというかなり負担の強いられる撮影を、ラストシーンまで途切れぬテンションでこなした。また、近藤はずっとカメラのモニターを覗きっぱなしでいなくてはならないため、映画ライターの那須千里が近藤の服の裾を引っ張り、上手く誘導をした。

録音担当は山本タカアキ。やはり松江をはじめ冨永昌敬や入江悠など、気鋭の監督たちを支える録音マンである。現場ではブームマイクや無線マイクなど七本のマイクを、ほとんど素人であるスタッフの手を借りながら駆使してみせた。その山本の指示のもと、マイクを持って走り回ったのが古本屋バサラブックスの店員だった小松周と、バンド・THEWATTERのヴォーカルである清水英明。同じくTHEWATTERのギタリストであり、前述したハーモニカ横町のバー・なよ乃のバーテンでもあった石指拓朗は、中盤の同店のシーンのために待機。ちなみに現場で前野が使用したアコースティックギターは石指の持ち物である。リハーサルで試し弾きした前野が気に入り、急遽、使われることになった。

ぼくは撮影隊の動きを見ながら、ルートの先々で待機している各出演者、スタッフと連絡をとりあう役目を担当。特に井の頭公園に控えているデザイナーの細谷麻美とは、ステージの準備状況を確認するために何度も電話しあった。ステージの準備は、前野健太セカンドアルバム《さみしいだけ》をリリースしたレーベル「ハヤシライスレコード」の代表兼ディスクユニオンお茶ノ水店の店員だった佐藤正訓と、グラフィックデザイナーの宮添浩司が担当した。小松と同じくバサラブックスの店員だった護山優太は、不測の事態に備え、スペアのアコースティックギターを担いで撮影部隊とともに移動した。

意外にも重要だったのが、冒頭シーンで参拝する長澤つぐみのために、撮影の数時間前から武蔵野八幡宮の参拝行列に並ぶ役割で、これは美大生の四谷英人が担当した。四谷は当日、これが映画の撮影であることをあまり把握しておらず、役割を果たすと、撮影の首尾を見届けることなく帰宅した。そして、現場では常に撮影部隊の側にいて細々としたお使いなどを担当した「童貞2号」(『童貞。をプロデュース2』主演に由来)こと梅澤嘉朗は、撮影中、冒頭シーンの出演を終えた長澤つぐみとふたりっきり喫茶店で待機し、いらぬ緊張を味わったという。

自己紹介を終えると、まずは全員で武蔵野八幡宮から井の頭公園までのコースを歩いた。思ったよりも元日の吉祥寺は人が多い。

井の頭公園のステージで軽くバンド演奏のリハーサルもしてみる。アンプから音を出すと、一分もせずに「ダメダメ！　ダメダメ！」と警備員が飛んできた。これ、まずいんじゃないか……。その場にいた誰もが思ったはずだ。ステージが使えないとなると、ラストシーンのプランは大幅に変更せざるをえない。まあ、でもトラブルになったら、それも含めて撮影してしまえばいい。なぜかそんな方向でみんな納得してしまう。プロの現場ではありえないだろう。まさにゲリラ撮影。その場合、矢面に立つことになる前野健太は、たまったもんじゃなかっただろうが。

井の頭公園付近の路上で最終確認をしていると、向こうから知った顔が歩いてきた。カルト芸人のジャン相見だ。バイト仲間のおっさんとふたりで公園に向かうところだという。なぜ元日早々に男ふたりで井の頭公園？　という疑問もあったが、ジャン相見といえばぼくらの回りでは出会った者はみな出世する（梅佳代、青木さやか、長州小力……等々）縁起モノ芸人として知られており、このタイミングでの遭遇に、スタッフの多くが「この撮影の成功は約束された」と笑い合ったのだった。

午後三時すぎ、武蔵野八幡宮の参拝行列に並んだ長澤つぐみの順番が回ってきたタイミングで、近藤がカメラを回す。七四分ノンストップの撮影がスタートした。

それから体験した七四分の出来事については、以下の原稿が詳しいだろう。撮影から約二ヵ月後の二〇〇九年三月七日に池袋シネマロサで行われた『ライブテープ』の内覧試写のために書いたものだ。

いよいよ『ライブテープ』が観られる。

ワンシーンワンカット七四分、元日の吉祥寺を縦断するゲリラ撮影、ミュージシャン・前野健太が弾き語りをしながら吉祥寺八幡から井の頭公園までを練り歩き、最後は公園のステージで待つバンドとともに演奏を決めるという音楽ドキュメンタリー——その構想を松江哲明から聞いたのは、撮影まで一ヵ月を切った一二月あたまのことだった。

その時点では、当日はリハーサルを含めて撮影を三回程度行う予定だった。「おそらく二回目の撮影がいい感じになるんじゃないかと思うんですよ」なんてことまで言っていた松江だった。

それが本番も押し迫った一二月二七日に行われたロケハンの段階で、なぜか「当日は一回しか撮影しません。一発勝負です」に変わった。カメラマンを務める近藤龍人の提案だという。曰く、「六〇分を過ぎてから出るＮＧは、ＮＧにならないから」

思えばこの判断がすべてであったと思う。

ワンシーンワンカットという「出来事の空間的単一性」に、「一発撮り」という要素が加わることではじめて、聖なる一回性をめぐる再帰的な映画『ライブテープ』は完成をみたのである。


『ライブテープ』に流れ込んでいるいくつかの水脈について素描しておきたい。

九〇年代後半、DVカメラの小型化・デジタル化・低価格化と、PCを使ったノンリニア編集の登場により、誰もが手軽にビデオ撮影を行い、映画を製作できる環境が整った。この技術革新を背景に、映画製作を志す一部の若者たちにより、「セルフ・ドキュメンタリー」と呼ばれる映像作品が数多く生み出された（とりわけ日本映画学校の生徒たちの卒業作品に顕著だった）。

それらの作品は、人間関係の希薄化と共依存化が同時に進行する俗世間の生きづらさの中で、自傷行為、もしくは自爆テロとでもいうべきギリギリの局地戦を表現として成立させていた。そして、彼らの多くは二作目を撮ることなく映画の世界からフェードアウトしていった。そんな季節を日本映画学校で過ごしながら、松江哲明は、卒業作品『あんにょんキムチ』で監督デビューを果たす。

しかし、『あんにょんキムチ』に始まる、松江のその後のフィルモグラフィの充実ぶりはどうだ。

彼らと松江の違いははっきりしている。松江はカメラで撮られるべき硝煙の立ちこめるようなぎりぎりの日常（人はその中で消耗したり、浄化されてしまったりするのだろう）を必要としなかったのだ。

セルフ・ドキュメンタリーもまた、過去の偉大なドキュメンタリーがそうであったように、ある関係性とその力学を映像に収める。たとえなにげない日常であっても、カメラを持ち込むことで、その水面下でうごめく駆け引きを炙りだすことができればオッケーなのだ。

早くからそのことに気づいていた松江は、いまやセルフ・ドキュメンタリーを方法論にまで高めることに成功している。

その方法論を踏まえた上で、松江哲明のフィルモグラフィには大きく分けてふたつの流れがあると思う。

ひとつは、「呪いのビデオ」シリーズに始まり、一連のＡＶ作品、現時点での代表作ともいえる『童貞。をプロデュース』、最新作であり映画『デトロイト・メタル・シティ』のメイキング作品である『ドキュメント・メタル・シティ』へと至る流れ。これらはいずれも、現場での仕掛けや短いカット編集などテレビバラエティの感性を持ち込んだエンタテインメント性のあるドキュメンタリーとなっている。松江哲明の〝オモテの顔〟といってもよい。

もうひとつは、『カレーライスの女』から始まり、『ハメ撮りの夜明け』『セックスと嘘とビデオテープとウソ』に至る流れ。ここでの松江は、自然主義文学の最新型といっても差し支えないほど冷酷なカメラアイで「私」の生と性を描き出す。そして本数こそ少ないが、この〝ウラ松江哲明〟ともいえるラインこそ、松江の作家性が最も発揮されている作品群であると思うのだ。

ウラ松江哲明のキーワードは、ずばり「ハメ撮り性」である。

ハメ撮りシーンのいっさいない『カレーライスの女』にすら、強く「ハメ撮り性」を感じてしまう。かつてゴダールはイメージの本質を「男が女を撮ること」と言い切り、カメラの持つイメージの収奪性を喝破してみせた。しかし、身も蓋もなく男が女にカメラを向ける「ハメ撮り」は、物理的な体位や、被写体との距離の近さゆえに、華麗なるイメージの収奪を許さない。その画面からは、否応にも撮影者の震動、鼓動が伝わってくる。現場の高揚の中での冷静さを欠いた駆け引きもまた、ダイレクトに映り込む。

被写体との関係の中で、撮影者の〝揺れ〟もまた記録されてしまうのだ。

この〝揺れ〟こそが「ハメ撮り性」の正体である。

そして、これから観る『ライブテープ』もまた、「ハメ撮り性」のあるドキュメンタリーに違いない。松江哲明が揺れ、前野健太も揺れるだろう。

その時、吉祥寺の街は彼らとどのように共振するのか。


それにしてもタイトルの『ライブテープ』だ。miniDVの記録分数(上映に耐えうる画質での)限界値が約八〇分。しかし、すでに市場に投入されつつあるハードディスクに映像を記録するタイプのＨＤカメラであれば、そのような限界値は存在せず、容量次第で記録分数の上限を延ばせる。もしこの映画の撮影があと一年ないし二年遅かったとしたら、八〇分という時間制限はそれほど意味を持たなかったはず。間に合ったのだ。


当日、私は撮影全体の連絡役をしていたのだが、松江哲明から撮影開始一五分前に入った電話の内容は、「警官来てます。やばい、バラすかも」だった。

その後も、後半にサクソフォーンで演奏に合流する予定のあだち麗三郎から「(予定コースで)デモがあるみたいで、人が集まってきています」(あとでわかったのだが、前述の警官はデモの対応で招集されていたらしい)という連絡が入った。また、撮影半ばにして、井の頭公園ステージでの演奏がかなり困難な状況に陥ったり……。
撮影スタッフもまた、それぞれ一度しかない八〇分をどう振るまうかが問われていた。

ギターを弾き語る前野健太を中心に、松江哲明、カメラマンの近藤龍人、録音の山本タカアキ、それを遠巻きに囲むスタッフたち（ほとんどが映画業界とは無縁の吉祥寺の若者たちだ）がサンロード商店街を南下してくるのを、数十メートル離れたところで待っていた。「映画」が街を練り歩いてくる。徐々に音が大きくなり、目の前で鳴り響く。今度は「バンド」だと思った。

「前野健太とデビッド・ボウイたち」ならぬ「前野健太と松江哲明たち」。映画と音楽の溶け合った、有機的な生き物がそこにいた。

井の頭公園ステージのトラブルを処理するため、先回りして公園に到着するが、「前野健太と松江哲明たち」はなかなかやってこない。インタビューに時間をかけているようだ。撮影二ヵ月ほど前に父親を亡くした松江哲明は、前野健太の曲〈天気予報〉で歌われる〝父親の死〟について、どこかで話をしてみたいと言っていた。いったいどんな言葉が交わされたのだろか。

公園のステージに鳴り響いた〈天気予報〉のただならぬテンションに圧倒された。

前野の「生きていかなきゃね」という絶叫に激しく揺さぶられた。


もうすぐ『ライブテープ』が観られる。

人生にも似て一度しかない七四分を、願わくば何度でも何度でも多くの方に生きてほしいと思う。


付け加えるべきこぼれ話をいくつか。

吉祥寺駅北口から南口へと抜けるルートは、当初は吉祥寺東亜会館前の道が予定されていた。しかしスタート直前、そのルートに警官が多いことがわかり、ロンロン（現・アトレ）横の通路に変更となった。そのため高速バスの発着駅付近で歌う予定だった〈鴨川〉のシーンがまるまるカットになった。


撮影中、撮影クルーに同行していたぼくは、井の頭公園のステージで待機する細谷麻美とこまめに連絡をとりあっていた。ステージが使えるかどうか、撮影が始まっても確証はなかった。

前野が井の頭通り沿いで〈Sad Song〉を歌っている頃、細谷から連絡が入った。「ステージはダメです！」泣き声だ。

ＰＯＰ鈴木がドラムセットを組もうとしたところ、警備員が厳重注意してきたのだという。撮影クルーから離れ、公園に駆けつける。松江のケンカ騒動の夜と同じパターンだ。ステージ上で佐藤正訓が初老の警備員に怒られているのが見える。駆けつけた勢いでそのままステージに上がると警備員の手を握り、懇願した。

「亡くなった友人がいて、彼のために映画をつくってるんです。一曲だけ演奏を撮影させてください。それ以上演奏しようとしたら、そのときはぼくが止めます」

よく考えれば、警備員は前野が演奏しながら公園に向かっていることも、それが一発撮りであることも知らないわけで、こちらがそこまで焦っていることも意味不明だったはずだ。それでも、あまり関わると面倒だと思ったのか、「一曲だけなら……」としぶしぶ撮影を許可してくれた。

井の頭公園ステージでの〈天気予報〉の演奏シーンには警備員が無言のまま映り込んでいる。ただ、ステージでの演奏は一曲で終わらなかった。前野は続けて〈東京の空〉を歌おうとする。「まずい」警備員に目をやると、彼はステージ前からいなくなっていた。もしかしたら、なにか感ずるところがあって見て見ぬフリをしてくれたのかもしれない。

そのステージでの演奏を、たまたま通りかかったceroというバンドのフロントマン、髙城晶平が眺めていた。映画の撮影だということを知らなかった高城は、友人のミュージシャンたちの路上ライブが突然始まったと思い、驚いたという。

しかしホントに驚きなのは、画面に映り込んでいる高城の手にマクドナルドのハンバーガーが握られていることだ。元旦からマクドナルドって……。

シネマロサでの最初の試写が三月七日。元日の「七四分」を、二カ月とたたないうちにロサの巨大なスクリーンで観るのは不思議な体験だった。

同年一〇月に東京国際映画祭の「ある視点部門」作品賞を受賞した『ライブテープ』は、映画の中にも登場する吉祥寺バウスシアターをはじめ全国各地で公開。その後、海を越え世界各国の映画祭にも招聘され、現在もまだ上映が続いている。

以上が、ぼくが『ライブテープ』について知っている事柄となる。最後に、監督である松江哲明に四つの質問をして本稿を締めたいと思う。

Q.『ライブテープ』というタイトルはどの時点で思いついたのでしょうか。また、そこに込めた思いとは?

松江　ぼくの記憶では九龍さんがつけたことになっていました。二度目のロケハンの最中、「タイトルに『テープ』って入ってるといいんじゃないですか」と言われた記憶があります。撮影に使用した地図には『ライヴテープ01』と書かれていますが、正式にタイトルを決めたのは撮影後にみなさんで入った居酒屋のはずです。誰かが「『ヴ』よりも『ブ』のほうがぜったいによい」と言いました。

Q．カメラマンの近藤龍人氏に伝えた撮影プランはどんなものだったのでしょうか。またそのプランがうまくハマッたシーン、もしくは予想と違う画になったシーンなどがあれば具体的に教えてください。

松江　撮影の翌日、一月二日に撮影素材を見たときの興奮はいまでも覚えています。キャメラのすぐ近くにいて、なんとなく画は予想していたのですが、実際の映像にはまったく違う風景が映っていたからです。決定的なプランはロケハンで彼が言った「お散歩するような感じでいいんじゃないですか」という言葉でした。それがハマッたのはいったん前野さんからキャメラが離れ、再び現れる「なよ乃」のシーンだと思います。撮影中、映画自体がふいに軽くなったような気がしました。画にもそれが映っていると思います。

Q. 画をほとんどいじらない代わりに、音には過剰なほどエフェクトをかけるという編集方針にしたのはなぜでしょうか。また、整音作業の際に山本タカアキ氏に出した指示があれば具体的に教えてください。

松江　ワンカットで撮影すると現実の時間がそのまま記録されてしまいますが、どこかに作為を残しておきたかったのです。撮影前、ぼくはタカアキさんに「フィクションとして録音してください」と伝えましたが、彼は現場を経て「撮れた音の時間は動かさない」と決めたそうです。だからこそエフェクトが多用され、『ライブテープ』にあのような演出が加えられたのだと思います。ぼくは一緒に吉祥寺を歩き、話し、食事をし、その時に発する言葉で行動やプランを伝えていたような気がします。「なにをすればいいんですか」と問わず、撮影、録音の立場から演出を考えてくれるスタッフを尊敬しています。ぼくの仕事はそれに対し、オッケーかNGかを判断することでした。

Q. 完成したあと、前野健太と『ライブテープ』についてじっくり話したことはありますか。

もしあれば、その内容を教えてください。

松江　あるような、ないような。一緒に旅もしているので、車内であれこれ話したはずなのですが、いまは記憶にありません。しかし『鴨川』『ファックミー』のPV、そして『DV』は『ライブテープ』があったからこそ生まれたんだと思います。これからも前野さんとは『ライブテープ』の話をすると思いますが、同じ内容にはならないはずです。なぜなら『ライブテープ』とはぼくらにとって「はじめまして」であり「これからもよろしく」のような、生きていく過程のような作品だからです。

『ライブテープ』DVDブックレット（2011）

松江哲明の呼吸するテンポ

松江哲明の映画『セキ☆ララ』が公開される。もともとは『アイデンティティ』というタイトルのAV作品で、そこから、とくに過激なエロシーンをカットした劇場公開用バージョンが『セキ☆ララ』——という認識でまずは間違ってないと思う。

実際、ぼくは『アイデンティティ』をDVDで、『セキ☆ララ』を劇場試写で観たけれど、内容的にはほとんど同じ作品として受け取った。

ただ、ミソは『セキ☆ララ』は〝劇場公開〟作であるところで。自宅でひとりで『アイデンティティ』を観るのと、劇場で知り合いでもない他人とともに映画『セキ☆ララ』を観るのは、まったく異なる体験である。どんな映画だって「劇場上映」と「パッケージ・ソフト」の関係はそういうものかもしれないが、それでもこの『アイデンティティ』≠『セキ☆ララ』に関してはとくに大きな意味を持つ。

「〝等身大〟在日ドキュメント」と謳うだけあり、お堅い啓蒙映画ではない。ポップでさわやかな青春映画の趣さえ、ある。でも、この作品が「AV」と「ドキュメンタリー」のあいだで行っている駆け引きはとても政治的なものだ。

「在日」がメインテーマではあるが、揺れているのは登場する俳優たちの国籍だけではない。「AV」なのか、「ドキュメンタリー」なのか。『セキ☆ララ』を『セキ☆ララ』として〝等身大〟で受け止めようとするとき、知らず知らずのうちに、観客もその〝政治〟に巻き込まれてしまう。

ひとつだけ残念なのは、この作品、男と女の〝政治〟だけがちょっと弱い。AV監督とAV女優という垂直的な関係が問題だというのではなく、男と女である以上、そこにはなんらかの駆け引きがあるはずなのだが、そこまでカメラが炙り出すことはない。でもまあ、松江哲明には『カレーライスの女たち』という男女の〝政治〟を正面から扱った作品があるので、不満はそちらで晴らすとしよう。

前身である『アイデンティティ』について、松江に雑誌でインタビューしたことがある。二〇〇五年のことだ。以前から話を聞きたいと思っていたが、販売元のAVメーカー・HMJM《ハマジム》のリリース凍結にかこつけてようやく実現できたという、皮肉な側面もある仕事だったと記憶している。

以下がその記事である。

挑発するAVレーベル――HMJM
松江哲明＆スチャラカ宮下（HMJM広報）インタビュー

元V&Rの名物広報で、現在はHMJMの広報を務めるスチャラカ宮下氏と、怪作ぞろいの作品の中でもとりわけユニークな『アイデンティティ』というAVを監督した松江哲明氏をお呼びし、HMJMの過去から現在までを語ってもらった。

――松江さんがHMJMに参加された経緯は?

松江　ぼくが関わった『ほんとにあった！　呪いのビデオ』の仕事で、音楽を豊田道倫さんにやってもらったんです。それをたまたま浜田（一喜／HMJM代表）さんが見て、「なんで松江って監督の回は音楽がパラダイス・ガラージ（豊田道倫）で、しかもAVっぽい主観画面なんだ？」って気になって、それを（カンパニー）松尾さんに言ったらしいんです。松尾さんとは豊田さんのライブで挨拶ぐらいはしてたから「ああ、アイツか」って覚えてくれてて。それで松尾さんが「単体企画系の女優さんだけど、一本（AVを）撮ってみない?」って声をかけてくれたんです。

――それはHMJMがスタートする前ですか。

松江　いや、もうＨＭＪＭでした。ＨＭＪＭの設立から最初のリリースまでの一年間って、そうやってギャラのいい単体系の外注仕事を請けて資金を貯める時期だったんですよ。

宮下　それと同時に、いま出てる七作品のうち、『ＵＦＯ』（監督：堀内ヒロシ）以外の六作品の撮影準備もしてましたけどね。

――ということは、少なくとも六作品についてはＨＭＪＭ設立の時点ですでに青写真があったわけですね。なにか共通の指針のようなものはあったんですか。

松江　松尾さんに言われたのは「とにかく松江が撮りたいものを撮れ」ってことですね。それでぼくは「『在日』を撮りたいです」って言って。じつはそのときぼく、ちょっと勘違いしてたんですよ。ＨＭＪＭで撮るけれど、できた作品は、たとえばＶ＆Ｒをはじめ、ほかのメーカーに売るのかなと思ってたんです。

――つまりプロダクション的なつくり方をするのではないかと。

松江　そう。でもそう言ったら、松尾さんに「こんな企画、他社に売れるわけがないよ！」って大笑いされて（笑）。「ウチ（ＨＭＪＭ）からオリジナルで出すんだよ」って。そっか、ＨＭＪＭで出すってことは、松尾さんもほかのメーカーでは出せないようなものが撮りたいんだなと。それでパッケージも見せてもらったらレコードジャケットの形でむちゃくちゃカッコいいじゃないですか。そこで初めて「なんかヤバイ！　スゴイことになってんぞ！」

って（笑）。

――二〇〇四年五月に作品リリースが始まります。反響はいかがでした？

宮下　とりあえずサンプル盤一〇〇〇枚を一週間で配って、業界関係にはしっかりパブリシティをしたつもりだったんですが、反響は……あまりなかったですね。

松江　でも、イベントはすごい集客でしたよ。

宮下　そうそう、アップリンクさんからお話を頂いて、上映イベントを打ったんです。

松江　あのイベントで『アイデンティティ』がすごい売れたんですよ！　ゴールドマン（ＡＶ監督）さんが「売れるはずがない」って力説してたんだけど、「売れてるじゃないか！」って（笑）。

――でも、おそらくアップリンクに来るお客さんって、普段はあまりＡＶを見ない人たちですよね。

松江　そうなんです。だけどＨＭＪＭの作品を見て面白がる人っていうのは、やっぱりあのへんなんですよ。一般的なＡＶのエンドユーザーには、『アイデンティティ』にしても、「女のコがかわいくない」みたいな、よく業界誌に書かれたような判断をされてしまう。

――そういうエンドユーザーにも届けたいとは思っているんですか。

松江　正直言って、あまり期待してないです。「見せてもわからないから」じゃなくて、「たぶん見ようともしないから」って部分で。松尾さんなんかは、まだそこのお客さんに対しての期待というか、もっと偶然的に見せていきたいんだって言ってますけど。

宮下　いや、ぼくはやっぱり見てほしいと思ってますよ。ただ、見てほしいんですけど、いろんな障壁もあって……。たとえばこのジャケット、形状（7インチレコードのジャケットを模している）がネックでDVDショップに置けなかったりするんです。店も置き場に困ってしまうというか。あと、よく言われるんですけど、ジャケットを見ても内容が全然わからない（笑）。

――たしかに、あらかじめ情報が伝わってないと手が出しにくいジャケットではありますよね。それと「四八三〇円（税込）」という価格設定も大胆だなと思ったんですが。

宮下　それも理由がありまして、ジャケットをこのカタチにしたことでものすごくコストがかかってしまったんです。

――ジャケットに振り回されてますね（笑）。

宮下　だからリリース凍結に至った一番の要因は、このジャケットなんです！

――松江さんはどうなんですか、ジャケットについては？

松江　うれしいですよ。けっして自分の作品がこのジャケットだからっていうんじゃなくて、松尾さんがこういうカッコいいものをつくっていることがうれしい。だからぼくは自分が関わってなかったとしても、ぜったい買ってますよ。でも、そういう人はけっこういるだろうと思ったら、意外と少なかった。

――結果として、リリース凍結になってしまったわけですが。

松江　残念です。なんだかんだいっても、『アイデンティティ』なんてほかのメーカーじゃ、ぜったい撮れないじゃないですか。もしほかのメーカーが『アイデンティティ2』を撮っていいよって言ったら、ぼくはすぐにでも企画書を書いて送りますよ。竹島でもどこでも行きますよ！

――たしかに、いま竹島でセックスすれば話題にはなりますね（笑）。『アイデンティティ』についてもお聞きしたいんですが、「在日」の問題とかぶるように、作品そのもののアイデンティティが「AV」と「ドキュメンタリー」のあいだで揺らいでいるのが面白いですね。

松江　だから、AV業界誌に「セックスシーンがなくても成立する」って書かれたときは、冗談じゃないぞって思いました。セックスシーンがなかったらこんな作品は撮れないですよ。AVの撮影だからこそ何日も一緒に過ごして、セックスまでさらけ出しながら、女優さんの言葉を待てるわけで。普通のドキュメンタリーじゃできないですよ。

――ただほかのAVよりもセックスシーンのテンポが速く感じました。たとえば松尾さんのハメ撮りのカットつなぎだと、自分があたかもセックスしているように感じられるんですが、『アイデンティティ』のセックスシーンはダイジェストに見えてしまう。

松江　ぼくはセックスシーンだけ独立して考えられないんです。インタビューあってのセックス、逆にセックスあってのインタビューだから。どちらも早送りさせたくないんです。ダイジェストっていうならインタビューだってそうなんですよ。そこでセックスシーンだけユーザー寄りの編集をしてしまうと、実用性ではいいのかもしれないけど、作品のバランスが崩れてしまう。

――崩れたほうが面白いんじゃないですか。

松江　イヤです。なんでかっていうと、いまのAVはみんな崩れてるから。『アイデンティティ』が最初の批評を受けたとき、やっぱりこれじゃいけないのかな？　って思わなくもなかったんです。でもなんかね、それってたんにいまのセル（セルAV）の基準なだけじゃないかと思ったんです。だって昔のAVのカラミなんてもっと雑だったじゃないですか。バクシーシ山下さんだって、あのいいかげんさがまた魅力だったわけで。

――たしかに、かつてのAVにあった「AVでこんなところまで行けるのか！」っていうワクワク感とか熱気を『アイデンティティ』には感じます。それはほかのHMJM作品にも共通して言えることかもしれない。

松江　ぼくはね、ジャンルの縛りが最もないのがAVだとずっと思っていたんです。AV

っていうとてつもなくでっかい枠があって、もちろん自分はその真ん中だとは思わないです。端っこのほう。ただ、その端っこから「認めてくれ」って言うんじゃなくて、「いったいAVってなんなんだろう!?」って突きつけるのがぼくの役目。でもね、これは松尾さんとも話したんですけど、意外とみんなが考えるAVの枠って小さかったんだねぇって。


一ヵ所、少しわかりづらいところがあるので解説しておく。

インタビューの最後で松江の言う、「いまのAVは実用性を重視するあまり、作品のバランスが崩れてしまっている」という箇所。そのあとに、「だって昔のAVのカラミなんてもっと雑だったじゃないですか。バクシーシ山下さんだって、あのいいかげんさがまた魅力だったわけで」と続くので、〝バランスが崩れる〟と〝雑でいいかげん〟っていうのはどう違うのか？　という疑問を持つ方がいるといけないので。

いまのAVのバランスが「崩れている」というのは、誤解を恐れずにいうと、もはやセックスシーンが「男女のセックスじゃなくなっている」ということ。AVが男のズリネタとしての機能性を追求すればするほど、セックスシーンの体位やセリフ、プレイ内容は「男女のセックス」としてはいびつな、オナニー本位のものになる。しかもその様式は日夜、洗練されてきており、あらかじめきまっている構図に女優（そのへんのアイドルよりかわいい）をはめ込んでいくような方法でＡＶができあがってしまう。ラグジュアリーに、システマティックに。でも「男女のセックス」としてのバランスが崩れていることはいうまでもない。

一方で、「バクシーシ山下が雑だった」という話は、セックスはセックスなんだけど、たんに編集がラフっていう。ブチブチと適当につないでいる感じ。でもその〝雑さ〟が、山下がその著書で「セックス障害者」と呼んだような彼のＡＶに登場する男たちの貧しいセックス観や妄想のたぐいを見事、過不足なく活写していた。だから「あのいいかげんさがまた魅力だった」と。

インタビューの中でぼくは、松江哲明の編集について、セックスシーンが「ダイジェストに見えてしまう」と失礼なことを言っているが、これは浅はかな発言だったといまにして思う。

松江が編集を担当したテレビ番組「ドキュメンタリーは嘘をつく」でも思い知らされたが、松江の同ポジを多用した素早いカットつなぎのテンポもまた、かつてのバクシーシ山下の〝雑さ〟がそうであったように、ぼくたちの潜在的な感性を反映しているように思えるからだ。おそらくこちらもそれを説明するための新しい言葉、文体を発明しなければならないような。

ブログ「wannyan prays」（２００６）

放り出されてしまった世界で、歌を

震災について、原発について、もしくは3・11と呼ばれるような事態について、どう考えていいのか、確たるものを持てないまま、すでに「なにごともない日常」みたいな、でも「なにごともない」とはなにごとだ、なにごとはあそこで起きている、ここではどうだ——なんて戸惑いと自己暗示を繰り返しながら二〇一一年が過ぎ去ろうとしている。

東京に住んでいる。この暮れにきて、杉並区の小学校で、芝生の霜よけシートから一キログラムあたり九万六〇〇〇ベクレルの放射性セシウムが検出されたという。やっぱり移住とか考えたほうがいいのだろうか。

真実はひとつではない。そんなことは前からわかっていたはずだ。でも命だけはなによりも守られるべきもの。そう思っていたけど、どうもこの国ではそれすらひとつの見方にすぎないし、正義の味方もいないらしい。自分の頭で考えるしかない。でも揺れ動くフォーカスのように、頭の中の像はなかなか焦点を結ばない。

二〇一一年四月の終わり頃、映画『トーキョードリフター』の撮影に誘われた。

震災の当日に日本にいなかった監督の松江哲明は帰国当初、「こんなときにドキュメンタリーなんて撮っていられない」と言っていたはずだ。たしかに、これまで松江のつくってきた「セルフ・ドキュメンタリー」の圏内からすれば、起こっている問題は大きすぎる。もっともなことだと思った。

それがどう心変わりしたのか。

松江もまた揺れていた。節電のために暗く、見えない放射線の影に怯え、ピリピリとした空気に包まれた東京。松江の生まれ育った街。「いまの、この、東京の姿を記録しておきたい」そう思ったのだという。

前野健太を主演に、『ライブテープ』と同じスタッフで撮影するという。早い。まだ二年しか経っていない。

それでもぼくは撮影に参加したいと言った。東京はぼくの育った街でもある。また、『ライブテープ』とはまったく違う映画になるという予感もあった。おそらく松江哲明による、初の社会派ドキュメンタリーになるのではないかと。

しかし、映画の完成したいま、その浅はかさを恥じる。

ここに映っているのは、答えの定まらない世界に放り出されてしまった、松江自身の揺れだった。答えはない。正解はない。なにも映らない。しかし、その事実を前に戸惑う自身の姿をできるだけ精度高く切り取ることが目指されていた。つまり、『トーキョードリフター』もまた、東京を媒介としたセルフ・ドキュメンタリーであった。

そこには東京の風景とともに、前野健太の歌があった。

古来、この国では言葉にできない気持ちを歌に託したものだ。ホレたハレたや、お上への不平不満、家族への愛情まで、そこでは歌こそが「本当の気持ち」なのだ。

映画の撮影前、いやもっといえば震災の余波のまっ只中で、常に松江の念頭にあった歌は、前野の〈新しい朝〉という曲だったはずだ。そこに託せる気持ちがあったと聞いている。

しかし、前野はその気持ちを受け止めながらも、それだけでよしとしなかった。松江の歌も聴かせてほしいと願った。映像だけではダメだ。『トーキョードリフター』には松江自身の歌が必要だと前野は考えた。

だから松江は歌をつくった。この映画の主題歌である。

コトバをなくした街で
コトバを知らない私を
コトバを吐きながら抱くあなた

膝を抱えてテレビを見て欲しい答えを探してる

〈トーキョードリフター〉

『トーキョードリフター』をスタッフ試写で見たぼくは、プレス用の原稿を依頼され、3・11とこの映画の関係について書いた。

でもしばらくして再び劇場で試写を観て、3・11については触れる必要がなかったかもしれないと考えた。それがなくとも、作家の心情や、街の表情は、映像表現として自立していると思ったのだ。

しかし、その後、何本か震災関連のドキュメンタリーをまとめて観る機会があり、さらに考えを改めた。被災地や福島を被写体にしても、にわかにはなにも映らないことがわかったからだ。避難所で取材をしても、たった一度のインタビューでは被災者の方たちの生活の重さは映らないし、ガイガーカウンターの数値を映しても放射線の姿を捉えることはできない。

映らないから「なにごともない」ではない。なにごとは目に見えないかたちでそこかしこで起きている。だからプレスにはこう書いた。

「あえて言おう。東京もまた被災地なのだと」

とはいえ、本当にそう言い切っていいのだろうか。東北や福島の方たちと東京はつながることができるのだろうか。ぼく自身、まだ揺れている。

つい先日、劇場で三回目の『トーキョードリフター』を観た。

時間の経過とともに、映画はまた違う表情をしていた。寓話のようだと思った。『ライブテープ』の、あの人生にも似た一度きりしかないワンカット。統合された幸福。それらが、『トーキョードリフター』では分断されている。そのカケラを集めながら、ドリフターは移動を続け、恢復を試みようとする。彼はいったいどこから来たのだろう。

CD版《トーキョードリフター》のジャケットを思い浮かべながら、その梅川良満撮影による前野健太のポートレイト写真の『ターミネーター2』のような質感に、未来を思う。もしかしたらあのドリフターは、〈あたらしい朝〉で歌われている、「百年後か千年後か一万年後かのぼくのこどものこどものそのこどものこどものこどものこどものこどものこどものこども」なんじゃやないか。

でも、まだ揺れている。考えも変わっていく。

すっかり放り出されてしまった世界で、ぼくもまたドリフターだ。

「CINRA.NET」（2011）

歌を選んだときのこと

前野健太インタビュー

――前野さんの歌って、歌詞に性的なフレーズの入る曲が多いですよね。ポップなメロディに乗せて、「うしろからして」とか「ぽこちんばっかいじってる」といった言葉が聞こえてくる。

前野　ああいうフレーズが入ると、歌が軽くなるから好きなんですよね。あれで重くなるって言う人もいるんですけど（笑）。べつにあえてエロいことを歌おうとしているわけじゃなくて、なにか言おうとするときにああいうフレーズがすっと入ってきちゃうんですよ。

――代表曲はだいたいそうですね。エロいツカミから入って、思わぬイメージに飛躍する。そういえば最近、イベントでみうらじゅんさんと共演されたそうですけど、エロのオーソリティでもあるみうらさんのマエケン評はどうでした？

前野　それが、みうらさん、意外な曲に反応してくれて。「〈コーヒーブルース〉って曲、めちゃくちゃいいね」って言ってくれたんです。

夜のコックピット　駅前は難民所
マック　服は真っ黒け
燃えない時代の香り

僕が欲しいのは　僕が欲しいのは
僕が欲しいのは
一杯120円のコーヒーブルース

〈コーヒーブルース〉

――ワーキングプア的な世相を反映した曲ですよね。みうらさんがかつて吉田拓郎やボブ・ディランに感じたものを、前野さんにも見たのかも。

前野　「マエケンが同世代じゃなくてよかったよ。ちょっと嫉妬するもん」とまで言ってくれて、うれしかったですよ。

――ディランっぽいサングラスについては、なにか言われました？

前野　ぼく、普段はサングラスを外して普通のメガネをかけているんですけど、「ダメだよ、普段から（サングラスを）かけないと。目を見られたらアウトだから！」って（笑）。そのイベント自体もすごくて、ぼくが高校生のときに生まれて初めて自分の歌を吹き込んだカセットテープをみんなで聴いたんですよ。むちゃくちゃ恥ずかしかった。

――かつて自分で聴いて、あまりの下手くそぶりに一度ミュージシャンの道をあきらめたっていうテープですね。

前野　そうです（笑）。「こりゃ、ダメだわ」ってギターを倉庫にしまいましたからね。

――それ以降、写真の世界に進んだそうですけど。

前野　自分の中になにかを表現したい欲求はたまっていて。でも音楽の才能はないと思ったから、写真を撮ることにしたんです。

――写真ではわりとイイ線まで行ったんですよね？

前野　ええ、評価してくれるオトナの人もちらほらいて、大学生だったんですけど、「ちょっと広告を撮ってみない？」なんて話もあって。

――にもかかわらず、音楽の世界へ戻ってきたのはどうしてなんですか。

前野　二〇歳でひとり暮らしを始めて、実家の倉庫にしまっておいたギターを持ってきたんです。そのギターを部屋でポロポロ弾いていたら、以前にカセットで録音したときとはあきらかに感覚が違うんですよ。当時聴いてた日本の昔のフォークミュージックを真似してみたら、「……これ意外といけるかも」って。あと、やっぱり音楽が一番好きだったんですね。それで、写真はあきらめて、音楽でやっていくことにしたんです。

――当時まだ大学生ですよね？　写真も音楽も両方やってみるという選択肢はなかったんですか。

前野　もちろん最初は両方できると思いましたよ。でも、できなかった。ぼくは、歌詞を書くにあたって、街で観察したものを捕まえて言葉にするんですけど、その作業が写真と似ているんです。街を歩いていて「あっ」と思ったものを、言葉で捕まえるのか、写真で撮るのかっていう違いなんですけど、カメラで撮ってしまったものを、あとでもう一度言葉にするのは難しいってことがわかって。両立は無理でしたね。

――でも将来の生活を考えれば、写真では仕事の話も来ていたわけだし、そちらで稼ぎながら音楽もやっていくほうが現実的じゃないかと。

前野　たしかにそうなんですけど、カッコよくいえば、「本物」になりたかった。……ってカッコ悪いか（笑）。でも、そのためには道を一本にしないとダメだと思ったんです。ぼくの好きなミュージシャンはみんなそうでしたから。だって尾崎豊が音楽をやりながらオシャレな写真も撮ってたら、ちょっと萎えませんか？

――たしかに（笑）。ただ音楽を選んだといっても、すぐには食べていけないですよね。

前野　大学卒業してからも風呂なしアパートで、バイト生活ですよ。日雇い派遣の会社にも、三社ぐらい登録してました。曲をつくったり、ライブもしなきゃいけないので、必然的に短期の仕事しかできなくて。

――先行きの不安はありませんでしたか。

前野　ありましたよ！　一〇万円ちょっとぐらいの収入しかないわけですし。でもそうやって自分を追い込むことで生まれてくるものがあると信じてたんですよね。いま振り返ると「度胸あったな」って思います。

――いつ頃から音楽活動は実を結んできたんですか。

前野　二〇〇七年に最初のアルバム（《ロマンスカー》）をつくって、それが小規模ながらもレコードショップに置かれたりしたことで、変化が出てきました。じつはアルバムをつくるために母親から借金したんですけどね。

――いくら借りました？

前野　二〇万円ぐらい。

――なかなかリアルな数字ですね（笑）。

前野　詩人の中原中也が母親からお金を借りて最初

の詩集を出したっていうエピソードがあるんですよ。その話が好きで、「中也がやってるなら、オレもアリだろう」と思ってしまって（笑）。ぼく、そうやって勝手に物語にして、自分を乗せていくところがあるんですよね。「これでロマンスカーが走りはじめたぞ。紅白まで一直線だ！」……とか（笑）。

――紅白には出たいんですか？

前野　最初の目標ですね。年の暮れに都会でも田舎でもテレビで流れてるっていうのが好きなんです。やっぱりあの場所にいい歌がないとダメだと思うし、そこにぼくも食い込んでいかないと。

――時代の歌、みたいなことは意識しますか？

前野　それはありますよ。ただ、〈コーヒーブルース〉みたいに小さな世界観の歌でいいんです。一杯一二〇円――いまはもうちょっと上がってますけど、マックのコーヒーを飲んだときにふっと浮かんだ感情を歌にできるかどうかが勝負で。それができれば、歌の背景にはどうやったって時代が入り込みますよ。

――前野さんが主演のドキュメンタリー映画『トーキョードリフター』がまもなく公開されます。監督の松江哲明さんとは二年前にも『ライブテープ』という作品を一緒につくりましたね。

前野　ええ、なので松江さんとは映画をつくるにしても一〇年後ぐらいだと思っていました。

――それが二年でまた一緒につくることになった。やはり3・11の影響が大きいんでしょうか。

前野　四月ぐらいに松江さんが「いまの節電で暗い東京を記録したい」って言うので、「撮ればいいいんじゃないですか」って答えたんです。そしたら、「前野さんも一緒に東京の夜で遊んでみませんか？」って誘われて、その「遊ぶ」って感じがちょっと面白そうだったんですよね。

――前野さんにとって『トーキョードリフター』はどういう作品ですか？

前野　やっぱり「東京」っていうことをすごく意識した作品ではあります。3・11以降、東京から離れていく人もいる中で……もちろんそれが悪いこととは思わないんですけど、自分は東京が好きなんだってことを再確認したんですよね。

――〈トーキョードリフター〉の作詞を松江さんが担当したのは、前野さんの提案だったとか。

前野　もともと松江さんが「東京を記録したい」と言い出したわけじゃないですか。だから、ぼくの歌を使うだけじゃなくて、松江さん自身の歌も聴かせてくれよと思ったんです。そしたら、いい歌詞が上がってきたんですよ。松江さんじゃなきゃ出てこないフレーズが入っていて、でもぼくにもちゃんと気持ちがわかるっていう。

――今回、映画のサウンドトラックという位置づけでCD《トーキョードリフター》も出しますね。新しく録音した別バージョンの〈トーキョードリフター〉も入っていて、面白い展開だなと思いました。

前野　映画用に曲をつくったわけですけど、どうせならもっと遊んでやろうと思ったんです。もともと松江さんには、「遊んでみませんか？」って誘われたわけですし。参加ミュージシャンもライブで知り合った人たちで。たまたまその人たちが新作を出したレコード会社が一緒で、担当者もよくライブ会場で会う人だったんで、話を持ちかけてみたんです。そうやって、偶然を楽しみながらつくった音源です。こんなフットワーク軽くアルバムをつくるのは初めてですよ。

――これまでよりも大きいレーベルからのリリースでもありますね。

前野　そうなんです。ずっと自前のレーベルで出してきたんですけど、ここらでサウンド面の強化を考えたいっていうのもあって。以前、一緒にツアーを回ったときに曽我部恵一さんが、「前野くんの歌は、メジャーでノラ・ジョーンズみたいなプロデュースで売り出したいよね」って言ってくれたんです。たしかに自分でも、いいスタジオで、腕のあるエンジニアやプロデューサーに自分の曲をいじってもらうことで、音楽的にどこまで跳べるのかを見てみたかったんですよ。

――たしかに新境地だと思いました。今後の展開も楽しみですよ。

前野　貧乏な生活をしていた頃からすれば、音楽で食べられてるだけでもすごいことなんですけどね。でも、いざこういう状況になってみると、もっと音楽で遊べるし、もっと大きなものがつくれるという可能性が見えてきた。ここからはさらに多くの人の手を借りる必要があるし、だからこそ自分の音楽も磨いていかなきゃと思っています。

「週刊SPA!」（2011）

空に溶けていった音楽の行方

二〇〇九年を振り返るとき、映画『ライブテープ』での前野健太の姿が真っ先に浮かぶ。吉祥寺の街を歩きながら毎日の過激さを歌う前野から、音楽を「鳴らすこと／聴くこと」の関係をめぐる新たな視座をもらった気がする。

その『ライブテープ』で素晴らしいサックスの音を聴かせる音楽家・あだち麗三郎の動きからも目が離せなかった。「俺はこんなもんじゃない」など関わりのある全バンドを脱退しての「うたうたい」宣言。四谷にある公共施設の音楽室を借り切って定期的に開催されたライブは、窓から見える新宿御苑の緑や遠くビル街を背景に、まるで書き割りのような夕暮れや夜空のライティングの下、マジカルな音響空間を幻出させていた。ほかにも公園や民家、プラネタリウムといった非ライブハウスな場所を会場に選び、その場と聴衆の持つ潜勢力を最大限にまで引き出そうとするあだちのライブは、彼の中にある「鳴らすこと／聴くこと」への求知心を感じさせるものだった。難解さはなく、あくまでポピュラリティのある音楽なのも新鮮だった。

さらに極めつけは、あだちや、やはり『ライブテープ』の出演者でもある二胡奏者・吉田悠樹らも参加し、夏の二日間に渡って開催された「フジサンロクフェス」だろう。

写真家・鈴木竜一郎が発起人となり、御殿場にある鈴木の実家のガレージを会場に行われたこのユニークなＤＩＹパーティには、一一組プラスαのミュージシャンが出演し、約五〇人ほどの観客が集まった。便宜的に「一一組プラスα」としたが、参加ミュージシャンたちの多くはマルチプレイヤーであり、その場の流れでフロントを務めたり、あるいは誰かのバックに回ったりと、有機的に楽隊を編成していたのが印象的だった。

また、便宜上、ミュージシャンと観客に分けてはみたものの、実際のところそこでは、音楽を演奏すること、聴くこと、音楽について話すこと、踊ること、飲み語らうこと、おしゃべりすること、それらが渾然一体となっていた。鈴木はホームページにフェスのコンセプトとして「クロープン（clopen）」という言葉を挙げていたが、〝閉じ開いている〟とはまさに言いえて妙だ。

フェスが佳境にさしかかった頃、鈴木家のベランダで吉田の奏でる二胡の幽玄な響きが夕空に溶けていくのを聴きながら、右手に見上げた富士の稜線のなんとも美しいこと。

「アンビエントとしてのフリーフォーク」「声の社会的編成」……ここにある可能性をなんと名指すべきか、ずっと考えている。しかし、彼らの音楽は、そういった名指しをすり抜け、ますます融解し、遍在化していくことだろう。

「remix」（２００９）

もう旅に出なくてもいいんだと思った

旅に出たかったけど、もういい。家や職場までの道のりを無国籍な空間に変えてしまう輝かしい音楽。ぼくらの日常に潜むポップネスをあぶり出す風変わりなショート・トリップ。ceroのファースト・アルバム《WORLD RECORD》がここにあるから。

ceroのヴォーカル、高城晶平とは映画『ライブテープ』撮影中、クライマックスシーンの井の頭公園で出会った、というか居合わせた。その時間、なぜかたまたま井の頭公園を歩いていた高城くんは、公園のステージで突然始まった顔見知りの音楽家たちの演奏を、映画の撮影と知らずに眺めていたという。

打ち上げで、あだち麗三郎が「最近、一緒に演奏したりしているceroというバンドのヴォーカルですよ」と紹介してくれた。

それからいろんな場所で彼らの演奏を聴いた。御殿場のガレージで、阿佐ヶ谷のバーで、区民センターの音楽室で。ソロだったり、バンドだったり、ドッキングしたり、サポートに回ったり。そこにあるのはceroを筆頭とする若い音楽家たちのコミュニティだった。東京に遍在する音や声や楽隊の共同体が、緩やかに呼吸を始めていた。

風通しのよさに覚えがあった。いつかあこがれた彼の国のインディ・ミュージック。K、オリンピア、ポートランド、ケーキハウス。だから、もう旅に出なくてもいいんだと思った。わが国の偉大な先達たち。ブラック・ホーク、はちみつぱい、ティン・パン・アレー。過去だってもう、うらやましがらなくてよかった。

ではもう一周。《WORLD RECORD》を再生してみよう。

コンテンポラリー・エキゾチック・ロック・オーケストラ!! という掛け声の頭文字をとれば「cero」となる。夜のニオイのするスティールパン。奏でるのはサポートメンバーのMC.sirafuだ。cero との出会い頭、彼は「ぼくはceroにとってのマニー・マークになれるよ」なんてことを言ったらしい。クールなラップに導かれて、音楽はさらなる暗闇へと這い進んでいく。

いつだったか高城くんがカラオケで歌ってくれた岡村ちゃんの〈カルアミルク〉は絶品だったな。夜盗のようにぼくらは遊ぶ。夜の町を蠢く。夢は見ない。こんなふうに覚醒したトーンが必要だった。しんとした熱とともに、もうしばらくここにいよう。

「SPOTTED701」(2011)

コロがしコロがり続けろ cero

アルバム《My Lost City》から〈船上パーティ〉を演奏すると、フロントマン・高城晶平がMCを挟む。「《MY Lost City》は街ごと船になってこぎ出すイメージだったけど、もう壊しちゃう感じで――」そう前フリをしてから、船舶解体の歌である〈ship scrapper〉へ。場所はSHIBUYA-AX。ceroの《Yellow Magus》レコ発ワンマンライブ――その名も「ShipScrapShow」は、終盤へと突入しようとしていた。

二〇一二年にリリースされた彼らのセカンド・アルバム《My Lost City》には、震災直後の現実とフィクションがないまぜになってしまった感触が刻まれていた。「日常」という脆い足場への不安と、おぼつかなさからくる高揚感の両方があった。続くシングル盤である《Yellow Magus》では、その意匠をよりフィクション側に振ることで、ceroは新たに呪術的なグルーヴを獲得した。

ステージ上のプレイヤーは八人。コアメンバーである髙城、荒内佑、橋本翼に加え、ベースの厚海義朗、ドラムの光永渉が、ややスマートだったceroの音楽にしなやかな筋肉を与えている。さらにマルチ・サポーターであるあだち麗三郎とMC.sirafu、古川麦らが繊細な彩りをほどこす。厚海と光永と荒内の三人は、あだち麗三郎クァルテットではあだちのバックに回る。その三人はソウルシンガー・藤井洋平をサポートするメンバーでもある。また、MC.sirafuとあだち麗三郎はバンド・片想いのメンバーでもあるし、片想いには橋本や荒内がサポートに入ることもある。ここ数年、ceroの周辺には、七〇年代のキャラメルママ〜ティン・パン・アレー周辺を思わせるようなプレイヤー本位の音楽コミュニティが形成されつつある。

ここで一気に時間を巻き戻す。

共同体の物語を継承する歌と踊りとして誕生した「音楽」は、やがて共同体を離れたバラバラな聴衆、すなわち都市生活者にとっての娯楽となり、その一方で「個人的な表現」としても追求もされるようになった。さらにニューヨークはティン・パン・アレーの楽譜出版を経由し、レコード産業へと発展。メディアと化した「音楽」はポピュラー・ミュージックに転生し、容易に海を越え、山を越え、世界中を覆い尽くした。といっても、その原初のチカラが失われたわけではない。ライブという実演の場に人々は集う。PA（パブリック・アドレス）システムが、かつての祝祭空間よりも、さらに多くの人間を巻き込むことを可能にした。

ceroにもまた、得能直也という腕っこきのPAエンジニアがいる。それでも、キャパが一〇〇〇人を越えるSHIBUYA-AXともなると、実演をアンプリファイするだけでは弱い。スター性でもいい、派手な舞台装置でもいい、「実際の演奏」と「スピーカーを通して出力される音」

とをつなぐシンボリックなイメージが要請される。現時点でのceroの魅力を考えれば、ここらで引き返すのも手かもしれないが、それでも彼らが紡ぐ物語のスケールを思えば、やはり踏み出すべきなのだろう。

そこで今回、彼らのイメージを大いに助けたのがVIDEOTAPEMUSICのVJだった。〈我が名はスカラベ〉の演奏に合わせてアニメーションが投影される。リズミカルに転がっていくフンコロガシの足。あの天の川を目指すスカラベは、まるでceroの自画像のようだ。

〈我が名はスカラベ〉の演奏が始まったところでノイズ・トラブルがあった。予期せぬ轟音。そのインダストリアルな響きは、間違えて銀杏BOYZの新譜を流してしまったようでもあり。思えば銀杏のアルバム《光の中に立っていてね》の収録曲〈ぽあだむ〉で、峯田は自らの部屋を震災直後の非日常な街へと重ねてみせたが、そこには街ごと船に載っけて航海に出ようとするceroの想像力と、逆方向から待ち合わせしたかのようなシンクロを感じたのだった。

物語や音楽を巻き込み、巻き込まれながら、ceroというバンドが転がっていく。もはや転がしているのか、転がされているのか、本人たちにもわからないだろう。ここからは潮流もかつてなく急だ。それでも恐れることはない。罠も、魔物も、出会いも別れも、物語にはつきものだから。それにしてもいちばん旅に出なそうな連中が、こんな旅路に連れ出してくれるとは。

「音楽と人」（2014）

MC.sirafuと〈踊る理由〉

MC.shirafuという男を紹介したい。

ギターにスティールパンにトランペット、バンジョー、アコーディオンなど、なんでもござれのマルチ・プレイヤーだ。所属するバンドは「片想い」「うつくしきひかり」「ザ・なつやすみバンド」。ほかに「cero」というバンドにもサポートメンバーとして参加している。

雑誌やウェブなどで東京インディシーンの「キー・パーソン」だとか「顔役」とか呼ばれることも多いMC.sirafuだが、本人はその言われ方にちょい不満らしい。彼の考え方を知れば、それもわからなくもない。

昨年暮れに新代田フィーバーで「とんちまつり」なるライブイベントが開催された。主催は、MC.sirafuも中心人物のひとりとして名を連ねる「とんちレーベル」。当日、事前に出演者を一切発表しないという方針にもかかわらず、会場は超満員だった。

なにしろ出演者が未発表なので、転換の幕が上がるまで次に出てくるミュージシャンはわからない。観客は幕の向こう側から漏れてくるリハーサルの音に耳を澄まし、胸を踊らせる。最終的に七時間超に及んだこのイベントに出演したミュージシャンは——チェンチェン（「片想い」の変名バンド）、NRQ×VIDEOTAPEMUSIC、泊、伴瀬朝彦、Alfred Beach Sandal、ceroあだちセクステット（cero+あだち麗三郎カルテット）、ホライズン山下宅配便、ジェット達、テツンポズの面々だった。

出演者の並びよりも、あくまで鳴らされる音楽を優先したい。これがあたりまえのようでいて、難しい。「〇〇（ミュージシャンの名前）のライブを見た」という、その「〇〇」の比重がどうしても大きくなってしまいがちだ。でも本当はその瞬間、観客だってプレイヤーと同じように〇〇の音楽と接しているわけで、観客がプレイヤーとは別方向から音楽に付け加えているものだってある。音楽をどんなふうに聴き、どんなふうに楽しみ、どんなふうにつなげるのかという〝視点〟だ。たとえばＤＪというのは、この〝視点〟を武器にまで高めた人たちのことだろう。

〝視点〟という言葉のなじみがイマイチであれば、MC.sirafuの所属バンド、片想いの代表曲のタイトルを借りて、こう言いかえてみてもよい。踊る理由。それって人それぞれでしょ？　という当たり前のことがまずあって、でも音楽の現場ではそれが重なったり、つながったり、すれ違ったりするのが面白い。

「とんちまつり」のほぼ一週間後、渋谷ＷＷＷで「SLOWMOTION」というパーティが開催された。その直前、MC.sirafuはザ・なつやすみバンドのブログでこの「SLOWMOTION」というパーティとの関わりや思い出を綴り、最後にこんなことを書いた。

「無数の才能あるミュージシャンがぼくらのまわりにはいて、ゆっくりとたくさんのいくつもの輪が広がったり、くっついたり。少なくとも、それらをつないできたのは、必ずしも音楽家の力だけではないと思っている。多くは現場で音楽は起こっているからだ。だからなにかがつながるのも現場だし、そこに関与しているのはお客さんの力であったりもする。オーディエンスがつなげるなにかもあるのだ。現場で多くの輪をつないできた自負はある」

MC.sirafuは一五年前にDJ MINODAやMOODMANが開催していた「SLOWMOTION」に客のひとりとして参加し、その客が三〇人ぐらいのフロアでさまざまなものを受け取り、考えてきたという。そのことが、今日の彼を形成している。

シーンに顔役なんていない。もっといえば、シーンなんてものもない。あるのはそのシーン（光景）を見つめている〝視点〟なのだ。MC.sirafuは、だからミュージシャンもオーディエンスもそれぞれに「踊る理由」を考えればいいと考えている。真ん中に音楽を置いて。

「音楽と人」（2013）

あたらしい日本の音楽について

九龍ジョー×松永良平

九龍　ぼくの実感だと、いま東京のインディというくくりで注目されているバンドやミュージシャンの多くは二〇〇七年ぐらいからずっとユニークな状況でした。ただ、ceroや片想いが正式に音源をリリースしたことで、リスナーの知るきっかけが増えて、急激にアクセスが増えた。そのタイムラグが重要だったと思うんです。その間に、ライブを中心とした対バンやセッションや、それこそ異種交配まで含めた交流があり、かなり広い音楽性を含む緩やかなコミュニティのようなものが形成されていて。そのためアクセスするリスナーにとっては、一枚岩じゃなくて、すでにそこに分厚いシーンがあるように見えるし、それを含めて楽しめているんじゃないかと。

松永　下北沢インディーファンクラブは行きました？

九龍　はい。なにがよかったかって、たとえば一日に何度もあだち麗三郎やMC.sirafuを見るんですよ。ぼくの見るバンドが多少偏っていることを差し引いても、「また出てる！」って（笑）。つまり、ひとつのバンドだけを追っていても見えないものがあって。ザ・なつやすみバンドと片想いとホライズン山下宅配便とceroを総体で見てみると、けっこうメンバーが重なっている。それも、よく「サポートで〇〇の〇〇が参加」っていう売り文句がありますけど、それとも違うんですよね。もっと密接にいろんなことがリンクしている。

松永　メンバーの貸し借りじゃない、もっとポジティブなものですよね。二〇〇〇年代の最初ぐらいまで、「人が持ってないものを所有する」ことの悦びというか、音楽もそういう形でつくられているフシがあった。「このネタ知ってるか」みたいな。でもYouTubeとか、ソフトのつくり方の変化とか、とにかくある時点から「自分だけが持っているもの」は格好よくないことになった気がして。「こんな面白いことがあるから一緒にやろうよ」的なものに変わったという実感がある。

九龍 ネットの力はやっぱり大きいですね。

松永 人の知らない情報を持っているということが優位な時代からムードが変わったんだと思う。

九龍 「うたもの」って呼ばれるようなシーンが二〇〇〇年代初めにありましたよね。LABCRYとか渚にてとか浜田真理子とか。

松永 あったあった。

九龍 かなり好きだったんですけど、当時はUSインディの流れと絡めて聴いているようなところがあったんです。でもいまはあまりそういう意識はない。その上で、柴田聡子のプロデュースを三沢洋紀が手がけたり、sakanaでドラムを叩いていたPOP鈴木が前野健太やスカートのバックを務めていたり、そういうタテの関係性も面白いですね。

松永 前野健太や七尾旅人も、いまこのシーンのDIY感の先駆的存在として重要だったと思う。向井秀徳や曽我部恵一が自分のスタジオやレーベルを持って発信を始めたということもそう。

九龍 中でもぼくが大きいと思うのは、豊田道倫。昆虫キッズとつくったアルバム《ABCD》も早かった。積極的に若いバンドやミュージシャンと絡んでいっているし、影響力もあると思います。向井さんも神出鬼没。あと、曽我部さんはたしかによく現場でお会いするし、下北沢440で毎月やっている企画ライヴも毎回、新鮮ですよね。

松永 あと高円寺の円盤や無力無善寺、八丁堀の七針など、旧来のシステムとは違う形でライブを提供する場所ができたことも大きい。

九龍 イベントスペース的な場所も含めて、そのへんの敷居は下がりましたよね。

松永 オーディションを受けて、チケットのノルマも課されてひどい思いをしてたのが、お客さんが少なくてもギャラをくれる場所ができた。ギャラのためにやるわけじゃないけど、やりたい音楽をやるためにお金を払わなきゃいけないってのはおかしいっていう。むしろ当たり前の発想から生まれた音楽もすごく多い。

九龍　あと、若いバンドマンと話すと、音楽性にかぎらず、銀杏BOYZのインパクトは大きかったんだなって思います。インディペンデントで、それも音楽と生活が完全に一体化していて、それがサウンドの爆発力にもつながっているっていう。〇〇年代半ばの銀杏と並行した時期にRAW LIFEもあって、両者とも音楽以外のカルチャーとも密接にリンクしながら、ユースカルチャーの風景をかなり変えたと思います。映画、漫画、ファッション、それこそケータリングまで。

松永　ぼくが面白いと思ったのもそこ。ちょうどこういうバンドに気づいたころ、漫画の世界にも若くてすごい才能を感じさせる漫画家が出てきてた。なにかシンクロしてる感じがした。

九龍　大橋裕之とか、西村ツチカとか。当たり前なんだけど、ユースカルチャーにおける新しい潮流って同時多発的に起こるんですよ。その直近のビックバンは二〇〇七年前後に起こったような気がします。

九龍　たとえば、「三輪二郎」っていう名前を最初に聞いたとき、ちょっと古めかしいイメージがあったんですけど、アルバムを聴いてみたらすごくコンテンポラリーな音楽だった。前野健太や平賀さち枝なんかにも同じことがいえて、一見フォーキーとくくられがちではあるけれど、ちゃんとアップデートされている。彼らには現代を生きているっていう意識がある。生活に根ざしたリアリティっていうのが、九〇年代や〇〇年代よりも音楽活動と密接になってる感じがします。たとえば同じ東京にまつわる音楽でも、渋谷系のようにはならないですよね。

松永　もちろん渋谷系にも素晴らしい音楽はいっぱいあったけど、都会とそこにあふれている物や情報への無邪気な信頼がいまよりずっとあった。

九龍　柴田聡子なんて、アルバムが出るタイミングで高知に移住ですからね（笑）。

松永　逆だよね（笑）。

九龍　でも、それがいまだと全然違和感ない。そういうこともあるだろうなっていう。もちろんそこには3・11や不景気やいろんな問題が絡んでいるとは思うんですけど。

松永　3・11があって、もっとダークな歌が増える可能性もあったと思うんです。でも、たとえばceroもそうだけど、むしろ難しい時代にこの生活を、この音楽をやり続けるためになにが必要かっていうことを考えて、新しいものをつくろうとしてると思う。メッセージ・ソングを押しつけるんじゃなくて、いまをこう生きたいという気持ちを大事にしてる。

九龍　逆に、3・11でいえば、東京から地方にミュージシャンが移住することで、新たな種が蒔かれることも起きていますね。地方のシーンにもそれぞれタテ軸があり、かつユニークなバンドや拠点が新しく誕生したりもしてますし、そこともクロスしている。

松永　あと、かつてのインディ好きってファッションも含めて、全身で自分をアピールするのがマストだったんだけど、いまってスーパー・カジュアルでしょ（笑）。

九龍　それでいうと、よく八〇年代の神話で「『宝島』を読んで、東京ではすごい祭りが起きている！　と思って上京すると、五〇人ぐらいが騒いでるだけだった」っていうのがあるじゃないですか。もちろんそれはイイ話だなと思っていて、ぼくはちょっと前までいまの状況にもそれに近いものを感じていたんです。でもインディーファンクラブの盛り上がりなんかを見ていると、もっとたしかな広がりを持っている。Twitterなどを通じて、リスナー・レベルではメジャーとインディの流動化がすごい速度で進んでいるなと実感しました。

松永　もっと情報を共有しよう、楽しもうっていう時代になってる。下北インディーファンクラブでも普通の格好した若い女の子たちが「Yumbo観に行きたいんだけど」って話してるのを聞いてビックリした（笑）。まあそれは極端な例だけど、そういう選択肢が普通にあるって音楽にとってむしろ健全なんだと思う。

九龍　音楽業界といえばすぐCDが売れないって

いう話になりますけど、音楽がどういう場所で生み出されて、聴かれて、どんな豊かさを獲得しているかということを見るかぎりは、いまの状況は面白い。もちろん最終的にお金をどう回すかってことも重要ですけど。

松永　音楽を意識的に聴いている人たちの感覚では、サブカルチャーはすでにそんなにサブでなくなってきている。いまが変わり目なのかなっていう気はする。

九龍　そうですね。最初、この対談の「あたらしい日本の音楽」っていうタイトルを聞いて大げさだなぁと思ったんですけど（笑）、それぐらい言ったほうがいいのかもって。産業構造がビジネス上の理由だけじゃなくて、下からいい意味で変わっていくような可能性も孕んでいると思うんです。録音も、流通も、ライブも、それこそメディアだってそうですよね。数年前は小さな趣味の共同体、コミュニティとしてのシーンの面白さだったのに、下北沢インディーファンクラブの広がりなんかを見ていると、

音楽を聴くっていう現場が変容していることを実感せざるをえないんです

「ＣＤジャーナル」（２０１２）

「どつ」という熱にうなされて

いまバンドの写真集をつくってる。高名な写真家でもなかなか写真集など出せないこのご時世に、アイドルでも韓流でもエロでもなく、バンドの写真集である。それも高円寺のパンクバンドだ。名前は、どついたるねん（以下、どつ）。

彼らのことは二、三年か前から気になっていた。構成で関わったスペースシャワーTVの番組「バンド対抗綱引き合戦」にも出場してもらい、曽我部恵一バンドや昆虫キッズなんかと綱を引っ張り合ってもらったこともある。ただ、本格的にハマったのは最近のこと。二〇一二年末に出たセカンドアルバム《１９８６》が、一曲目を再生した瞬間からガシっとつかまれる大名盤。しかもそのアルバムの発表もそこそこに、一ヵ月も経たないうちにサードアルバム《どどどどどついたるねん》を発表。これがなんと九九曲入り!! しかも曲のクオリティは玉石混淆で、どっちかというと石多め!! なんだこの台ナシ感!? 面白すぎるじゃないか!! ということで、完全にどつの虜になってしまったのだった。

彼らの活動はともかくすべてが過剰だ。

サードアルバム発表後も止まらない怒濤のデモＣＤ－Ｒ攻勢。ほとんどなにも起きていないのに矢継ぎ早にアップされるYouTube動画の数々（撮影・編集を手がけるのはドキュメンタリー監督の岩淵弘樹）。

中でもどつの存在をファン以外にも知らしめたのが、「山ちゃんの下北沢インディーファンクラブ２０１３」という名の動画。インディーファンクラブでのどつの勇姿を、ベースの山ちゃんを中心に追ったショート・ドキュメンタリーだ。ライブ終盤、〈馬の骨〉という新曲で山ちゃんが出音をミスってしまい、演奏がいったん中断される。そのことでヴォーカルのワトソンが山ちゃんに激昂。楽屋の壁をブン殴る。そんなバンド内の衝突や、いろいろあっての山ちゃんの号泣までを捉えた一連のシークエンスは、どつの隠れた魅力を存分に引き出していた。ひとことでいうなら、真剣。そう、彼らは一見ふざけているように見えて、曲のきっかけミスひとつでも抜き差しならなくなるほど、テンション高く、本気なのだ。

下北インディーファンクラブの前後に、金子山と西光祐輔という写真家の友人ふたりから「相談がある」と呼び出された。約束場所の喫茶店に行くと、そこにはどつのワトソンの姿も。用件はこうだ。何人かの写真家でどつを撮り下ろす写真集を構想しているので、ついてはぼくに編集をしてもらえないか、と。参加写真家の名前を聞けば、よく知っている連中ばかり。みんな、どつに夢中だったのである。そんなのこちらからお願いしてでもやらせてほしいぐらいだ。こうしてどついたるねん写真集の出版企画が動き出した。

　版元はスペースシャワー・ブックスが乗ってくれた。ありがたいことだ。ちなみにスペシャが直近で出したバンド写真集はヴァン・ヘイレン。ま、写真集が出るのってそのクラスだよね。でもやっぱりみんな退屈してたのである。そうでも思わないと、ヴァン・ヘイレンの次にどついたるねんの写真集が出る意味がわからない。スペースシャワーＴＶも出版のタイミングでどつを生放送番組に出してくれるという。ああ、やっぱりみんな、たまには売り上げ度外視で面白いことがやりたいのだ。夢を売る稼業なんだから。渋谷のライブハウスＷＷＷもノリノリだ。写真集の発売記念でライブイベント、その名も「どついたるねんCARNIVAL」を開催してくれるという。

　おっと、肝心の参加写真家の名前を忘れてた。いくしゅん、池野詩織、梅佳代、川島小鳥、金子山、佐伯慎亮、西光祐輔。

　写真では、どつのいろんな側面が引き出されている。読者諸兄の多くはそもそもどつのことなんて知らないだろうから側面もクソもないけど、お楽しみはこれからだ。早いとこ「どつ」というウィルスに感染して、アブない熱にうなされようぜ。

「音楽と人」（２０１３）

どついたるねんの終わらない青春

　どついたるねんの勢いが止まらない！　二〇一四年に入ってから矢継ぎ早に三枚のアルバムを連続リリース。その第一弾となる、彼らにとっては四枚目のアルバム《サムライ伝説どついたるねん》こそ一二曲入りというボリュームだったが、五枚目のアルバム《ピラミッドをぶっ壊せ》はすでにYouTubeで公開されていた人気曲からラジオドラマ、一発ネタまであらゆる音源をぶち込んだ二枚組で全一九八曲収録!!　さらに、そこで持ち駒をすべて使い果たしたはずの彼らがたった一ヵ月のインターバルを挟んで発表した六枚目のアルバム《grandmother's milk》に至っては、なんと収録曲数、六〇〇八曲!!　このアルバムでは、山ちゃん（vo, b, g, etc.）の田舎のおばあちゃんの家に機材を持ち込みフィールドレコーディングを敢行。そこに「軽ーくアナル・カントの匂いを注入しました」とは先輩（g, etc）の弁だ。たしかにノイズグラインドの雄、アナル・カントは、かつて五〇〇〇曲以上収録（実際には音を重ねまくっただけ）の音源をリリースしたことがあるが。ちなみに《grandmother's milk》のCDをプレイヤーにセットすると認識されるトラック数は一七。しかし歌詞カードを見れば、「六〇〇八曲収録」と謳う理由がちゃんとわかる仕掛けとなっている。

　それに、実際どつの曲づくりのスピードが尋常じゃなく加速しているのも事実なのだ。ワトソン（vo, ds, etc）は言う。

「昔は曲づくりのためにノートに歌詞を書いたりしてたんですけど、もう、そういうのはどうでもいいなと。まだそこまでするポジションじゃないんですよ、オレらは。もっと軽く、思いついたことを瞬間的にカタチにしないと。曲も募集したいぐらいですね」

《サムライ伝説どついたるねん》はスタジオ録音だったが、それもワトソンに言わせれば、「スタジオに入る意味がわからないっつーか。だいたいのことはパソコンでできますからね」

裏を返せば、音楽活動において、録音物の持つ重要性がそれほど高くないのがどついたるねんというバンドのユニークさでもある。発売日にファンの家までメンバーが自転車でアルバムを届けて回ったり、東京〜横浜間のレコード・ショップを一日ハシゴしながらインストアイベントをやりまくったり。そうしたプロセスもまた、レコーディングと等価なのだ。なんなら映像作家・岩淵弘樹によってアップロードされるイベントの記録映像のほうが、レコーディングパッケージの内容よりも充実してることだって少なくない。

が、そうした自由でふざけたスタンスだからこそ、ストレートな歌モノを聴かされてついグッときてしまうような瞬間もどつにはある。また、トラックメイカーであるウガイ（key, etc.）の打ち込みもバリエーションが拡がっており、中には光るトラックもチラホラ。先輩はこう証言する。

「最近、ウガイの〝こそピン〟仕事が増えてるんですよ（笑）。嶽本野ばらさんのアルバムにトラックを提供したり、演劇の劇伴を依頼されたり。劇伴やるなんて、お前はひとり銀杏ＢＯＹＺかっつーの！（銀杏ＢＯＹＺが三浦大輔演出『裏切りの街』の劇伴を手がけたことになぞらえて）」

ちなみに銀杏ＢＯＹＺは、どついたるねんメンバーにとって、共通のアイドルだ。昨年出版された彼らの写真集『MY BEST FRIENDS』のカバーの折り返し部分には、メンバーと峯田和伸の各ツーショット写真がこっそり掲載されている。一方、峯田のほうも、オフィシャルサイトにある二〇一四年度版プロフィールのフェイバリット欄の「ど」の項目に、ドニ・ラヴァンと並べてどついたるねんの名前を挙げている。そこにはこんな一文も添えられている。

「どこまでも真っ直ぐでいてほしいバンド」

ちなみにアルバム《grandmother's milk》には、まんま銀杏ＢＯＹＺの新譜風なインダストリアルサウンドの曲がある。そのことを指摘すると――。

ウガイ「さっそくマネさせてもらいました！」

山ちゃん「前の二枚のアルバムで持ってた要素を出し尽くしちゃったところに、まんま銀杏がボコーンって入ってきちゃった感じですね（笑）。銀杏の新譜の発売日にみんなで集まって感想を言い合いましたから」

ワトソン「そうやって買ってきた新譜の感想を言い合えるヤツらがいるってだけで、バンドやっててよかったなって思います」

彼らの話を聞いていると、「バンド」と「友達」、「バンド活動」と「遊び」がかぎりなく接近しているのがわかる。今回、三枚連続リリースの最後のアルバムが出たということで、通常のバンドなら記念ライブのひとつでも企画するところだが。

山ちゃん「やっぱ、やったほうがいいですかね？　やったほうがいいんだろうな〜って気持ちはあるんですけど、なにも動いてないです（笑）」

ワトソン「六〇〇八曲もつくっちゃったんで、オレ、もう音楽はやめて小説でも書こうかなって」

先輩「書けねーだろ！（笑）」

ワトソン「いや、言ってみたら案外できるかもよ？　去年も、買い物してるときに、ふっと『モデルとかってラクそうでいいよな。オレも山ちゃんもタッパあるし、案外できるんじゃね？』とか言ってたら、BEAMSからファッションモデルのオファーがきたし」

ウガイ「向こうから声をかけてくれるパターンが一番いいよね」

先輩「あー、デカいフェスとかから声かかんねーかな。オレもバックステージでGLAYとサッカーとかしたいよ」

山ちゃん「オレ、マキシマム ザ ホルモンとレスリングして遊びたいな〜（※山ちゃんは元アマレス選手）」

ワトソン「じゃ、オレはひとりで将棋やってるわ」

山ちゃん「いや、フェスはマジ出たいね。もう四年ぐらいずーっと、『今年こそどつはドカーン!!　ってブレイクするんじゃない？』って言われてるんですよ（笑）」

ワトソン「高円寺の音飯って飲み屋の店長がいつも言うんですよね。どついたるねんは『人生』期が長いって（笑）。早く電気グルーヴになりたいです（※「人生」は電気グルーヴの前身バンド）」

それを聞いて、「人生」期って、意外とどついたるねんの本質をついているような気がしたのだ。もちろん、彼らがナゴムや殺害塩化ビニールのようなジャパニーズパンクの良質なエンタテインメント性を継承しているともいうこともあるのだけど、それだけじゃない。「人生」だったり、《mother's milk》（レッチリ）だったり、ようは〝まだ〟っていうあの感覚。彼らの名曲〈1986〉で引用した映画『キッズ・リターン』の名シーンを思い出してみてもよい。「オレたち、もう終わっちゃったのかな？」「バカヤロー、まだ始まっちゃいねえよ」の〝まだ〟。身もフタもない言い方をするなら、それは〝青春〟ということでもある。

どついたるねんの終わらない青春に触れると、まだなんでもできる、まだ何者にでもなれる、そんな錯覚に陥る。たしかに六〇〇八曲なんて余裕だわ。

「CDジャーナル」（2014）

NATURE DANGER GANG のとびきり美しい瞬間

ついさっきまで渋谷WWWでhy4_4yhとどついたるねんのツーマンライブを観てきてこの原稿を書いている。WWWといえば、昨年一一月に出したどついたるねん写真集の発売記念ライブの会場でもあり、あのときはまだハコの大きさに対して挑戦者感の漂っていたどつが、半年も経たぬうちにあのステージを馴染みにしていたのが頼もしい。

そう、二〇一四年もどつは絶好調。年明けからはアルバムを三枚連続リリース。猛毒や人生といった偉大な先輩たちのパンク・ミーツ・テレビバラエティな試みを伝承しているともいえるし、ワトソンと山ちゃんのスター性、先輩のヤニっこさ、うーちゃんのトラックメイカーとしての引き出しの幅、クルーの努力友情勝利テイストなど、もはや地上波レベルの強度に達していると思う。

昨夜もファンコットをベースにしたhy4_4yhを向こうに回して、BPM早めの曲で固めてきたのには大いにアガったね。でもってhy4_4yhも、MCは上手いわ、曲もスキないわで、「日本のアイドル、やべーな」と改めて思った次第です。

が、昨夜なんといっても注目したのはオープニングアクトに起用されたNATURE DANGER GANG!! NDGの噂は以前より旧友のダーヨシ嬢から聞いており、昨年末にドロップされたどついたるねんメガミックス（一〇〇円！）のリミキサーとしても認識していた。聞けば、新宿ロフトの店員にして、オモチレコード主宰の望月慎之輔くんが企画したジュークイベントでどついたるねんのライブを見た客の男の子が衝動的に始めたバンド……らしいのだけど、ホントのところはよくわからない。でも、いやでも銀杏ＢＯＹＺのライブで弾けてた客がどついたるねんを始めたっていうエピソードを想起してしまうではないか。

そんなＮＤＧのライブを初体験したのが、つい二週間ほど前。望月くんやHave a Nice Day!のイベント「SCUM PARK」が、スガナミユウ率いる音楽前夜社チームとコラボって開催した「歌舞伎町Super Free!!!」@新宿ロフトでのこと。イベント自体、基調をなすベースミュージックのブリブリ感が沸点の低そうな熱気を醸し出し、でもそこでカラダを揺らすのはパーティピーポーではなく、あくまでロックキッズっていうユルさがよかった。谷口順率いるFOLK SHOCK FUCKERSも出演し、「レスザンＴＶ」までもがクロスしているというところがミソだ。脳性麻痺号の静男さんが若者たちのサークルピットに紛れて車イスでグルグル回ってたの、最高だったな。初めて観たＮＤＧは全曲ほぼ同じテンポだが、意外に音楽的な面白味もあり。関くん、野村、ユキちゃんというフロントＭＣのバランスがよく、とくに野村のフロウがじつにオットコ前。元・立川流の落語家だという小川のシャウトも、福山のサックスも、ダンスで絡む女の子たちもちゃんとエンターテインしてる。ヘロヘロだが確信的なレイヴミュージック。フロアではハードコア作法のモッシュやダイヴが巻き起こる。戦メリ使いの〈オレたち！〉という曲で、静男さんの車イスがリフトされた瞬間の美しさたるや。

そして昨夜の渋谷WWWだ。大舞台に挑むNDGを新宿ロフトのフロアでも見かけた連中が元気玉をつくるがごとく盛り上げてて、その風景はまるでジャンプ漫画。客席の高い手スリに飛び乗った野村のカラダを陰で支える長州ちからの的確なローディワークにもシビれたね。どついたるねんが曲の途中に「NDG」のフレーズをぶっ込み、関くんにダイブさせたのもアツかった。

NDGをして、ヴェイパー・ウェイヴのようなネット音楽にフィジカルを与えている、という見方もできるかもしれない。でもぼくは古クサいと言われようが、ブライアン・イーノのこんな言葉を思い出さずにはいられないのだ。

「ヴェルベッツのファーストは三万枚も売れなかったけど、買ったヤツは全員バンドを始めた」

衝動は美しい。美しさは儚い。もし、あなたがまだ二〇代以下なら（三〇代以上は自分のアタマで考えてくれ）ここに書いてあることなんか全部忘れて、いますぐどついやNDGのライブを体感してほしいと願う。

「音楽と人」（2014）

豊田道倫のネバーエンディングツアー

三月あたま、大阪の西成に豊田道倫のライブを観に行った。西成警察署の前にある難波屋という立ち飲み屋だ。カウンター奥にＰＡ設備の整ったライブスペースがあり、そこで半年に一度ほど豊田は弾き語りライブをしているのだ。

少し遅れて店に入ると、ジャングリーなギターに乗せて艶のある豊田の声が聴こえてきた。できたてホヤホヤのニューアルバム《ｍｔｖ》の一曲目〈少年はパンを買いに行く〉だ。

前回来たときよりもライブスペースは広くなっており、いわゆるライブハウスに近づいた感もあるが、店内に充満する煙った空気は相変わらずだ。その空気に混じって、というよりはむしろその空気によって削がれていくことで、豊田の歌は素朴に強度を増す。新譜から多く演奏したこの夜も、初期パラダイスガラージを彷彿とさせる《ｍｔｖ》の音像の奥にある、歌の骨の部分を味わうことができた。その予感があったからこそ西成まで足を運ぼうと思ったのだ。

前回、西成に来たのは、二〇一〇年の夏だった。少し前に豊田は離婚を経験していた。たまたまぼくも離婚したばかりで、久方ぶりの独り身の身軽さを感じながら、豊田の大阪ツアーに同行した。毎晩、歌を浴びながら、ライブのあとは夏休みの子どものように夜遊びを愉しんだ。

豊田の歌を聴くようになり一五年以上が経つ。ゴツゴツした手触りは、研ぎ石のようでもあり。生活の手応えをたしかめるように、豊田の硬質でザラついた歌を、その時々の自分にこすりつけてきた。

二〇一一年二月、池袋のロサという映画館でカンパニー松尾監督の『豊田道倫 映像集3』が上映された。二〇〇五年から二〇一〇年までの豊田の映像を収めた同作には、豊田の結婚式から、息子の誕生、離婚、その折々の歌までが記録されている。上映後、松尾監督と、最近の豊田のPVを撮っている岩淵弘樹監督とともにスクリーンの前でトークをした。豊田もできたばかりの新曲を飛び入りで披露してくれた。《m t v》にも収められた〈The End Of The Tour〉という曲だ。その歌詞を聴いて、あの夏の西成が歌になったのだと感じた。

同月、豊田と同い歳で友人でもあったフォークシンガーの加地等が急逝。その死が少し遅れて東京にも伝わってきた三月、まさにあの大震災の二時間前に、ぼくは豊田と新宿でお茶をしていた。四谷のスナックで新しく始めるライブイベントの第一回目に豊田に出演してもらうにあたって打ち合わせをしていたのだが、話は加地等のことに終始。豊田と別れて、失業保険をもらうために向かったハローワークで、ぼくはあの地震に遭遇した。豊田のブログによれば、彼は息子を迎えに行く途中で地震に遭ったようだ。

翌月、スナックでのライブは予定通りに行われた。この夜、カンパニー松尾が撮影した〈The End Of The Tour〉の演奏は、のちに『豊田道倫 映像集3』の予告映像に使われた。

「名古屋・大阪・福岡　The End Of The Tour」これは、豊田の《m t v》とほぼ時を同じくして発売されたカンパニー松尾の最新AV作品『私を女優にしてください　AGAIN13』のサブタイトルだ。豊田の西日本ツアーと伴奏しながらの年の瀬ハメ撮り旅行。松尾の父や加地等の死を遠景に、いつまでも終わらない、むしろ新たに始まってさえする人生の旅を想わされた。

豊田道倫の歌はカーブする。思わぬフレーズやメロディにぐぐっとGがかかる。人生の山や谷が凝縮したポップソングだ。しかし、新作《m t v》に収められた曲には、まっすぐ前進するエネルギーも込められていた。トンネルを抜けたような、まぶしさと風通しのよさがあった。

この先また大きなカーブが待ち受けているのかもしれない。ただ、いまはこの力強さを背中に感じていたい。

「音楽と人」（2013）

大森靖子のマイルストーン

恵比寿リキッドルームに少し遅れて駆けつける。三月一四日、大森靖子「絶対少女ツアー」最終公演。受付で「雷音レコード」（英語表記だと「RHINO」のもじりになる）を立ち上げたばかりの漫画家・本秀康先生から、レーベルのカタログナンバー一番となる大森靖子の7インチレコード「君と映画」を購入する。

フロアへと急ぐと、すでに超満員の観客が会場脇に設置されてるモニターを見つめていた。画面の中で南波志帆が大森の未来を言祝いでいる。近くにいた『CDジャーナル』の川上編集長が、すでに大森が一度登場して〈ミッドナイト清純異性交遊〉を歌ったこと、エイベックスからのメジャーデビューを発表したことなどを耳打ちしてくれる。

いったん暗転すると、〈絶対少女〉のイントロと同時に前方の幕が上がった。ステージ上にはアルバム《絶対少女》のジャケットを模したデコレーションに包まれた大森靖子とバンドの姿。その瞬間、リキッドルームが巨大な無力無善寺に見えた。松居大悟監督が撮った〈ミッドナイト清純異性交遊〉のMVみたいだ。

「アンダーグラウンドから／君の指まで／遠くはないのさ」

バッキングの音がぶっとい。ギターは直枝政広（カーネーション）と畠山健嗣（H Mountains）、ベースはtatsu（LA-PPISCH）、キーボードは奥野真哉（ソウル・フラワー・ユニオン）、おまけにドラムは久下恵生というスーパーバンド。打ち込み曲が注目されがちな《絶対少女》だが、直枝ワークスによりフォークロック的なアプローチも深化している。そんなサウンドを立体化するのにこれ以上ない編制だろう。

彼らを従えた大森も一挙手一投足からキマっている。

ぼくが大森靖子と初めて出会ったのは二〇一〇年、豊田道倫のライブの打ち上げだった。カミイショータや水野寝地といった若いミュージシャンたちに混じって大森もいた。

翌二〇一一年、あの大地震の来る前の一月、初めてライブを観た。平賀さち枝とのツーマンライブだった。客が八人ぐらいのその江古田のライブハウスで、大森は現在のステージ衣裳とは真逆の地味なカーキ色のコートを羽織り、顔を隠すように髪を垂らし、うつむき加減でギターを掻きむしっていた。

痛みや苛立ちを吐き捨てるみたいなテンションが持ち味のようだったが、ぼくの印象に残ったのはシンプルなメロディを訥々となぞる〈君と映画〉だった。「君がコンビニまでの道／何度わたしを振り返った」という一節が、豊田道倫の名曲〈帰り道〉に登場する〝道〟とつながった。

なによりほかの曲ではやけくそに叩きつけられていた情動が、この曲ではぐっと抑えられ、かえって飛距離を増している。終演後にアドバイスを求められ、「ああいう曲をもっとつくったらいいんじゃない」と伝えた。

だが、そんなお節介を遙かに上回るスピードで大森靖子は跳ねた。豪華なバンドサウンドに進化した〈君と映画〉に、ふとパンクフォークの闘士から、より情動をコントロールすることで音楽的な語彙を増やしていったアーニー・ディフランコの軌跡を思った。

「絶対少女ツアー」本編の締めくくりは〈新宿〉からの〈音楽を捨てよ、そして音楽へ〉。歌詞に含まれた現代的な固有名詞の光る二曲だ。衒いもなく現代風俗とまみれる道を選んだことで、大森靖子の表現は私的領域を超えたポップさを手に入れた。そう以前に雑誌に書いたことがある。でも、すでに「大森靖子の物語」が現代風俗に還元されるターンに入っているのかもしれない。

アンコールに突入し、最後の曲は〈ハンドメイドホーム〉。軽快なカントリーポップで締める構成が、次なるステージを予感させる。「毎日は手作りだよね」そういや、プリンスはかつてアーニー・ディフランコのDIYなやり方に触発されてメジャーレーベルを離れたのだった。「メジャーデビュー」なんて本質的にはどうでもいいことだ。メジャーだろうがインディだろうが、大森靖子がどれだけ面白いことをやり続けられるのか。それを見届けたいと思う。

「音楽と人」（2014）

あたしの見せ方は、あたしが一番よく知ってる

無力無善寺での演奏がiPhoneの灯りを通して橋本愛の指先へ――という〈ミッドナイト清純異性交遊〉のMVには、歌詞とのリンク以上に、ミュージシャン・大森靖子の物語が凝縮されている。

高円寺周辺で同世代のミュージシャンや、豊田道倫、加地等といったベテラン勢とも交わりながら〇〇年代の終わりを過ごした大森が、現在の人気を獲得するまでのプロセスを振り返る際に、映像作品との関わりは外せない要素だ。とりわけ「映画と音楽の融合」をテーマにした映画イベント・MOOSIC LABについては、大森はいまやそのコンセプトを体現する存在といっても過言ではない。

大森とMOOSIC LABプロデューサーである直井卓俊との出会いが、二〇一一年に亡くなった加地等の追悼ドキュメンタリー（『加地等がいた―僕の歌を聴いとくれ―』／監督：堀内博志）の上映イベントだったというのも運命的だ。一年後、大森はドキュメンタリー映画『サマーセール』で「MOOSIC LAB 2012」に参加。当初は大森と監督の岩淵弘樹が歌舞伎町のラブホテルに連泊するという内容だったのだが、企画は難航。苦悩する岩淵と、状況を冷静に分析する大森の姿が対称的で、内容はともかく、結果として大森の意志の強さや魅力が存分に伝わってくる映像

作品となっていた。また、同じく二〇一二年、MOOSIC LABを通して大森と出会った監督の今泉力也は、自作『こっぴどい猫』のスピンオフ的短篇『tarpaulin』に大森を起用。作中の重要なシーンで〈歌謡曲〉を弾き語る大森の姿が見られる。

MOOSIC LABは地方イベントも多く、上映とライブがセットで行われることで、大森にとっては新たな観客と出会う契機にもなった。そうした流れの中、「MOOSIC LAB 2013」では、広島を舞台にした映画『トムソーヤーとハックルベリーフィンは死んだ』（監督：平波亘）に、女優として夜の商売オンナ役で出演。艶やかな存在感が強烈な印象を残した。

二〇一三年、渋谷のシネクインで行われた「シブカル映画祭。feat. MOOSIC LAB」では、大森自身の初監督作品『非少女犯行声明』を発表。「あたしの見せ方は、あたしが一番よく知ってる」というメッセージの伝わってくるセルフドキュメンタリーだが、大森のお気に入りの少女たちへのインタビュー映像を見ていると、ここで言う「あたし」は、そのまま「ガールズ」にも置き換え可能なように思える。そういえば、〈ミッドナイト清純異性交遊〉のMVを公開した際、大森はブログにこう書いていた――「だって橋本愛ちゃんと蒼波純ちゃんの真夜中の追いかけっこを首謀出来たんだから私は。ほんとうに幸せ」

現時点での唯一の公式ライブ映像作品『つまらん夜はもうやめた』は、キャリア転機となった二〇一三年五月一三日の渋谷CLUB QUATTROでのライブと、その前後のコメンタリー映像を収録。観客の振るピンクのサイリウムを前に歌われる〈PINK〉には、曲に込められたかつての攻撃性が浄化されていくような、彼女のキャリアの中でもとりわけ美しい瞬間が刻印されている。ぜひ『サマーセール』での〈PINK〉の演奏と見比べてみてほしい。

そして、ついに〈ミッドナイト清純異性交遊〉と〈君と映画〉のMVを素材とする映画『ワンダフルワールドエンド』（監督：松居大悟）が公開となる。単なる気鋭の監督とミュージシャンによるコラボだと思ったら状況を見誤るだろう。映画と音楽が新しい次元で融合しはじめている。「大森靖子」はその重要なラボのひとつである。

「MUSIC MAGAZINE」（2014）

師走の低音と不随意な揺らぎ

夜とばかり思っていたら、昼のイベントだった。急いで新宿ロフトへ駆け込む。「マエケン、もう終わっちゃいましたよ」受付にいた副店長の望月くんが教えてくれる。扉の向こうからは大森靖子の弾き語りが漏れ聞こえてくる。

大森靖子ニューアルバム《洗脳》の発売記念ツーマンライブ。大森靖子と前野健太。公演タイトルは「新宿で会いましょう」。

フロアはすごい人だかりだった。前野のライブを見逃したショックを引きずりながらも、しかし大森の演奏に引き込まれる。歌が手元を離れ、自由に泳いでいる。大森が泳がせている。バンドサウンドだった《洗脳》の収録曲も、改めて弾き語りで聴くと、大森のソングライティングの進化をより実感できた。とくに〈ノスタルジックJ-POP〉が素晴らしい。孤独や切なさがJ-POPの空虚な物語性にフィットしてしまう平成生まれ以降のメランコリックな感情を、皮肉も愛情も込めてうまく切り取っている。固有名詞に頼っていないのもいい。かつての大森なら、歌詞にヒット曲のタイトルなんかをさらっと忍び込ませたのだろうが、そうはしないのだ。冒頭の「ここは多機能トイレです」というフレーズも、忌野清志郎が使った「市営グラウンドの駐車場」ばりにキレまくっている。中盤で三輪二郎を呼び込み、〈ダブル・ファンタジー〉。今年は三輪の新譜《Ⅲ》

もよかった。ついに大森靖子によるデュエット・バージョンをナマで聴くことができた。アンコールでは前野が登場。大森とふたりで〈友達じゃがまんできない〉。ゲンズブールや荒木一郎といった先達を研究しつつ、最近は低い発声にトライしている前野。低音の色気を自分のモノにしてきている。さらに〈コーヒーブルース〉から〈東京の空〉。衆院総選挙の日だった。「東京の空は今日も青かった」。再び三輪がステージに呼ばれ、最後は三人で加地等の〈フェラチオしておくれ〉を。二〇一四年の音楽界、三人ともに走る速度は違えど、このときばかりは歩みが揃った。

終演後、前野と三輪と歌舞伎町の安居酒屋へ。途中で石橋英子も合流する。石橋も参加した前野のニューアルバム《ハッピーランチ》は前作に続きジム・オルークのプロデュースにより世界標準のバンドサウンドで攻めたアルバムだったが、さらに前野は先に進もうとしている。「いま、低い声が求められている」前野の直感に、思想家・林達夫の「声低く語れ」という言葉を思い出す。iPhoneでニュースをチェックすると、選挙は大方の予想どおり自民党が大勝していた。

翌日、石橋もバックバンドで参加している星野源のライブへ。会場は横浜アリーナだ。会場規模からは信じられないほどの繊細なニュアンスを伝える星野のパフォーマンスに、ポップ・ミュージックのある理想のカタチを見た。

さらにその四日後、六本木でceroのワンマンライブ「Wayang Paradise」ツーデイズ。初めて入ったＥＸシアター六本木はいいハコだった。ヴォーカルとドラムのラインがズシンと響く。公演タイトルにある〝Wayang〟はインドネシア語で「影」を意味するという。両日ともに川村亘平斎による影絵の演出がキモだった。ceroを観るとき、ポップ・ミュージックがライブで大勢の観衆を集める際の、中心に置かれる「イメージ」の問題にいつも突き当たる。星野源は等身大のカリスマだった。しかし、ceroはその求心構造をとらない。

影絵の揺らぎが、《My Lost City》から最新シングル〈Orphans〉にまで通底する「水」のモチーフを引き出していた。映画批評家の三浦哲哉は著書『映画とは何か』の中で、「水は、動かされている事物から、運動をあるいは運動それ自体の可動性を抽出できる卓越した環境である」というドゥルーズの言葉を引きつつ、陸の視点と海の視点という二種類の知覚に言及し、こう書く。「川や海と結びついた知覚のシステムにおける視点は流動的かつ『客観的』である。客観的とはすなわち、物質同士の相互作用のただ中に、極限においては『宇宙の揺動』のただ中にあるという知覚という意味だ」

主観的かつ固定的なのではなく、客観的かつ流動的。ceroはステージを水の幻影で満たし、フロアまで溢れさせる。踊らせるのではなく、客席も巻き込んで揺れるためのイメージ。その不随意で自立性のある揺らぎは、彼らが曲づくりにおいて日本語詞にブラックフィーリングを与える際にも機能している。

前野健太の低音とceroの不随意な揺らぎ。2015年、社会の空模様はあやしいが、まずはこのふたつの行方にポップ・ミュージックの可能性を見てみたい。

「音楽と人」(2015)

ロロと倉内太のポップな反重力

二〇一二年一一月二五日、下北沢のTHREEというライブハウスに、まだつきあう前の「キッド」という男と「天球」という女が倉内太のレコ発ライブを観にきている。倉内本人がそう告げると、フロアにいる一組の男女に皆の視線が注がれる。

「この三年後に天球は死んじゃいます」

倉内が呟きながらアコギでリフを鳴らす。天球がバランスを崩し背中から倒れそうになるのを、後ろにいたキッドが抱き支える。

「ごめ〜ん」女は照れ隠しで男に話しかける。

男は女にビールを奢る。音楽が止む。

「倉内さんのライブ、どう?」

「いい……よね?」

「ね?　メッチャいいよね!!」

だけど、続く音楽談義は微妙に嚙み合わない。突然、男が女に告白する。告白しておきながら自分で恥ずかしくなったのか、返事を待たずにステージに駆け上がり、突っ伏す。倉内がギターで〈ぼくはきみが好き〉を演奏すると、男がサビを絶叫する。女もステージに上がる。

ここからが見せ場だ。

離れて置かれた二本のスタンドマイクの前にそれぞれが立ち、何度もポジションを入れ替えながら、告白と別れのシーンを繰り返す。男がポエムを読み上げる。

「いまの君も、かつての君も、それぞれ別個に愛しているんだZE。ゼット・イー」

以上は、倉内太のレコ発ライブで行われた劇団ロロと倉内による短篇劇『キッドのポエム』の一幕だ。これが初コラボとは思えないほどハマっていたのは、ロロの劇作家・三浦直之と倉内太の世界観に通じるものがあるからだ。

ふたりが出会ってからまだ一年経っていない。三浦と会うより前にロロの公演『LOVE02』を観劇していた倉内は「これはぼくの話だ」と思ったという。一方、三浦も倉内の〈こわいおもい〉という曲を聴くたびに『LOVE02』のことを思い出すそうだ。

共通しているのは、誰かへの想いの強さ。それもけっして届かぬ想い。強すぎて、ぜんぜん別の誰かに届いてしまうほどのやつだ。それってポップソングの原点みたいなものだけれど、このふたりの場合、想いの純度がハンパない。

このライブの前日、ぼくは慶應大学の学祭内で開催された「プチロッ〝クラス〟」という企画で、倉内と三浦とともにプロレスについての講義をしていた。

まずは「反重力」というキーワードで、覆面レスラー・ミスティコの派手な飛び技の映像を紹介。続いて「見立て」「ドラマツルギー」「サイコロジー」といったキーワードについて、やはり映像を流して解説していく。

この順番には意味があって、最初に挙げた「反重力」こそがほかのすべてのキーワードを支える根拠になっている。もちろんミスティコがいくら華麗に跳躍しようとも、実際に重力を克服しているわけではない。さまざまな工夫で、身体が軽くなったように見せているだけだ。しかし、そうやってリアルな身体のかったるさを消去することにより、レスラーは「キャラクター」と化す。と同時に、やっぱりこの星の重力も引きずっている。レスラーの抱えるこの〝二重性〟こそが、ぼくたちの心を動かすのだ。


下北沢THREEでのあの一幕を思い出してみる。

小劇場演劇に慣れ親しんでいないライブハウスの観客が、キッドと天球の突然の演技にとまどう可能性だって十分にあったはずだ。けれども一発でスウィッチが入った。天球役の島田桃子がフッと重力を失い、背後のキッド役・亀島一徳に体重をあずけた瞬間、皆が息を呑んだ。ふたりのアクションが、ぼくには、ミスティコの場外へのケブラータとそれを受け止める相手レスラーの姿にダブって見えた。

日常の重さやシリアスさをちょっと軽くしてくれる感覚が、倉内太の音楽にもある。倉庫内作業員の毎日を宴に変えてしまうようなささやかな魔法が。ウソだと思うなら、出たばかりの彼のファーストアルバム《くりかえして　そうなる》を聴いてみてほしい。

レコ発の翌日、つまりは一一月二六日、「MOOSIC LAB」という企画の一環で、監督・三浦直之／音楽・倉内太による映画が制作中であるとアナウンスされた。

二〇一三年公開予定だというその作品のタイトルは、『ダンスナンバー時をかける少女』。

そう、大林宣彦を上回る強い想いを、時をかけるほどの反重力で。

彼らならやってくれるはずだ。

「音楽と人」（2013）

山戸結希のキメラみたいな映画

今年で三回目となるMOOSIC LABは、自主映画監督と気鋭のミュージシャンをコラボレーションさせる新作短編映画のフェスティバルだ。発案者でもある直井卓俊は、SPOTTED PRODUCTIONSを率いて、これまでも松江哲明監督『フラッシュバックメモリーズ 3D』『ライブテープ』、入江悠監督『SRサイタマノラッパー ロードサイドの逃亡者』など音楽要素の強いインディペンデント映画を配給し、スマッシュヒットを飛ばしてきたプロデューサーである。

きっかけは二〇〇八年頃だったと思う。八丁堀の喫茶店で直井に前野健太と三輪二郎のCDを手渡した。そのとき直井がぼくに言ったのだ。

「このへんのミュージシャンと若い映画監督がもっと混ざっていくといいですよねえ」

いつだって映画に音楽はつきものだし、ミュージシャンが主題歌やテーマ曲を提供したりするのもよくあることだ。しかし、かつての『爆裂都市 BURST CITY』のように、その時点ではまだ未知のエネルギーに溢れた、映画と音楽が一体化したような作品がもっと出てきてもいいはず。そんな想いをぼくと直井は共有していた。

その後、実際に直井は映画のイベントにミュージシャンのライブを挟むなど、両者の接点をつくっていく。そんな中から、松江哲明監督とシンガーソングライターの前野健太による『ライブテープ』や、入江悠監督の『劇場版 神聖かまってちゃん ロックンロールは鳴り止まないっ』のような作品が生み落とされてきた。

そして、この流れを自覚的に加速させるべく誕生したのが、MOOSIC LABである。

第一回は、映画と音楽がなんらか絡んでいればオッケーという企画色の強い特集上映イベントだったが、第二回からクッキリと性格を変えた。ぼくはそこに大根仁監督『モテキ』の大ヒットが影響しているように思えてならない。久保ミツロウの人気漫画を原作に、大根の抜群のカルチャーセンスでトップアイドルから大物歌手、気鋭のインディミュージシャンまでを総動員した『モテキ』は、ある意味、直井がDIY的に映画界で仕掛けてきたことのエッセンスそのままに、規模をデカくしたJ－POPミュージカルだった。東宝メジャーでこれをやられてしまったあとに、いったいなにが残っているのか？　そう思わずにはいられなかった。

「新しい戦争を始めよう」――直井が第二回MOOSIC LABに掲げたコンセプトは、うみのてというバンドの歌詞から引用した一節だった。もはや映画と音楽をマッチングするセンスを競っている場合ではなかった。待望されているのは、既存のものとはまったく違うやり方で映画と音楽を高次元に融合させる、キメラのような作品なのだ。

第三回となった今年、審査員を依頼されたぼくが会場となる新宿ケイズシネマで最初に観賞した作品は『ダンスナンバー　時をかける処女』だった。劇団ロロの三浦直之が初監督し、倉内太が主題歌を提供している。三浦は演劇の手法を確信犯的に持ち込むことで、映画の躍動感と音楽のダイナミズムを接近させようとしていた。その志やよし。しかしその後に観たほかの作品は、『モテキ』以前の微温的な音楽×映画コラボに留まるものが多かった。

まあ、一本あるだけでも希望はつながった……そう思いかけたところに最後に鑑賞した作品、山戸結希監督の『おとぎ話みたい』がやってくれた。

地方都市でコンテンポラリーダンサーを夢見る女子高生。彼女はある教師に恋心を抱く。その高揚感とともに、バンド・おとぎ話のライブシーンがインサートされる。想いが募れば募るほど清冽な台詞回しはリズムを帯び、画面は跳ね、彼女は踊る。おとぎ話のメンバーも彼女の先輩として演技をする。

クライマックスの卒業式シーンでは、オーケストラの演奏に合わせて全校生徒がおとぎ話の〈White Song〉を合唱。しかし彼女はその音楽を聴いていない。屋上で自らの熱情に身を焦がす彼女を捉えながら、映画は音楽と化し咆哮する。ただただ体感するしかない。こんなキメラみたいな映画を待っていた。

「音楽と人」（２０１３）

韓国インディのいま

韓国のインディシーンについて最初に気になったのは四年ほど前のことだ。

当時、「風呂ロック」という銭湯でミュージシャンがライブを行うイベント（遠藤賢司や向井秀徳、峯田和伸などが出演していた）があり、その主催者の佐藤広輝が会場となる吉祥寺の銭湯・弁天湯の隣りでDABADAというバーを営んでいた。そこに佐藤と交流のある韓国人のロックファン数名が遊びに来ていて、一緒に飲んだことがあった。彼らはソウルの弘大《ホンデ》にある音楽カフェ・空中キャンプのスタッフだった。彼らの話すところによれば、韓国の一部では日本の九〇年代ロックが流行っており、渋谷系の影響を受けたバンドもチラホラ出てきているという。また、空中キャンプは日本のミュージシャンもソウルに招聘しており、その時点ですでに彼らのイベント「すばらしくてNICE CHOICE」には、サニーデイ・サービスや原田郁子、ハナレグミなどが出演していた。

それから二年経った二〇一一年八月、松江哲明監督の映画『ライブテープ』が空中キャンプで上映され、主演の前野健太も現地でライブを行ったことで、ずっと気になっていた韓国インディシーンがぐっと身近なものとなった。さらに今年一月、空中キャンプのライブで前野と対バンした韓国のミュージシャン、ハンバ（Hahn Vad）が「ヤマガタ・トゥイークスター」（山形童子／

Yamagata Tweakster）という名義で来日を果たすというので、彼の音源も聴いてみた。基本はハウスミュージックだが、韓国民謡っぽいメロディとシンセサウンドの温もりが絶妙にブレンドされた不思議な音楽だった。同じく来日するウィダンスというオルタナ系男女デュオの音源もまた、人なつっこいローファイさに惹かれるものがあった。彼らの音楽について、フライヤーにコメントを依頼されたので、なんの背景も知らぬまま、浮かんだイメージを羅列してみた。

「URの冷え込んだ計器、ピクシーズの混ぜすぎてどず黒くなったミックスジュース、フィッシュマンズの窓を閉め切った四畳半――ポップ・ミュージックに圧縮された景色がいくつもあって、ヤマガタ・トゥイークスターやウィダンスを聴くと、グローファイな空気にさらされてそれらが心地よく解凍されていくのを感じる」

さらに来日したヤマガタ・トゥイークスターことハンバから、韓国インディシーンの現状についても聞くことができた。

ハンバによれば、韓国インディの中心地ともいえる弘大にはいま巨大資本による再開発の波が押し寄せており、インディバンドが安く自由に使えるスペースがどんどん減っているのだという。また、古くからある商店や飲食店なども不当なまでに低い補償金だけで立ち退きを迫られているそうだ。そうした中、弘大駅前ビルに入っている「トゥリバン」という食堂が政府の立ち退きを拒み、抗議活動を始めた。二〇一〇年のことだ。ハンバたちはこの闘争を支援するためにバリケードの中でライブを行い、識者やアーティストを集めたシンポジウムなども企画。五月一日のメーデーには「51＋」（フィフティーワン・プラス）というフェスも開催したという。当初は五一組で企画されたそのフェスには、最終的に六二組のミュージシャンが出演し、二〇〇〇人余の観客を集めた。と同時に、フェスはジャンルをまたぎ弘大周辺で蠢く新たなアンダーグラウンドカルチャーを可視化させ、再編成するきっかけともなっているという。

51＋フェスは翌年以降も続けられ、二〇一二年、トゥリバンは多額の補償金を獲得するカタチで勝利を収めた。

ここ数年、Kポップブームと言われる。韓国のポップミュージックについての肥大化したイメージは、同国に対する日本国内の強ばった空気と表裏一体のようにも見える。そうしたぶ厚いベールをかいくぐって、この手でかの国に触れてみたいと思った。

いま、韓国のインディシーンでなにが起きているのか。

今年も51＋フェスが有志の運営によって開催される予定だというので、この目でたしかめに行ってきた。

51＋フェスの前に、韓国のインディシーンにおいて真っ先に会わなくてはならない人物がいる。

その人物を弘大の隣り駅、合井《ハプチョン》から歩いて五分ほどの場所にあるPUBLIC SPACEというオシャレなカフェで待つ。モノトーンとシルバーを基調にした店内の壁にはスターウォーズのリトグラフ、ＢＧＭはケンドリック・ラマーだ。指定された時刻ぴったりにマネージャーを伴ってその人物は現れた。近年、韓国内でインディの枠を越える異例の大ヒットを飛ばし、いまや韓国ロックの最重要人物といっても過言ではないその男の名は、チャン・ギハ。人気バンド「チャン・ギハと顔たち」のフロントマンである。

チャン・ギハと顔たちおよび彼の所属するレーベル、ブンガブンガレコードの成功は、弘大シーンの事件といってよい。「家内制手工業」と称し、ＣＤを一枚ずつ制作するところから始まったブンガブンガは、ミュージシャンとその友人たちの水平な関係による自由な経営形態をキープしつつ、インディの枠を突き破るチャン・ギハと顔たちのブレイクを実現した。なぜチャン・ギハたちだけに、それが可能だったのか？　韓国インディの現在を知る上でも、その理由が知りたかった。

店の中庭を抜け、ラウンジのような個室に移動する。あとで聞いたのだが、ここPUBLIC SPACEもまたブンガブンガと運営母体を同じくするカフェだった。温かいドリンクを飲みながらリラックスした雰囲気でインタビューが始まった。

――今日はオフのところありがとうございます。

「こちらこそ。日本には親しみを感じていますよ。今年中にまた行くと思います」

――二〇一〇年以来、何度か来日公演を行っていますが、対バンした中で印象に残っているミュージシャンはいますか？

「いっぱいいますよ。とくにヒカシュー、ZAZEN BOYS、トクマルシューゴには刺激を受けました。彼らの音楽は自分のバンドにも反映できるものがあるんじゃないかと思っています」

――オーディエンスの印象はどうですか。

「第一印象は、冷静沈着でわーっと騒がない感じ（笑）。ボクたちのことを知らない人も多いので最初は様子見なんでしょうけど。ただ終盤に行くにつれてノッてくるのがわかるとうれしいですね。そういえば面白いことがあって、周りは踊っているのに最後までずっと腕を組んだままのお客さんがいたんです。だけど、終わったらその人がCDを買ってくれて、おまけにサインまでしてくれって（笑）。そのとき初めて、『あ、これは楽しみ方が違うんだな』ということがわかりました」

――たしかに日本では、ライブでも音楽をじっと楽しむ人は多いですね。あなた自身のことも聞きたいんですが、作品がヒットしてファンが増えたことで、音楽活動について意識が変わった部分はありますか。

「スタイルについていえば、変わらないです。自分のできる範囲のことをやってますし。ただファンが増えたのは事実なので、より広く届けるためにしなくてはならないことがあるとは思っています。具体的には、ラジオのレギュラー番組を持つとか」

——あなたほどではないにしろ、売れているインディバンドはほかにもあります。ただ、決定的に違うと思ったのが歌詞なんです。チャン・ギハと顔たちの歌詞にはリアルな生活感が反映されていると思います。とくに最初のヒット曲である〈安物のコーヒー〉は「八八万ウォン（月給七万円）世代」といわれる若年非正規雇用者層から支持されたと聞いています。

「そのことについては、ほかのバンドがなぜそうした歌詞を書かないのかがボクにもわからないんです。そもそも自分を取り囲む環境と関係のないところから出発していい音楽をつくるのは難しいことですし。自分が生きていくことを考えながら音楽を生み出せば、同時代を生きている人たちとシンクロするし、せざるをえないわけです。まあ、ほかのバンドがそれをやらないのは、ボクにとってはありがたいことですけど（笑）」

——韓国のオールドロック的な要素を取り入れたサウンドもユニークですね。

「古い韓国の音楽を意識するようになったのは、以前に在籍していたバンド、ヌントゥゴ・コベインの頃からです。韓国語でロックをやるというのはどういうことなんだろうって考えた末に、そこに辿り着きました」

――ヌントゥゴ・コベインの頃と現在とで、最も変わったことはなんですか？

「いちばん大きいのは、あの頃は音楽で食べられなかった。いまは食べられるということです。あと、あの頃はほかのメンバーが曲を書いていましたが、いまはボクが書いてます」

――韓国のバンドにあって日本のバンドにない大きなファクターとして「兵役」があります。いまおっしゃった変化に関係していることはありますか？

「おおー、兵役については当然すぎることなので、いま質問されるまでちゃんと考えたことがなかったです。でも言われてみればたしかにそうですね。軍隊に行くと、どうしてもそのあとは安定した人生を選びがちで、ミュージシャンでも、音楽を趣味に変えてしまう人が少なくない。でもボクの場合、逆に軍隊で今後の自分の進むべき道を考えて、いちドラマーではなく、自分の曲を歌うべきなんじゃないかって思ったんです。それで〈安物のコーヒー〉の歌詞ができた。そういう意味で軍隊は、いい経験だったとは言いがたいですが、いい転機にはなりました」

――日本にはないことなので、その話が聞けてよかったです。ちなみに、いまの韓国のインディシーンについてはどう見ていますか。

「（日本語で）ムズカシイ（笑）。なにかを言える立場じゃないですからね。インディであるからこそ、それぞれがやっていくことだと思いますよ」

——最近、面白いバンドはありますか？

「ムキムキマンスは面白いですね。それこそメジャーとインディっていう図式を考えてしまうことってあるんですけど、彼女たちはそうしたことから自由だし、固定観念を壊してくれます」

インタビュー終わりで思わぬ人がテーブルにやってきた。全州国際映画祭に参加するために来韓していた松江哲明監督だ。松江もチャン・ギハと会う約束をしていたが、その前にぼくが取材をしていることを知り、そのまま合流しようと思ったのだという。しかも松江はこの会合の数時間前に全州国際映画祭に出品した最新作の『フラッシュバックメモリーズ 3D』がNETPAC賞（最優秀アジア映画賞）を受賞したばかりだった。

チャン・ギハのマネージャーの女性が全員にピザを頼んでくれる。シロップをつけて食べる、ホットケーキと掛け合わせたようなピザだった。

「美味しいですよ。さあ、みんなで食べましょう」

チャン・ギハがそう言うと、「初めまして」と「おめでとう」の交錯する和やかな午後のティータイムが始まった。

松江哲明といえば、冒頭に書いたとおり二〇一一年に空中キャンプで『ライブテープ』が上映され、その際には前野健太もライブを行っている。企画したのは韓国在住の日本人、清水博之だ。清水は二〇〇六年に初めて空中キャンプを訪れてその雰囲気にハマり、一時期は空中キャンプのスタッフでもあった。現在は弘大の（「合井」とは反対側の）となり駅である新村《シンチョン》のそばで雨乃日《あめのひ》珈琲店という音楽カフェをオープン。日韓のインディ系CDや書籍、一緒に店を切り盛りする陶芸家でもある奥さんのつくった器などがディスプレイされた雰囲気のよい店内は、音楽ファンのみならず、カフェ好きや、日本文化好きの若者たちで常に賑わっている。

そんな雨乃日珈琲店で、韓国インディシーンの要人であり、51+フェス主催者のひとりでもあるパク・ダハムと会う。てっきり年配の強面の男かと思ったら、見た目こそやや老けているが、まだ二七歳だという物腰の柔らかい青年が現れたので驚いてしまった。しかしそのキャリアを見れば筋金入りのアンダーグラウンドだ。一〇代後半をパンクバンドのメンバーとして過ごし、二〇代に入ってからはノイズミュージシャンとして活動する傍ら、Lobotomy や Master Musik など数多くのバンドにも関わり、さらに自身のレーベル・ヘリコプターレコーズも主宰。ジャンルレスなライブ「Never Right」を企画し、最近では大友良英や大森靖子もライブしたコミュニティスペース・Lowrise の創立メンバーでもある。

51+の前日、忙しい合間を縫って、パクに自身の音楽変遷とトゥリバン闘争について話してもらった。

「もともと日本の音楽では東京スカパラダイスオーケストラが好きだったんです。それが二〇〇二年頃、友達がメルトババナナやリミテッド・エキスプレス・ハズ・ゴーンなんかを教えてくれて。それからですね、聴く音楽がどんどんアンダーグラウンドなものになっていきました（笑）」

――その友達の存在は大きいですね（笑）。明後日の51＋フェスの準備は順調ですか。

「いや、まだ足りないPA機材がいくつかあって、明日クルマで借りにいかないと」

――51＋フェスは今年で四回目ですけど、回を重ねることで変わったことは？

「一番大きいのは、二〇一二年にトゥリバン闘争が解決したことですね。それによって会場もトゥリバンではなくなりましたし」

――いわゆる政治的なバックボーンについてはどうですか。ハンバさんたちは闘争から発展してJARIP（自立音楽生産者組合）という団体を立ち上げたそうですが。

「JARIPのミュージシャンと今回の51＋に出演するミュージシャンは、ある程度かぶってはいます。一二組ぐらいかな。でも、みんながみんな政治的っていうわけではないんですよ。ハンバがわりと旗を振るタイプなんですけど、彼も最近は子育てや家族サービスに忙しくてほとんどフェスの運営には関われていないし。ボクは51+フェスに関しては、もっと音楽的に広く開かれたものだと考えています」

――といっても商業的なフェスとはやはり違うわけですよね？

「そうですね。大きなフェスだと有名バンドには高いギャランティを払ってそれ以外はノーギャラなんてことがあるみたいですけど、51+はミュージシャンからスタッフに至るまで一律でギャランティを払います。『全員が等しく労働者である』という観点から」

かつて日本の批評家、粉川哲夫が韓国の大学で講義をする際にアテンドをしたことがあるというパクは、粉川の「自由ラジオ」に代表されるDIYメディアの考え方からも大いに影響を受けたという。そんな知日派でもあるパクに、日本の新大久保や鶴橋で起きているヘイトスピーチについても意見を求めてみた。

「まー笑うのが、彼らは『ネトウヨ』とか呼ばれたりするそうですけど、韓国にも『イルベ』という日本の2ちゃんねるみたいな掲示板があって、そこに書き込むような連中はバカにされてるんですよ。しょうもないですよね（笑）」

――どこも一緒ですね。日本でもヘイトスピーチやネトウヨについては「しょうもないな」

っていうのが一般的な感覚だと思います。

「もちろん韓国も日本も、政府の考えを変えるのは大変なことですけどね。それについてはベストを尽くすしかないし、もっと交流を増やしていきたいですね」

やっぱりそうだよな、と。ヘイトスピーチについて「あ、こんな普通に話せるものなんだ」という軽い驚きと、「そりゃそうか」という納得。話してみるものである。

第四回となる今回の51＋フェスは、文来洞《ムンレドン》と呼ばれる地域で開催される。町工場が密集し、それを取り囲むように高層ビルが立ち並ぶエリアだ。寂れた工場をアートで活性化させようとスタジオやアトリエなどが入ることで、にわかに脚光を浴びている場所でもある。まさに、そのプラットフォームとしての役割を担うムンレ・アート・スペースがフェスの会場となる。

中に入るとまず、受付の周りに物販ブースがほとんどないことに気づく。代わりにあるのはベーシックインカムの署名デスクや、フェアトレード食品のバザーなどだ。このスペースだけを見れば大学の学祭のようでもある。しかし四つあるステージをざっと巡り、会場設営の充実ぶりに驚かされた。

ステージは地下パーキング、一階、二階、屋上階の四ヵ所に分かれており。それぞれ出演者が色分けされている。地下はパンク、ハードコア、グラインドコア、サイコビリーなど。ここでは激しいモッシュも起きていた。一階はノイズ、ヒップホップ、エレクトロ、シューゲイザーなど。二階はハードロック、エモ、ポストロック、ソウル、ファンクなど。そして屋上階では弾き語りフォーク、エレクトロニカ、トラッド、ブルースなど。

出演バンドは五四組。

いくつか気になったバンドを挙げてみよう。

404＝超絶ドラムから繰り出される暗黒グルーヴにざっくざくと刻むようなギターとこぶしの効いたヴォーカルが乗るふたり組。むちゃくちゃカッコよい。

ニ:ニ＝三人組ポスト・ロック。フロントのギター&ベースの女子ふたりがそれぞれ後ろに向いたままで演奏する。ドラマーは男性。隙間のあるコーラスにシビれる。

ルック&リッスン＝こちらも女性ふたりがフロントに立ち、ドラマーは男性のガレージパンクバンド。少年ナイフや、いまだと住所不定無職あたりを彷彿とさせるものがある。

ウィダンス＝グランジ系のギターとぶっきらぼうな女性ヴォーカルの緊張感のある佇まいがいい。リリースされている音源よりもライブはよりダンサンブルな印象。

ヤマガタ・トゥイークスター＝多幸感のあるシンセサウンドと唯我独尊な踊りで、一瞬にして場をマウントしていた。途中で観客を引き連れて路上に飛び出してしまうのも面白かった。

ハ・ホンジン＝日本の反原発デモでも何度か演奏しているブルースシンガー。韓国語の響きが本格的なデルタブルースとマッチしており、新鮮に響いた。

キム・イルドゥ＝ジョニー・キャッシュばりのバリトンヴォイスで聞かせるフォークシンガー。ジーニアスというパンクバンドでも出演。そちらもよかった。

サイコバン＝江南スタイルのドープリミックスからしてユニークなヒップホップユニット。

2UP＝日本から、というか海外からの唯一の出演者となるハードコアデュオ。出演のきっかけはUSのバンド、サッド・フォースからの紹介というのがイイ話。

スルターン・オブ・ザ・ディスコ＝中東風ターバン五人組によるファンク歌謡。エアバンドと聞いていたがなんの、演奏も歌も上手い。観客も踊りまくっていた。

どのステージも進行がオンタイムなのが素晴らしい。日本のノイズ／エクスペリメンタルシーンとも交流があり、何度か来日もしているグラインドコアバンド、バムソム海賊団のメンバーや、パク・ダハムと並ぶ韓国インディシーンの要人で、普段はウクレレ教室の先生もしているというシンガーソングライター、ダンピョンソンなど、ミュージシャン自身がPAを担当し、裏方としても活躍しているのも目撃した。まさしく自主運営のフェスなのだ。

そういえば会場で、面白いふたり組と会った。アウダウスというアート集団のオ・ドハムとパク・ジュンチョルだ。彼らは昭格洞《ソギョクドン》にある複合芸術施設、アートソンジェ・センターの公募展で、二〇一一年に「北朝鮮のパンクロッカー　リー・ソンウン」というプロジェクトを行った。内容は「リ・ソンウン」という北朝鮮のパンク・ロッカーをフェイクドキュメンタリーとしてでっちあげて、彼に関する資料の展示と、さまざまなミュージシャンがリ・ソンウンに扮したライブを行うという批評的かつユーモラスな作品。オ・ドハム自身のバンド、パブロフをはじめ、ヤマガタ・トゥイークスター、ムキムキマンマンス、バムソム海賊団、ダンピョンソンなど多数のインディミュージシャンがパフォーマンスで参加したという。

今回の取材ではカバーしきれなかったが、そんなふうにアートと音楽シーンが結びつく以上、映画や演劇などともきっとなんらかの結びつきがすでに生まれているはずだ。今後の楽しみが増えた。

アンダーグラウンドなスポットだけでなく、最近はいわゆる観光ガイドにも「クラブシーンで賑わう」などと書かれる弘大の夜も体験しておこうと、現地の友人のノ・スジンにガイドしてもらった。ノは韓国の出版社で日本の出版コンテンツの買い付け業務をしている。日本のコミック事情にも詳しく、ＬＩＮＥで『よつばと』のスタンプを送ってくれるような男である。もちろん韓国のユースカルチャーについても幅広く詳しい。

週末の弘大は通りにまで人が溢れていてすごい活気だ。ライブハウス以上にクラブは盛り上がっており、行列のできている大バコも多い。ノによれば、クラブによっては逆年齢制限があって、三〇代以上だと入れないケースもあるという。とにかく夜の弘大は若くてギラギラしている。

最初に入ったのは美味しいチヂミの店。マッコリをぐいぐいやりながらノが教えてくれる。

「いわゆる弘大インディと呼ばれる音楽を支持しているのは圧倒的に若い女の子たちです。彼女たちは週末、弘大でショッピングを楽しんで、カフェでお茶をする。そういうライフスタイルにオシャレな音楽として弘大インディが組み込まれているんです。なので51＋に出るようなバンドを弘大インディと一緒にしてしまうことはできないと思います」

しばらくして、ヤマガタ・トゥイークスターの日本盤をリリースしているウタカタレコードの奥藤知子からＬＩＮＥでメッセージが入った。

「二二時から上水《サンス》駅近くでヤマガタがグルーヴクルマをやります。よかったら」

グルーヴクルマというのは、ヤマガタ・トゥイークスターことハンバがアンプとラップトップを乗せたリヤカーを曳き、ストリートで踊りながら自分のレコードを売るというパフォーマンスだ。ノによれば、上水駅はいまいる店から歩いて五分かからないという。というわけで時間に合わせて店を出た。

上水駅前の大通りでしばらく待つと、アタマにヘッドライト、ピンクのジャケットに眼鏡姿のハンバがリヤカーを曳いてやってきた。ぼくたちの前で地味な眼鏡をサングラスに変え、黄色いウィッグを被る（カート・コバーンのコスプレだそうだ）。彼の追っかけだという女の子たちも五～六人集まってきた。石焼き芋屋のように自分の曲をスピーカーで流しながら、リヤカーを曳くハンバ。女の子たちがその後をついていく。まるでハーメルンの笛吹き男だ。人通りの多いストリートを分け入り、ハウスミュージックを大音量で流す。通りがかった白人女性が腰を揺らしたダンスでハンバと絡む。

「カンジョン～!!　カンジョン～!!」

ヘッドマイクで歌うハンバの声が、人通りの激しい弘大のストリートにトランシーに響く。

「チェジュ島の『カンジョン』という地域に米軍基地ができようとしているんですよ。彼は『カンジョン』という名前だけでも覚えてくれって歌っています」と、ノが教えてくれる。

通行人の何人かが物珍しそうにリアカーに積まれたハンバのCDを手に取るが、彼はそれをほとんど気にとめていない。やや低音の割れた四つ打ちに乗せて、気持ちよさそうに「カンジョン～!!」と叫んでいる。

51＋フェスの翌日、音楽プロデューサーであり現在はチャン・ギハと顔たちのギタリストとしても活躍する長谷川陽平にも話を聞くことができた。

九五年に初めて韓国に渡り、それ以来、二〇年近く韓国と日本を行き来してきた長谷川だからこそ感じる日韓の音楽シーンの違いを尋ねてみた。


「韓国って、音楽は『習うもの』なんですよ。ほかの国だと学校がイヤで音楽を始めるっていうのがよくあることだと思うんですけど、こっちは音楽をやるのに学校へ行く、みたいなところがある。だから演奏は上手いんです」

——たしかに今回いろんなミュージシャンのライブを見ましたが、歌も演奏も全体的に上手かったです。

「そう、でも上手けりゃいいってもんじゃないでしょ？　ロックって。あと、コンピューターをいじったり、録音素材を編集加工するのもすごく上手い。それもあって一発録音はほとんどしないですからね。結果、きれいにまとまってるけどノリがないってサウンドになるケースが多い。ぼくがルック・アンド・リッスンをプロデュースしたときは、『頼むから一発録りさせてくれ！』ってお願いしましたからね」

——ガレージ感が重要なバンドですもんね。

「でも、その感じがなかなかわかってもらえなくて。最終的に日本の中村宗一郎さんのピースミュージックでミックスした音を聴かせて、やっとみんな『あ、長谷川の言っていたことはこういうことだったんだ!』『でしょ?』って（笑）。その点、（チャン・ギハの所属する）ブンガブンガレコードの連中はある程度『カッコ悪さがカッコいい』ってことをわかっている。大学のサークルみたいなところから始まって、遊びとか悪ノリの感覚をちゃんとキープしてるんですよね」

――昨日の51+フェスのように、トゥリバンの闘争とか、そういう政治的だったり社会的な状況から音楽の場が生まれてきている動きについてはどう見ていますか。

「いまでもなにかあると民衆が集まってデモをする国ですからね。昔の光州事件もそうですけど、デモで表現して政治的に勝ち取ってきた部分がある。だから権力や体制に対してなにかを要求する運動の中で自分たちなりの方法でできることがわかっていて、そこに音楽もあるってことなんだと思います」

――長谷川さんはいまや韓国のインディシーンにはなくてはならない方ですけど、これまで日本人っていうことで、なにか軋轢が生じた局面はあったりしました?

「まあ昔は横に来て露骨に悪口を言われたりとか、そういうことがなかったとは言いませんよ。同じやつがあとで『あのときはすみませんでした』って謝ってきたりっていうこともあった。ただ、いろいろあったとは思うけど、けっきょく忘れちゃうんですよ。ぼくはぼくで、この場所でなんとか生き延びていこうって足掻いてたから、それどころじゃなかったっていうのもありますし」

――長谷川さんがバンドの一員となったチャン・ギハと顔たちの、新しいアルバムが楽しみです。

「ぼくも楽しみですよ。いまは集中して作業してますからね」

――長谷川さんから見て、今後チャン・ギハと顔たちのようになり得るバンドはいますか?

「どうですかねえ。そこはチャン・ギハの音楽を聴いて育った人が出てきたら……かなぁ(笑)。そう考えれば何年かにひとりはかならず出てきますからね、面白い人が」


LINEを使って拙い英語でやりとりしながら、合井駅そばで韓国の音楽ライター、ミニーと落ち合う。韓国で音楽情報はどのように流通しているのか、またその中でインディシーンはどのような位置づけとなっているのかを教えてもらうことになっていた。さらに彼女はコミュニケーションを円滑にするため、日本語の話せる同業者の友人、ユナも連れてきてくれた。「音楽ライター」はこの国では珍しい職業である。映画雑誌は何誌もあるが、いわゆる音楽雑誌はほとんどなく、ふたりともメインの執筆媒体はポータル系ウェブサイトだという。

メジャーなK‐POPをフィールドにしているミニーが、比較的インディ寄りのCDを大量にプレゼントしてくれる。ミニーのイチ推しは、2NE1にも曲を提供しているシンガーソングライターのSun Woo Jung Ah。六〇年代ポップスにおけるキャロル・キングのような位置づけだという。実際、アコースティックな響きにうっすらアーシーな薫りの絡む名盤で、見た目までどこかキャロル・キング似だ。インディバンドのペッパートーンズが人気のグループアイドル、f(x)に曲を提供する例などを見ても感じることだが、音楽業界のレンジが日本よりも圧縮されているぶん、この国のメジャーとインディの垣根は、音楽性の違いから想像されるほどには高くないのかもしれない。そう考えれば、チャン・ギハのブレイクも納得がいく。

もう一枚、ミニーからのプレゼントで興味深かったのが、信販会社のヒュンダイカードが立ち上げたレーベル「ヒュンダイカード・ミュージック」によるインディバンドのコンピ《it tracks》。ギャラクシー・エクスプレスや3号線バタフライなど人気インディバンドの曲がコンパイルされている。BIGBANGとのコラボや、メタリカとミューズをヘッドライナーに迎えたフェスの開催など、若者層へのプロモーションに力を入れているヒュンダイカードがインディバンドのコンピにまで手を広げているのは、それだけ弘大インディがブランド化している証しともいえる。そうした状況について、インディ系もカバーするライターであるヨナは「ワタシの周りの音楽好きはみんな、『ここまであからさまに商業主義なのはどうなんだろう……』と思って見てますよ」と言う。

ヨナは大学生のときに曽我部恵一やスピッツを通じて日本の音楽を聴くようになり、空中キャンプに出入りするようになった。51+フェスの主催者のひとりであるハバククとも友人関係にある。彼とはSNSのDJシャドウのコミュニティで知り合ったという。ユナに韓国のインディ音楽を知るためにチェックすべき媒体を聞くと、真っ先に教えてくれたのがサイト「YOUNG GIFTED & WACK」。ハバスクが立ち上げたばかりの音楽系ニュースサイトだ。「このサイトが立ち上がるまで、本当にほしい音楽情報の載ってるサイトがなかなかなかったんです」とユナ。ミニーも「日本にはいい音楽雑誌がいっぱいあってうらやましいです」と続ける。ぼくは先日、休刊になったばかりの老舗音楽雑誌のことや日本のカルチャー誌の現状を思い、苦笑いするしかなかった。

彼女たちに媒体と広告出稿の関係について聞くと、少なくともライターの立場としてそういう話が耳に入ってくることは、ほぼないと言う。それは媒体のジャーナリズムが機能している云々以前に、マーケットが小さいから、ということもあるのかもしれない。ただ、知られるべきグッドな音楽があり、その情報を必要としている人たちがいて、間をつなぐためになにかしたいと考えている人がいる。そのシンプルさが眩しく感じられた。

二時間ほど話し込んだあと、ミニーとユナに道案内してもらい合井のライブハウス、ムー大陸へ向かう。名前から勝手に高円寺の無力無善寺のような場所を想像していたら、意外にもオシャレなカフェレストランを併設したライブハウスだった。

この夜は、2UPの韓国ツアー企画。出演者はヘリヴィジョン、11:11、404、ナフ、クァン・プログラム、ウィダンス、そして2UP。

ウィダンスの演奏後、メンバーのウィボ（vo）とウィギ（g）と一緒に併設のカフェでお茶をした。今年一月に来日した際には、苦手だといってインタビューをすべて断ったというふたりだが、地元ということもあり、気軽に質問に応じてくれる。ウィギに好きな音楽を尋ねると、影響を受けた三大ギタリストを教えてくれた――ジョン・フルシアンテ、ジャック・ホワイト、ジミ・ヘンドリックス。ライブではほとんどMCをせず、そのステージングにカリスマ性すら漂わせるウィボも、普段は笑顔のかわいい女の子だ。

すでに別々のレーベルから四枚のリリース音源が予定されているというウィダンス。そのうち一枚について思わぬプロデューサーの名前を小耳に挟んだ。口止めされたのでここに書けないのが残念。六月末には下北沢インディーファンクラブを皮切りに日本でのライブも予定されている。また、ヤマガタ・トゥイークスターや404も六月に来日する予定だ。日本のさまざまなインディバンドとも対バンが決定している。気づいたときにはすでに始まっているのだ。

国家間の戦略や企業の思惑などとは別に、メジャーからアンダーグラウンドまで日韓のカルチャーは影響を与え合っている。とくに韓国のインディシーンは日本の音楽からも多大な影響を受けながら、同時に自分たちの置かれている社会状況と格闘している。早晩、日本のインディシーンにもそのフィードバックは現れてくるだろう。

東京でインタビューしたとき、ヤマガタ・トゥイークスターはぼくに言った。

「私たちはカルチャーで繋がっているんですから」

たしかにそうなのだ。時には不幸な接触もあっただろうが、否応なく、何千年も前からつながってきたのだ。

帰国する最後の日、清水博之から勧められた音楽カフェ、Curly Solでランチをとることにした。新村駅から少し歩き、高級マンションと古い商店街の立ち並ぶ通りをゆくと、途中で開発が投げ出されてしまったようななにもない空き地の一角にその店はひっそりとあった。

店に入って数十秒で日本のインディバンド、ホライズン山下宅配便のアルバム《期待》のCDが壁に立てかけてあるのを見つけた。ほかにも片想いの7インチやasunaのアルバムなども。日本語の堪能な店主のラフに「日本の渋谷にこの店とそっくりな『なぎ食堂』っていうお店がありますよ」と言うと、「ええ、小田（晶房／なぎ食堂店主）さんには大変お世話になってます」

ときた。たしかによく見れば、店内には小田とエディターチーム、mapを組んでいる福田教雄が編集するリトルマガジン『Sweet Dream』のバックナンバーもすべて揃っていたりする。

「最初はミスチルやB'zやX JAPANから入って、日本の音楽を掘っていくうちに、高円寺の円盤のサイトに辿り着いたんです。それで興味を持ち、日本に行ったときに円盤を訪ねてみたんです。それがすべての始まりでした」とラフ。

そういえばパク・ダハムとウィダンスが「円盤カレー道場」（バンドマンや関係者が手づくりカレーで対決する円盤の名物企画）にインスパイアされたイベントをソウルでやったって聞いたけど……。「あ、カレー道場のことを彼らに教えたの、ボクなんです（笑）」

おまけにパクに日本のアンダーグラウンドな音楽の存在を教えたのもラフだという。

「最近のパクくんは精力的に動いていてすごいですよ。刺激を受けてボクも何かやりたいと思っているんですけど」

ラフは円盤やなぎ食堂の存在を知り、自分でもソウルにああいう店を持ちたいと思い立ち、飲食店やレコード屋でバイトをしながらお金を貯め、二年ほど前にCurly Solを開店した。日本からアルフレッド・ビーチ・サンダルと遠藤里美を呼んで、店内でライブを行ったこともあるという。当然、地元のミュージシャンとの結びつきも深い。エクスペリメンタルなフォークシンガー、イ・ランのミュージックビデオ「Propeller」は同店の中庭で撮影されている。

そんな話をしていたら、ちょうどパク・ダハムがガールフレンドとお茶をしにやってきた。Curly Solの店内には、さきほどから東京のインディバンド、うつくしきひかりのＣＤが流れている。それぞれのテーブルでくつろいだり、談笑したりする若者たちはその軽やかなスティールパンの音色を生み出しているMC.sirafuという東京のミュージシャンのことを知らないだろう。でも、だからこそ、音楽がするっと国境なんて関係なくだらしなく混ざってしまう瞬間がどうにも頼もしかった。

「Quick Japan」（２０１３）

2章　非正規化する社会と身体

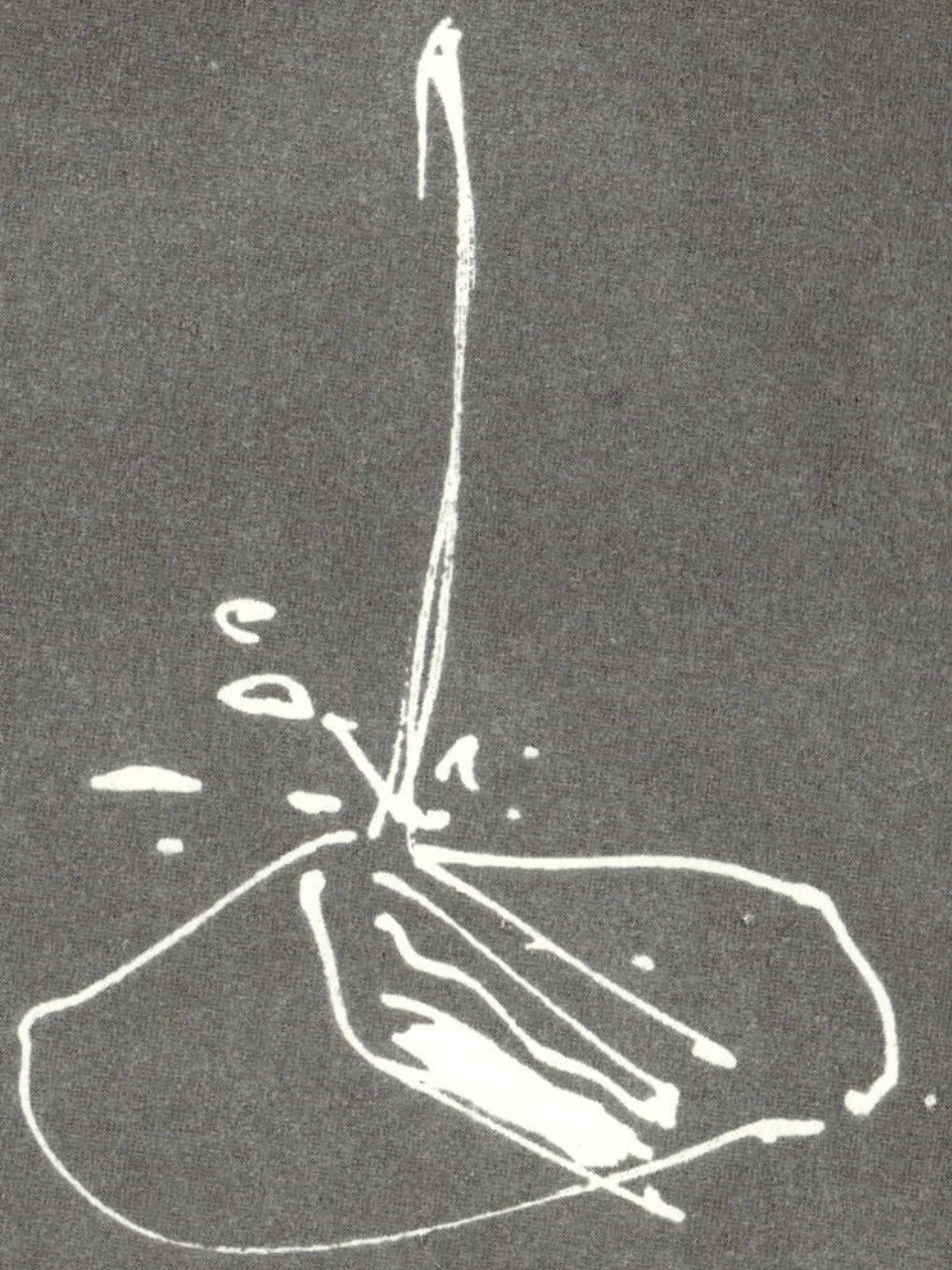

生き延びるための技術

「建築家」にして「作家」にして「芸術家」にして「新政府内閣総理大臣」、そして最近は「夢師」なる肩書きも名乗る坂口恭平。いったい何者なんだって話だが、ここ数年の彼の足跡を辿ってみたら、少しは見えてくるものもあるかもしれない。

最初に坂口が世に知られるきっかけとなったのは、二〇〇四年に出版された『0円ハウス』(リトルモア)。路上生活者のブルーハウスを観察し、「これこそ理想の家ではないか?」という視点を提出したバイリンガル仕様の写真集だ。建築の世界には「建築家なしの建築」(ルドルフスキー)という系譜があるが、この時点で、坂口はそのニューカマーであったともいえる。

『0円ハウス』は海外で評価され、ケニアのナイロビで開催された世界会議フォーラムにも呼ばれるなどの反響を呼んだ。国内でも、『0円ハウス』取材の延長で雑誌「AERA」に書いた記事がきっかけとなり、坂口が〝隅田川のエジソン〟と呼ぶ路上生活者・鈴木さんの生活を密着取材した『TOKYO 0円ハウス 0円生活』(大和書房)を上梓。路上生活のエコロジカルな生態系や経済圏をあますことなく伝える内容が話題となり、坂口は路上生活のフィールドワーカーとして知られるようになる。

二〇一〇年、さらなるフィールドワークの成果をまとめた『ゼロから始める都市型狩猟採集生活』（太田出版）を発表。ここにきて路上生活者による「０円生活」は「都市型狩猟採集生活」と名指され、現代の都市を生きる人間なら誰しも参照しうるノウハウにまで高められた。

ここで重要なのは、坂口が主張しているのは路上生活のススメではない、ということだ。まずは都市を高い解像度で眺め、そこにあるさまざまなレイヤーを発見すること。そういうとなんだか難しく聞こえるが、ようは「街が見せるいろんな顔にもっと気づこうぜ」と。道路脇のただの段差もスケートボーダーにとってはいいアプローチだったりするし、ガラ空きの駐車場をフットサルコートに変えてしまう子供たちもいるだろう。二四時間営業のファミレスを仕事場として使っているホワイトカラーだって少なくないはずだ。かつて私たちの先祖が海の幸、山の幸で暮らしたように、都市にも生活のためのいろいろな〝幸〟が見つかるはず。そう指摘する坂口は、「空間を知覚する建築家」であるともいえる。

坂口がどのように空間を知覚するかについては『ＴＯＫＹＯ一坪遺産』（春秋社）という本が詳しい。知覚のサンプルがいくつも解説されているが、その中には近代文学の小説にまで空間を発見する「立体読書」という方法も記されている。

そんな坂口が３・11へのリアクションとして新たに始めたのが、新政府活動である。福島第一原発の事故に対して、いち早く東京から熊本へと避難した坂口は、自らの拠点をゼロセンターと名付け、避難民の受け入れを始めた。そして、現政府の対応への不信感が募る中、単なる批判ではなく、「そっちがやらないなら、こっちでやるよ」式に動くために新政府を起ち上げ、自ら総理大臣に就任した。新政府の最初の政策は、福島の子供たちを熊本に無償で受け入れる「0円サマーキャンプ」だった。

一見、突拍子もない行為に見えるが、坂口のやっていることは一貫している。解像度を上げよ。空間を知覚せよ。国家や政府という単位の中にもさまざまなレイヤーがあるはずだし、新たにつくり出すことだって可能なのだ。その具体的なやり方は坂口の新刊『独立国家のつくりかた』（講談社現代新書）をぜひ読んでみてほしい。

そもそも土地とはなにか。家とはなにか。「住む」とはどういうことなのか。私たちが思い込まされているレイヤーをちょっとずらしてみるだけで、そこにはさまざまな可能性が見えてくる。試しに家に車輪をつけてみればどうか。こうするだけで「家」は、住むことのできる「車両」へと変貌する。しかも地面に接地していないので、土地に縛られることなく、どこにでも置くことができる。こうして構想されたのがモバイルハウスだ。

0円ハウスをモデルに、ホームセンターで買って来た材料でつくられた初代モバイルハウスは、総工費たったの二万六〇〇〇円。当初は吉祥寺の駐車場に置かれ、いまは熊本のゼロセンターへと移動している。なにも坂口は誰もがモバイルハウスに住めばよい、と主張しているのではない（もちろんなんらかの理由で財産のすべてを失った人にとってモバイルハウスは福音かもしれないが）。ただ、私たちがマイホームを建てようとすれば、たいてい何千万円というお金がかかるし、その前に土地も手に入れなければならない。そんな現状に、二万六〇〇〇円のモバイルハウスを対置させてみれば、見えてくるのはその幅の中にある多様な「住まい」の選択肢だ。

坂口は新政府の次なる政策として「0円特区」を掲げ、そこにモバイルハウスを置いて暮らせるようにしたいという。この坂口のアイデアに対して、すでにいくつかの自治体が関心を持ち、接触してきている。海外からの関心も高く、八月中はスロベニアのアートフェスでモバイルハウスをつくり、さらに九月にはベルリンでモバイルハウス展覧会をすることが決まっている。

前置きが長くなったが、そのための渡欧壮行会と、アルバム《Practice for a Revolution》の発売記念として八月四日に渋谷のさくらホールで行われたのが、「坂口恭平リサイタル」である。アルバム？　リサイタル？　なんじゃそりゃ、と思われる方もいるかもしれない。歌うんです、この総理は。一九歳のときにすでに路上演奏でお金を稼いでいたというから、けっこうなキャリアである。インターネット生放送のDOMMUNEで坂口がやっているレギュラー番組でも、真面目なトークの締めになぜか坂口の弾き語り、というのがお約束になっている。

アルバムのリリース形式も、坂口らしくトリッキーだ。リリースレーベルである土曜社は、明治から大正にかけて生きたアナーキスト、大杉栄の著書をリイシューしている出版社だ。大杉栄の『日本脱出記』に収められた「魔子よ魔子よ」という詞に、坂口がメロディをつけてレパートリー曲としていることから、土曜社が手を挙げた。ちなみに今回のリサイタルの主催も土曜社である。

開場一〇分前、さくらホールに着くとすでに行列ができていた。

ひと足先に会場に入れてもらうと、ちょうどリハーサルの最終チェック中。リサイタルを記念してつくったというTシャツを着込んだ土曜社代表、豊田剛の長身が目立つ。《Practice for a Revolution》の録音を担当したエンジニアの塚田耕司が、PAを通したアコギの鳴りをチェックしている。

壇上の坂口恭平は渡欧前のハードスケジュールで少々お疲れ気味だが、案外、初めてのホールライブでナーバスになっていたのかもしれない。本番に異常に強い坂口だが、バックステージではギリギリまで緊張するタイプだ。あえていえば、臆病。だからこそ坂口は常にあらゆる可能性を想定し、準備を怠らない。しかし、本番では平気でその予想や準備を裏切り、爆発する。この繊細さと豪快さの空中ブランコが、パフォーマーとしての坂口恭平のキモである。

定時に開場すると、ロビーではCDやTシャツが飛ぶように売れている。客層は老若男女、見事なほどバラバラだ。みな、「坂口恭平リサイタル」という冗談半分のイベントを楽しんでいるように見える。入り口で配られているウチワには白地にピンクで「坂口」、裏返すと「総理」の文字が。土曜社もノリノリである。

七〇〇人強の客席がほとんど埋まった。最初に豊田の挨拶が軽くあり、拍手とともに坂口恭平入場。「総理！」という野太いかけ声が飛ぶ。

「今日はみなさん、ジャイアンリサイタルへようこそ」軽く自虐を交え、でも続く言葉が坂口らしかった。

「あのドラえもんの空き地のような気持ちで、今日は楽しんでいってください」

ボサノヴァ風のリフからビートルズ〈Blackbird〉のイントロに導かれ、〈新政府ラジオのテーマ〉へ。新政府ラジオとは坂口のツイッターのタイムライン上で展開されるYouTubeを使ったDJのこと。最近ではUstreamを使った生放送も行っている。そんなラジオジングルから間髪入れずに〈魔子よ魔子よ〉へ。前述したように、大杉栄がパリ近郊のメーデーで演説を行った罪で牢屋ラ・サンテに投獄された際に、娘の魔子に向けて書いた詞があり、それを坂口が曲へと仕上げた。大杉栄と魔子の関係に、坂口恭平と坂口の愛娘、アオちゃんの関係がどこかダブる。大杉の詩に、坂口が付け足した「なんだこのわけのわからぬ生の翳りは／なんだこのわけのわからぬ生の叫びは」というエモーショナルな一節と、シンコペーショナルなギターの伴奏によって、大杉のソウルは換骨奪胎され、坂口のオリジナル曲へと生まれ変わっている。

ここでＭＣへ。小学生時代のこっくりさんの話。正確にはこっくりさんに呪われたという「イリュージョン」の話だ。「呪い」という一見、姿カタチのないものが、人々の思い込みによって実体を持つ。その不思議に気づいた坂口少年。すべての知覚は幼年時代に始まっている。

「高円寺の四畳半時代に作った曲」と前置きして、〈Anokoe〉。ループするコードにラップ調のボーカルが乗る。ファルセットも決まり、ミュージシャンのライブっぽくなってくるが、なればなったでちょっとおかしい、という不思議な空気が漂う。

再びトークへ移行。このあたりで観客もこのリサイタルの流れをつかんできた。すなわち、歌もトークも同等のものとして混じりあった〝坂口恭平ショウ〟。というか、そもそも坂口のトークは音楽的なのだ。

それにしても、このパートでのトークは興味深かった。『独立国家のつくりかた』の第一章に子供時代のドブ川遊びの話が書かれている。その話に興奮して電話（坂口は自分の携帯番号を著書やウェブで公開している）を掛けてきた読者が、「忘れてましたけど、意味、全部わかります」という感想を伝えてきたそうだ。坂口は言う、「みんな忘れているると思っているけど、ホントは忘れていないはず」。自分はただそのことを本に書いただけ。そこにはなにも独創的なアイデアは存在しない。ただ、誰もが身に覚えのあるはずのことを言っているだけなのだと。

坂口自身、クリエイティビティはすべて幼年時代に開花している。ただ、彼はそのことをずっと忘れていないだけなのだ。段ボールとカーテンでつくった自動販売機の話。クラスメイトの面白さ。やはり重要なのは知覚することである。このあたりから曲よりもトークの時間が長くなってくるが、会場の熱はより高まる。

トークのグルーヴを生かしたまま、〈オモレダラ〉へ。ケニアのナイロビで教わったスワヒリ語の民謡がもとになった曲だ。さらに、リズムとキーをキープしつつ電気グルーヴ〈虹〉のカバー。アコースティックでこんな繋ぎをするのは、坂口ぐらいのものだろう。

ゼロセンターを訪ねてきた中学生トモアキの話。トモアキは自分でモバイルハウスをつくりたいそうだ。理由は「みんなで集まれる場所をつくりたいから」。「オレの話は小学生や中学生のほうがストレートに通じるんだよね」と坂口。

最後はブルーハーツの大名曲〈Train Train〉。フォークアレンジされたサウンドに乗せて歌われるあの歌詞が、いまこの時代によく響く。

これにて本篇終了――と思わせて、シャウト。

「プレイ・ファッキン・ラウド!!」

突然鳴りだしたドラムとベース音に合わせてステージ後方の幕が上がると、そこにはバンドの姿が。坂口はアコギをエレキへと持ち替え、そのまま〈魔子よ魔子よ〉へのイントロへとなだれ込む。ベースに橋本悠、キーボードは街角実。ふたりは坂口がかつて組んでいたMANというバンドのメンバーだ。MANのドラムを担当していた菅田光司郎はすでにこの世を去っており、代わりにceroや片想い、またソロでも活躍するミュージシャンのあだち麗三郎がスティックを握っている。

このサプライズがまた新たな空間を生み、それまで席に座っていた観客も自然と総立ちに。激しいエレクトリックバージョンの〈魔子よ魔子よ〉。間奏では坂口のギターソロも。

バンドサウンドのまま、今度は本当にラストの曲〈牛深ハイヤ〉へ。亡くなった菅田が坂口に教えてくれた熊本の民謡だという。ロックアレンジが施されているが、「ハイヤー」という節回しから、坂口の中に息づくルーツである九州の大地の鼓動が伝わってくる。いやルーツだけではない。さまざまな要素がこんがらがっている。ディランもブルーハーツも、アフリカも、九州も、そして大杉栄も。

一九二三年、大杉はフランスへと渡り、パリの牢屋ラ・サンテで「魔子よ魔子よ」の詩を書いた。帰国後七月に『日本脱出記』を上梓。八月に関東大震災に遭遇し、そのドサクサの中で虐殺された。

「死んではいけない」と坂口は言う。人はみないつか死ぬが、それでもその日まで「死んではいけない」と。そう、モバイルハウスも、都市型狩猟採集生活も、空間の知覚も、新政府も、0円特区も、鼻糞と接吻も、すべては生き延びるための技術なのだ。それは、「技術」という意味を持つラテン語〝アルス〟やギリシャ語〝テクネー〟を語源にした、本来の意味での「アート」にほかならない。

「EYESCREAM」(2012)

一〇〇回目の三月の5日間

「首都圏でやることもできました。でも、ぼくたちはそうせずに熊本でやったわけです。今日、公演を観ながら、そうしてよかったと思いました。初めてこの作品が、〝日本〟のことではなく〝東京〟というひとつのローカルを描いているんだということがわかったからです。つまり、東京という単なる地方の話なんだと。そうぼくには見えて、面白かった」

二〇一一年一二月九日から一一日までの三日間、劇団チェルフィッチュは代表作『三月の5日間』の一〇〇回記念公演を熊本市の早川倉庫で行った。作・演出の岡田利規は、公演後に行われた記念パーティの挨拶で以上のような話をした。

「いいねえ。最近、オザケンも同じようなこと書いてなかったっけ？」隣りの席で聞いていた坂口恭平が、ぼくにささやく。言われてみればたしかにそうだ。一一月二九日付で小沢健二公式サイト「ひふみよ」にアップされた『東京の街が奏でる』と名付けられたコンサートの告知文には、こう書かれていた。

「『東京の街が奏でる』の〝東京〟は、首都としての東京ではなくて、ローカルな場所としての東京です。ローカルな場所というのは、東京から首都が移転して、大企業の本社が全部引っ越して、その後でも残る東京、みたいな意味です」

かつて「渋谷系」と呼ばれる音楽シーンの中心人物のひとりであった小沢健二と、二〇〇三年のイラク戦争開戦時に渋谷のラブホテルで五日間を過ごすカップルを『三月の5日間』で描いた岡田利規が、二〇一一年に交錯する。もちろん両者ともに海外での活動を経験することで、東京を相対化する視点を持ち得たということもあるのだろう。

早川倉庫で観る『三月の5日間』は、浅草木馬館で観る大衆演劇のようでもあった。築一三〇年の木造倉庫、親子連れ、温かい飲み物。俳優はひとりずつ観客の前に現れては、目の前でこれから起こることを説明するのだ。

「(これは)ミノべって男の話なんですけど――」

本来なら舞台に異化効果をもたらすはずのこんな台詞が、そのまま観客に配慮した単なる説明としてストレートに聞こえてくるから不思議だ。東京の渋谷という場所で、ぼくらはセックスをしたり、デモがあったりしたんですよ。それをいまから演じますね――。ただそれだけのことだ。

終演後、岡田の挨拶に続いて出されたベジ料理や地酒の美味いこと。一〇〇回記念で用意されたレモンとチョコレートのケーキに、一〇〇回の公演すべてに出演した俳優の山懸太一が入刀する。岡田の息子のヒビキくんと坂口の娘のアオちゃんがうれしそうにそれをほおばった。ヒビキくんによる今夜の『三月の5日間』評も聞けた。「いつもは分かりづらいんだけど、今日のはわりとよかったよ」

岡田が韓国から来ているコ・ジュヨンを紹介してくれた。彼女は舞台芸術における日本と韓国の新しい交流の可能性を探っているという。当然それは、熊本に移住したことで東京よりも近距離となった隣国に対する岡田の関心とも重なってくる。

岡田利規と坂口恭平が公の場で初めて話をする機会を持ったのは二〇一一年二月。まだ一〇ヵ月しか経っていない。神奈川芸術劇場で上演されたチェルフィッチュ『ゾウガメのソニックライフ』のポストパフォーマンストークでのことだった。まさかそのときには、『三月の5日間』の一〇〇回記念公演が熊本で開催されることになろうとは、誰も予想していなかったはずだ。未曾有の震災が起こり、深刻な原発事故がそれに続いた。東京に住んでいた坂口恭平は故郷である熊本に移住し、家族と暮らすマンションとは別に、月三万円で借りた古い木造一軒屋を「ゼロセンター」と名付け、避難者の受け入れを始めた。その呼びかけに最初に応じたのが岡田利規とその家族だった。岡田はその後、妻の強い意向もあり熊本への移住を決めた。

「定住と移住」は『ゾウガメのソニックライフ』のモチーフでもあった。「放射能からの避難として熊本に移住すること」は妥当な行動なのだろうか。答えの出ない問いだ。正解はない。それよりも重要なのは、岡田利規が熊本での一〇〇回記念公演によって、今後の活動の指針となるであろう現状認識をいち早くカタチにしてみせたことだ。

翌日、坂口の案内で、国指定重要文化財である八千代座を見学する。明治四三年に建てられ、かつては芸術座の松井須磨子が「カチューシャの唄」を歌ったこともあるというこの古式ゆかしい劇場は、現在では坂東玉三郎の歌舞伎公演などが開かれることでも知られている。八千代座二階席の欄干を掴みながら坂口が言う。

「ここでいつかチェルフィッチュに公演してもらえたらいいよね」

平山源泉で疲れを流し、夜は、昨夜の一〇〇回公演記念ケーキをつくったという女性ふたりがカウンターに入っているバー、PAVAOで飲んだ。そこに公演を終えたサンガツのメンバーや公演スタッフたちが合流してきたので、みなで連れだってゼロセンターへ。

熊本のよさを味わえば味わうほど、東京という地方のよさもこの手で見つけたくなった。

「新潮」（2012）

穴底に突き当たるまで

二年前のことだ。池袋のジュンク堂書店で杉田俊介が参加するトークセッションを見た。杉田の前著『フリーターにとって「自由」とはなにか』（以下、『フリーターにとって〜』）と、やはり杉田の寄稿している『ネオリベ現代生活批判序説』のダブル刊行記念イベント。このとき、質疑応答の際に観客から「杉田さんはもっとぐったりしたほうがいい」と指摘されたことが、杉田の新刊『無能力批評』のなかでも少しだけ触れられているが、現場にいたぼくは思ったのだ。たしかに杉田は〝ぐったり〟とまではしていなかったものの、それにしたって、もうひとりのスピーカーの軽やかな弁舌に比べれば、ほとんどの時間、発言もせず、うつむいたままで、その重苦しさはトークセッションとしてちょっとどうかと思うくらい際だっていたぞ、と。まるで、杉田の周りだけが一段強い重力場となっているようですらあった。もっとも杉田自身も、観客の指摘とは裏腹に、その「重さ」や「ぐったりとした感覚」に対しては戸惑いと自己批判の中にいるようだったが。

そのような重心の低い身体性は『フリーターにとって〜』からも、すでに感じとることができた。『フリーターにとって〜』を原作として演劇作品『エンジョイ』をつくった劇作家の岡田利規は、派遣労働者役の女性が傾斜した床の上を寝ころんだままゴロゴロ転がり落ちるといった演出をつけていたが、あれは、杉田の著作を、「重力をめぐる物語」として捉える読みだったのではないかと思う。

そして『無能力批評』において、杉田はついに、あの「重さ」や「ぐったりとした感覚」を含むエレメント、すなわち「無能力」の検討にとりかかる。まるで海底にタッチすることでしか海面上に浮かび上がることはできない、とでもいうべき徹底さでもって。

ぼくにも身に覚えがある。二〇代後半にしてなにもするべきことがなくなってしまった日々。足掻けば足掻くほどずぶずぶとはまっていくような、煽られれば煽られるほど沈んでいくようなノレなさ、できなさ、腰の重さ。あの〝ぐったり〟とした感覚がいまも身体に刻まれている。

「賃労働や経済活動にたどりつかず、『いつか働くかもしれない……』という潜在状態に、永久にとどまり続ける、生」

「あんたらの望む望まないにかかわらず、無所有になっていくほど、自立を惨めに剝奪されればされるほど、あんたの人生はあんたのものになっていく」

そのあまりにも身も蓋もない人生の穴底に、誰とも替えのきかない「個体化」された生そのものが鉱物のように転がっているのだと、杉田は言う。生ぬるい地獄を生きるのではない。地獄そのものを掻き分けていくほどに、ほかに替えの効かない私の人生と出会うのだと。

かくして本書は、わが身に深く錨を降ろすようにして、「文芸批評」「労働運動」「障害者福祉」という三つの世界を捉えながら、穴底にわずかに差し込んでくる光を私たちにも乱反射させる。まぶしくはない。ただただ薄暗く、ほのかな光だ。

ぐったり以前に、単なる惰性でもあるぼくにとって、本書は重かった。読み進めるうちに、ずいぶんとしんどくもなってしまった。ただ、この重さが必要なのだ。たしかにそこには深く沈潜してみることではじめて突き当たる、醜悪だが向きあうほかない私の人生の手応えがあるから。

「オルタ」(2008)

Kのこと

雑誌『フリーターズ・フリー』のイベントや、雨宮処凛さんの著書『生きさせろ！　難民化する若者たち』関連のシンポジウムなどでよく見かけるKという男がいる。
聞けば、半年前まで静岡の自動車工場で働いてたのだが、2ちゃんねるで「政治意識」に目覚めたそうで、いまは新宿のネットカフェに寝泊まりしながら、それっぽいイベントに顔を出しまくってるという。

このK、二言目には「金持ちをブッ殺したい」「大企業を潰したい」と口にすることからもうかがえるように、とくに高尚な思想なり思惑なりを持ちあわせているような男ではない。ただ、その吃音の端々から滲みでる「なんかすごいことをやりたい」という宿意に触れるたび、ぼくはまるでいましろたかしの漫画『デメキング』の主人公、蜂屋みたいじゃないかと思ってしまうのだ。

それにしても、かつてなくデメキングの影を身近に感じる時代である。
いましろはやはりド天才なのだろう。今回、『デメキング』の復刊にあたり描き足した二ページも、ブレなく時代を撃っている。

ぼくなりに解釈させてもらえば、こんな感じか。
デメキングはいる。そう、あなたのすぐ隣りに。

「SPOTTED701」（2008）

切断線に差し込む未来

かつて児童相談所の一時保護所で夜間指導員をしていたことがある。子どもたちと一緒に寝泊まりする歌のお兄さんみたいな仕事だ。というと、ほのぼのした感じもあるが、もちろんそれだけではない。一時保護所は行政が介入したあらゆるケースの子どもたちを引き受ける。ケンカで相手に傷害を負わせてしまった子も、性風俗で働かされていた子も、カルト教団の施設で暮らしてた子も、酒鬼薔薇聖斗を真似て同級生の机に猫の頭部を置いた子も、出所後の行き先はどうあれ、みな同じ部屋で寝泊まりするのだ。

ちょっと極端な例を挙げたが（だがすべて事実だ）、当時もいまも圧倒的に多いケースは親の虐待からの保護だろう。いまだに思い出すことがある。彼や彼女のうつろな目。肉体的外傷だけでもぼくの想像を遙かに超えたものだったし、それ以上に自分をこの世に誕生させた人間から承認されないという事態に直面した彼や彼女の顔、顔。

彼や彼女の壺は根源的な怒りと悲しみで充満し溢れそうなほどパンパンなのに、彼や彼女の多くはそれをどうやって外に発散していいのかわからず、ちょっとしたきっかけで暴発させてしまう。厄介なのは、壺のフタが意外にも厚いということだ。彼や彼女はどんなにヒドイ目にあわされてもなお、非は自分の側にあると考える。身体の痛みに耐えながら、それはコミュニケーションの一種であってほしいと願う。でないと自分のこの「生」は承認されえないから。だから彼や彼女は親の目を常に意識する。親の期待を予測し、先回りし、いい子であろうとする。やがて彼や彼女は周りの大人や友だちとの関係においても、自分に期待されるべき像を必死で演じはじめるだろう。

映画『思い出のマーニー』の冒頭のアンナの表情に、あの頃に出会った彼や彼女たちの顔が重なった。といってもアンナは虐待されていたわけではない。それどころか実の親の顔すら知らない。アンナの両親は、彼女が物心つく前に亡くなってしまったのだ。

マーニーがアンナにボートの漕ぎ方を教えるシーン。オールを握るアンナの手に、マーニーがそっと手を添える。世界を寄る辺なく漂っていたアンナの、ある方向へと漕ぎ出す瞬間の表情、その手応え。直後、アンナへの全幅の信頼を背中で伝えるかのように、マーニーは舳先にすくっと立ち、『タイタニック』のケイト・ウィンスレットよろしく両腕を広げる。なんともでたらめで、なんとも頼もしい姿じゃないか。「幽霊じゃないよね」アンナがマーニーに触れてみる。現実をファンタジーとして捉えるのではなく、ファンタジーに現実の手触りが加わっている。米林宏昌監督の前作『借りぐらしのアリエッティ』にも横溢していた感覚だ。

とりたててすごい冒険があるわけではないのに、潮の満ち引きのように変化していくマーニーの存在感と、目をきょろきょろしながらそれについていくアンナの躍動感。「animate」（生命を吹き込む、活気づける）のプロセスを、イチから辿り直すかのごとき物語に、新しいジブリの息吹を感じた。

「どうか、君自身の未来の他者たちが、さらに君をも正しく捉え損ね、切断し、裏切ることを、信じてくれ。そのことを喜んでくれ」

杉田俊介の新刊『宮崎駿論　神々と子どもたちの物語』は、宮崎アニメと向き合った著者が子どもたちに全身全霊で語りかける本だ。杉田にとっては『無能力批評』以来、四年ぶりの著書となる。その間、杉田は介護の仕事と子育てに勤しみながら、子どものとなりでよく宮崎アニメのDVDを観るようになったという。

杉田にとっての宮崎アニメのクリティカル・ポイントは、次の箇所に集約される。

「アニメという物語商品は――それ自体が子どもたちを金銭的・魂的に喰い物にする危うさを孕みながらも――、子どもたちに『なにものにも喰い殺されるな』というメッセージを伝えるものでなければならなかった。子どもたちを喰うことによって新しい命を産み直す、という奇妙な絶対矛盾」

このジレンマに焼き付かれるような自己への厳しい視線は、なるほどこれまでの杉田の著作とも重なるところがある。宮崎アニメを時系列で読み込んでいく杉田は、「自死を決めたナウシカが再びこの黄昏と恥辱の世界に戻ってくる、と決めたのは、王蟲によって『食べられる』という捕食の経験を通してだった」と指摘し、私を食べよ、誰かに善く食べられよ、と言う。それは「animate」の語源であるラテン語「anima」から派生した「animal」の感覚に接近する。すでに言葉や物語は、太古の昔から食物連鎖を繰り返してきたのだ。

「1＋1」という数式が成立するとき、そこには両者を繋ぐ第三者としての「1」があるはずで。愛、家族、カネ、宗教、価値、言葉、社会――それをどう呼ぶかは人次第であり、そもそもそんなふうに名付けるのは人間ぐらいなものだが、飴屋法水による公演『教室』は、その「1」を素手で数えあげようとする演劇作品だった。

「お父さんはさー。なんで、お母さんを、選んだの？」

「近くに、いたから」

「それだけ？」

『教室』は、実際の家族である飴屋一家、つまり飴屋と飴屋の妻であるコロスケ、さらにその娘である、くるみの三人によって演じられる。家庭の場面では家族として、教室の場面では先生と生徒として。

ある日の教室、先生役の飴屋が自分の父親の骨壺を取り出し、中の骨を机の上に広げてみせる。

さらにフライドチキンも取り出すと、鳥の骨はゴミ箱に捨ててしまうのに、人間の骨はなぜ捨てないのか、という問いを立てる。人間と動物の境界線はとても危うい。

「あなたは、私といて、幸せですか？」という母親の問いに父親はまっすぐには答えない。答えたくないのか、答えられないのか。その一見シリアスなシーンに、娘のくるみがイルカフロートにまたがり居合わせている。ボートの舳先に立つマーニーのようなでたらめさで。そのとき、ぼくの頭に浮かんだのは古今亭志ん生のこんなクスグリだ。

「なんだってあんな亭主と一緒になったんだい？」
「だって寒いんだもん」

くるみがハンドルを握りクルマを運転している。最後のシーンだ。そういえば二年前、同じ場所で自転車に乗った飴屋がクルマに轢かれる芝居を観たことを思い出し、笑いそうになってしまった。

くるみのクルマはガタゴトといった感じで、飴屋とコロスケからどんどん離れていく。

「Quick Japan」（２０１４）

野宿者／ネオリベ／フリーター

先月の生田武志×白石嘉治×杉田俊介トークセッション「野宿者／ネオリベ／フリーター」について。あいかわらずぼくは杉田さんの沈鬱さや、白石さんのお調子者スレスレともいえる軽ろやかさ、生田さんの誠実な語り口（「野宿者の授業」で培われた部分も大きいのかもしれない）などについて考えていた。

トークショーは生田さんの語る野宿者問題の現状報告が中心だった。生田さんの口から語られた言葉はとても重く、動揺もさせられたのだけど、トークショーに対して抱いていたぼくの期待はほとんど満たされずに終わった。

ぼくにとって生田さんの著書『〈野宿者襲撃〉論』が衝撃なのは、たとえば以下のような引用箇所に込められた情動による。

今、子どもたちに何かがあると思わざるをえなかった。

何よりも彼ら（青木悦の前著に反応してきた大学生たち――生田）は「殺られた側」の野宿生活者の状況に視線を向けるよりも、「殺った側」の少年たちの方に感情的に同調していた。言葉としては少年たちを許せないと言い、野宿生活者の状態を何とかしなければならないの

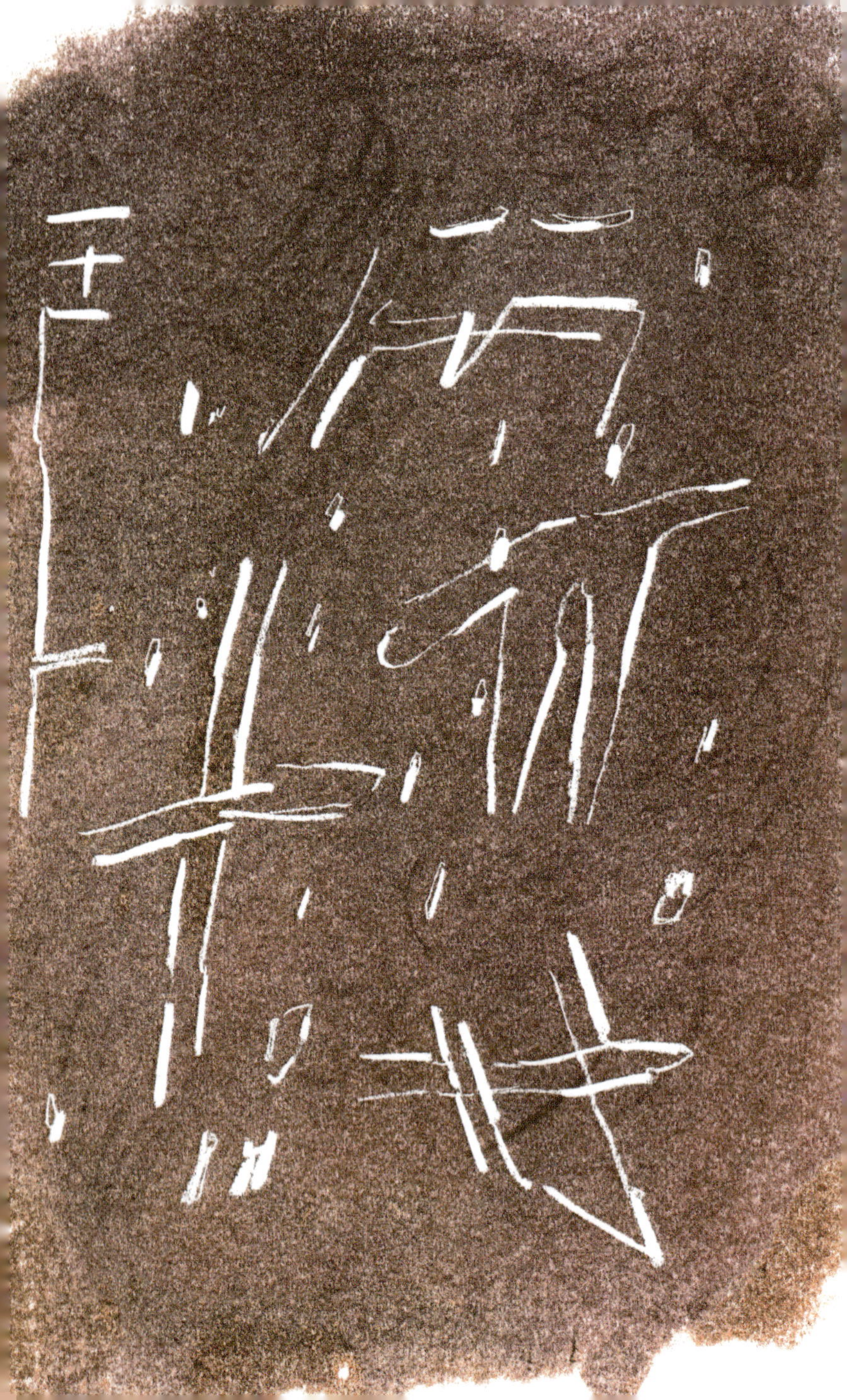

では、と語った。しかしその言葉はどこかタテマエのように聞こえた。事件の話になるとそろって口が重くなり、自分の学校での生活を語り、自己の悩みを語り、少年たちの暴力を肯定はしないものの、どこかかばっていこうとする姿勢に、私はそう感じたのであった。事件の話を何回くり返しても、問題が社会のことに広がらず、自己の問題としてくすぶりつづける、そういう感じがあった。

彼らは、この問題を客観的に具体化していくには、悩む時間がこれまでの人生の中にあまりにも少なかったように、私には思えた。

事件を、失業の問題、社会的差別の問題としてとらえようとしていた私は、その意味で強い味方にたってくれると思っていた大学生に失望した。同時に、自分の、あまりに皮相的な見方を反省させられた。事件を、いきなり社会問題としてとらえていくことは無理だと思い、そこにいくまでの途中として彼らと話し合っていこうとしたが、そういう考え方じたい、まちがっていたと思った。中学生といい、大学生といい、若者たちが自分の中に大きなイライラをかかえていること、その出し方がわからずイライラしていること、それじたいが社会的な問題であることに気づいたのだった。

（青木悦『やっと見えてきた子どもたち』）

ここで言われているような若者たちの「イライラ」について、生田さんは考える。「まったり革命」の限界、「出会い損ね」への出会い損ね、居場所の崩壊と過剰適応……。「死＝存在とはなにか」という問いが切迫する「ねじれ」の時間、それが「隣接」を通じて別の共同性のあり方へと拓けていくくだりは震えて読んだ。抽象的なところなど、いっさいなかった。

隣接性を通じた別の共同性のあり方。そんなものがありうるのだろうか。

終章で生田さんは一九九〇年、西成暴動での体験について触れる。暴動のただ中にどこからともなく現れた少年たち、少女たち。

日雇労働者・野宿者をめぐる釜ヶ崎の現状が突然シンクロして、日本全国から若者たちを引き寄せる。若者たちは日雇い労働者や野宿者の状況についてはほぼ何も知らなかったし、また日雇い労働者・野宿者も若者たちのいる状況についてはほぼ何も知らなかった。しかし、このお互いの理解せず、理解されない関係が、そこではめったにありえない「共闘」となっていた。

この共闘関係は四〜五日で消滅し、若者たちは寄せ場から消えていった。彼ら彼女らにとって、あの暴動はいまどういう形で残っているのだろうか。そして、釜ヶ崎にいるわれわれにとって、あの予期しない突然の共闘関係は何だったのだろうか。多分、「これは自分の問題だと思った」と若者に言われたとき、われわれは寄せ場・野宿者の運動の今までとはちがう可能性を与えられていた。それに気づかなければ、社会運動としては多分終わっているような何かの可能性に。

（生田武志『〈野宿者襲撃〉論』）

若者と野宿者との間に起こる襲撃は、一九六八年革命以来の普遍的問題を凝縮する「最悪の出会い」だった。それは、別の「出会い」へ転換されなければならない。そして、われわれは若者と野宿者の出会いをもたらす「穴」＝「通路」を作り出そうとしてきた。もちろん、こうした出会いはそれだけでは「二つのホームレス問題」を解決することはできない。しかし、この「二つのホームレス」の出会いは、従来の「資本・国家・家族」の原理を更新する「連帯と共闘」「別のルール」を予告する。

（同書）

「野宿者／ネオリベ／フリーター」という今回のイベントタイトル、ちょっとどうかと思うほど直球なのだが、もしそのような並記になんらかの可能性を見るのであれば、それは上記のような箇所においてだろう。〝その先〟についても考える契機になるかもしれないとジュンク堂まで出かけたわけだが、残念ながらそれは果たされなかった。生田さんはフリーターと野宿者の連続性を示唆しながらも、基本的に野宿者の概況を説明するにとどまった。あえて自分の役割として「状況」を届けることにこだわったのかもしれない。

打ち上げの席で生田さんに、「〝襲撃〟する側の話がほとんど出ませんでした。でも『〈野宿者襲撃〉論』で描かれた若者の側の話も聞きたかったです」と言うと、

「共感するものがあったんですか？」

「いや、共感というか、あの〝生きづらさ〟や〝イライラ〟が自分たちにも通じるような――」

「何年生まれですか？」

「一九七六年です」

「そうですか。ぼくはあの若者たちにはまったく共感できません」

「あっ、いや、そういう……」

恥ずかしかった。生田さんがいま渦中にいる現場へのイマジネーションをすっとばして、突然、〝襲撃〟する側のことを持ち出したりした自分に。屹然と「共感できない」と言われて、それは

ぼくの言い方が悪かったのもあるんだけど、青木悦が書いてる「問題が社会のことに広がらず、自己の問題としてくすぶりつづける若者」イコールそれがオレ、みたいな。言い訳がましく、自分も学生時代に寿町で野宿者支援に関わっていた話をしたりしたけど、生田さんの現場のリアリティに気圧されてかえって動揺してしまった。

打ち上げ後、生田さんたちは池袋で野宿者支援に関わってる人たちの夜回りに随行するというので、恥ずかしさを抱えたままついていく。

「池袋の野宿者は段ボールを敷かないんですか」

生田さんが支援者の方に聞いていたのが印象的だった。言われてみればたしかになにも敷かず、ホームの床に直接寝ている人が多い。そんな状態で何日も寝ればきっと腰を悪くするだろう。背中に堅くて冷たい床が触れる感覚。心因的な「障害」を抱えていると思われる若い野宿者もいた。

夜回りのあと、始発待ちのファミレスで生田さんを囲み、朝まで話した。自分が『〈野宿者襲撃〉論』に衝撃を受けた点をうまく伝えられなかったという後悔がどうしてもあって、児童相談所での経験も交えながら、本当に聞きたかったことについて尋ねた。

どのようにすれば若者と野宿者の出会いをもたらす「穴」＝「通路」をつくり出せるのか。

もちろんそんなのは人に聞くような、「答え」の出る質問じゃない。でも聞かずにいられなかった。生田さんは、トークショーのときと変わらぬ真摯さで受け止めてくれた。やっぱりすぐに答えが出るような質問じゃない。

もしかしたら芸術が。それはとても自信がなくて言い出せなかったが、ぼくはやっぱりチェルフィッチュや五反田団のことなんかを考えていた。

現在の日雇労働者の野宿者問題はリハーサルであり、いずれ本番をフリーターがやる可能性がある。

（『〈野宿者襲撃〉論』）

いまいるフリーター層が高齢化すれば、ちょっとしたケガや病気で、階段を転がり落ちるように野宿者となる可能性は高い。

おおざっぱな計算だが、現在のフリーター数を内閣府の調査にあった約四〇〇万人として、そのうちたった三パーセントが野宿者となるだけで一二万人。たとえばその一二万人の中に自身を含む自分に近しい人が入る。そんな想像はけっして非現実的なことではないと思うのだ。

ブログ「wannyan prays」（2006）

現実を夢見る言葉の位相

ここ最近、断トツに重かった言葉は、「『黒子のバスケ』脅迫事件」で逮捕された渡辺博史容疑者の被告人冒頭意見陳述のそれで。ネット検索すれば誰でもすぐに読むことができるはずだ。まずは目を通してみてほしい。

「自分の人生と犯行動機を身も蓋もなく客観的に表現しますと『一〇代二〇代をろくに努力もせず怠けて過ごして生きて来たバカが、三〇代にして〝人生オワタ〟状態になっていることに気がついて発狂し、自身のコンプレックスをくすぐる成功者を発見して、妬みから自殺の道連れにしてやろうと浅はかな考えから暴れた』ということになります。これで間違いありません。実に噴飯ものの動機なのです」

「いわゆる『負け組』に属する人間が、成功者に対する妬みを動機に犯罪に走るという類型の事件は、ひょっとしたら今後の日本で頻発するかもしれません。グローバル経済体制の拡大により、一億総中流の意識が崩壊し、国民の間の格差が明確化して久しい昨今です。［略］格差が開こうとも底辺がネトウヨ化しようとも、ネオリベ的な経済・社会政策は次々と施行されるのです」

「最後になりますが、自分の今の率直な心境を申し上げます。『こんなクソみたいな人生やってられるか！　とっとと死なせろ！』」

これらの言葉に触れた翌日、神奈川芸術劇場で地点の『悪霊』を観劇した。平日昼間からきれいな公共劇場でドストエフスキーの芝居を観ている自分と、ほぼ同世代である渡辺容疑者との断絶に、いやオレだって近い将来についてなんら保証のない浮草稼業なのだという自己弁護もしながら、ピョートルの命を受けた「五人組」がシャートフを殺害する場面を見ていた。舞台の奈落から断続的に得体の知れぬ轟音が響く。地点の劇作家、三浦基によりカットアップされたドストエフスキーの言葉は、本来、革命や宗教へと高まっていくはずの言葉が、「生きる力」に重しのようにまとわりつき、へばりつき、地中へと引きずり込むさまを描いていた。そんな悪霊の位相に、渡辺容疑者の言葉もまた巣くっている。

数日後、新木場スタジオコーストで開催された第五回高校生ＲＡＰ選手権では、ぴかぴかの若者たちが揮発性の高い、未来志向の言葉をぶつけあっていた。ラップのフリースタイルでは、勝つか負けるかという社会の厳しさを体感できるし、サイファーのように有機的に混ざり合うこともできる。この共同体で問題になるのは、バックのトラックにノレれるかどうかだけだ。

一緒に観戦した落語家の立川吉笑と一杯やりながら、講談や浪曲とラップの違いについて話す。歌舞伎の言葉が気になっていた。念頭にあったのは河竹黙阿弥の七五調のフォームだ。「青砥稿花紅彩画」の白浪五人男勢揃いの場、弁天小僧菊之助のレペゼンに耳を傾けてみよう。

「さて其の次は江の島の／岩本院の児上《ちご》がり／平生《ふだん》着慣れし振袖から／髷《まげ》も島田に由比ヶ浜／打ち込む浪にしっぽりと／女に化けた美人局《つつもたせ》／断のならぬ小娘も／小袋坂《こぶくろざか》に身の破れ――」

ここにあるのはいわゆる「ドラマ」ではない。「リズム」である。江戸から明治への移行期、默阿弥は、滑るようなリズムの中に江戸の美学を封印したのだ。ドラマ性をはぎ取られた真空の位相でこそ、「正しい」も「間違い」も「真面目」も「でたらめ」もすべてが可能となる。貧しい盗賊である弁天小僧たちも、容易に義賊へと変身できるようになる。この構造は現代に至り、そのまま変身ヒーローの系譜へと受け継がれている。

グループアイドルの東京女子流が出演する映画『5つ数えれば君の夢』は、ある女子校を舞台に、文化祭の準備に追われる五人の少女の姿を描く。監督は山戸結希。二〇一二年『あの娘が海辺で踊ってる』の衝撃以来、作品ごとに内容をスケールアップしてきた山戸だが、本作は彼女の初期代表作と呼んでさしつかえない風格を兼ね備えている。

前半、それぞれの事情を抱えた五人の行動が軽快な音楽とともに描かれるのだが、ある瞬間に世界が転調し、言葉の位相が変わる。生徒会委員長の少女が、憧れの男性にやや現実離れした言葉を告げる。

「朝起きてあなたに会うと、なんの夢を見ていたか忘れるの」

声も照明も変化している。半音階ズレた現実は、むしろ夢の手触りに近い。

「ダーリン、ゆっくり眠ってね」と言われ、コクッと頷く男。

このとき言葉は、「夢の中で『現実』を夢見る場所」に置かれている。

映画は明晰夢の様相を帯びる。

五人の少女たちは夢を見ながら、同時に覚醒もしている。

文芸批評家の石川忠司は、吉本隆明についての小論「〝大衆〟の位相について」で、カフカの文体などに宿る「意識しているのに意識していない／意識していないのに意識している」という位相を、吉本の「大衆」概念に接続した。その冒頭に置かれた、スーパーカー〈Easy Way Out〉のこんな一節が思い出される。

「実際、『正しい』を前に間違いをわかって選ぶのさ」

実際、である。先のことを見通せない少女たちは「正しさ」に向けて自分を制御することができないまま、でたらめな方向へとなだれ込むのだ。

いきなりプールに飛び込む。憧れの男に「いいお嫁さんになるよ」と迫る。「正しさ」なぞ知ったことか。そして彼女たちは、でたらめだからこそ、誰も思ってもいなかったような新しい「正しさ」に辿り着いてしまう。

少女が踊る。その取り憑かれたようなダンスは、一見むちゃくちゃのようでいて、周囲の環境をファンキーに組み替えていく。それまで言葉の置かれていた場所から光が溢れ出し、少女たちに降り注ぐ。夢は現実となる。

少女たちがカラッとした青空をもたらす。いまさら水しぶきのどうってことなさ。こんな楽しげで澄んだ空気をもたらす言葉が、でたらめさが、〝クソみたいな人生〟には必要なのだ。

「Quick Japan」（２０１４）

五反田から祈り続ける

インタビュー場所として指定されたのは、五反田駅すぐそばのわりには静かでほの暗い隠れ家的な雰囲気の純喫茶。ぼくが２００６年に初めて前田司郎にインタビューしたのもこの店だった。その後も、やはり前田との打ち合わせや取材などで何度も訪れている。

ここ数年、前田は活動範囲を演劇から小説、映画へと広げ、岸田戯曲賞や三島由紀夫賞といった大きな賞も受賞した。それでも飄々とした佇まいは変わらない。この店の静けさと同じだ。ただ、五反田の駅前から前田の拠点である「アトリエヘリコプター」へと歩いてみれば、街のほうはずいぶんと変化していることに気づかされる。ソニーの関連社屋が集中することからかつては「ソニー村」とまで呼ばれたエリアだが、ソニー本社が移転したあとも残っていた旧本社ビルが、今年に入ってついに売却されたりする一方、若い人の経営する洒落た飲食店が増えて、少し華やぎもした。また、アトリエヘリコプターには大崎駅方面からも歩ける。こちらはもう何年もずっと再開発工事が続いている。

「大崎周辺の工事のことは、最初の小説（『愛でもない青春でもない旅立たない』）にも書いたぐらいですけど、あいかわらずですね。ぼちぼちオフィスタワーとかが建ってきてはいて、ウチの前の通りも昼どきはサラリーマンで溢れてますよ。以前は人通りがほとんどなかったので、よくパンツ一丁でジュースを買ったりもしていたんですけど、いまなら絶対アウトですね（笑）」

ちなみに現在は演劇スペースとして認知されているアトリエヘリコプターだが、一〇年近く前までは前田の父親が経営する工場だった。その名も東邦製作所。

「飲料用のベルトコンベアーをつくっていたんです。ビンとかに液体を詰めてバコっとフタを閉めるっていう。昔はかなり需要があったんですけど、不景気になって、大企業が設備投資を抑えるようになってしまって。メンテナンスの仕事もあるにはあるんですけど、それだけだと、工場としては設備や従業員を遊ばせてしまうんですよ。かといって老齢の従業員をリストラするのも忍びないし……ってやっているうちにどんどん経営が立ちゆかなくなり。で、かつては休日返上で工場を動かしていた時代もあったんですけど、正月休みなんかもだんだん長くなってきたので、じゃあ空いている時期に『工場見学会』と称してイベントをやるのもありかな、と。普通は正月にやらないじゃないですか、工場見学会を（笑）」

この前田の軽い思いつきにより、二〇〇四年以降、新年の恒例行事となる五反田団の新年工場見学会が始まった。「工場見学」とは言うものの、実態は歌あり踊りあり芝居ありのオトナの学芸会といった趣きのイベントだ。いまでは劇団ハイバイほか知り合いの劇団員なども巻き込み、毎回チケットが売り切れるほどの人気公演となっている。

ぼくが初参加した二〇〇五年の時点では、アトリエヘリコプターはまだ工場の面影を残していた。巨大な旋盤やハンガーにかかった作業服などに囲まれながら、前田の旧友で、のちに映画『横道世之介』でコンビを組むことになる沖田修一監督による自主映画や、前田と俳優・黒田大輔の二人芝居、テルミン奏者・佐藤沙恵の演奏などを楽しんだ。

その後もアトリエヘリコプターは舞台照明やロビーなどの設備を整えていった。

「演劇公演だけでなく、この先は講座みたいなこともできたらいいなと思うんです。五反田には最近、東浩紀さんのゲンロンカフェができましたけど、もうちょっとライトな感じで。たとえば友人の写真家の石川直樹さんとかを呼んで、レクチャーしてもらいつつ、そのあとにロビーでみんなでお茶をする、みたいな」

アトリエヘリコプターで今年七月に上演された五反田団の『五反田の夜』は、東日本大震災の年につくられた作品の再演で、普段よりもやや緩いテイストながら、ピリッと社会風刺も効いたコメディだった。五反田団所属の劇団員のみが出演する「団員公演」という位置づけでもあり、俳優の本名がそのまま役名になっている。作中の舞台もまんま五反田であり、セリフでは「東急ストア」や「カルディ」、「五反田肉祭」といった固有名詞も行き交う。ちなみに二〇一三年には続編となる『五反田の朝焼け』も上演されている。

「二〇一一年につくった時点ではあった『カルディ』も、品川の『成城石井』ももうなくなっちゃったんですけどね（笑）。五反田団の劇団員だけで芝居するっていう機会がほとんどなくなっていたので、年に一回ぐらいはそういう公演があってもいいかなって始めたんですけど、とはいえそのために戯曲を書き下ろすのは大変じゃないですか。なので、場所と設定だけ用意しておいて、あとは俳優たちとエチュード的に組み立てる方法にしたんです」

ほかの小劇場系の劇団に比べると、五反田団の劇団員たちは外に打って出る印象が薄い。そのへんを前田はどう考えているのだろうか。

「たしかにみんなマイペース（笑）。そこはずっと変わらないですね。ちょっと友達集団みたいなところもある。もともと東京の人が多いっていうのも大きいかも。千葉出身と神奈川出身がひとりずついて、あとは全員、東京なんですよ。これが、地方から上京してきてっていうんだったらなにがしか功名心みたいなものが必要かもしれないけど、みんなこっちの人で、しかもわりと家も裕福だし。おまけに末っ子ばっかり（笑）。ホントはみんなもっと売れてほしいんですけどね。才能はすごくある人たちだと思うので」

かく言う前田自身にも「成り上がり」的なメンタリティは皆無だ。活動ジャンルは広がっても、無理のない活動ペースを貫いているように見える。

「映像の仕事が入るようになって、自分だけじゃスケジュールをなんともしがたいことが出てきて、そのへんのストレスは多少ありますけどね。よく『命を削って書く』とかって言うじゃないですか。でもそれって効率的じゃないんじゃないかと。命を削れば、創作できる期間はけっきょく短くなってしまうわけで。ぼくは漫画が好きなんですけど、漫画家の人も、だいたい五〇歳ぐらいの作品がいちばんよかったりするんですよ。やっぱり作品が成熟する時期っていうのはあって、そこに向けていろいろ練っていかなきゃいけないし、知識も増やさないといけない。すると、いまの若さで命を削っている場合じゃない気がするんです」

そう話す前田だが、少し前までは創作のスランプも感じていたという。

「若かった頃は未来が潤沢に感じられたんですよね。それが、だんだん歳をとっていくにしたがって、過去ばかりを見るようになってきちゃって。目の前のつくっているものを、過去につくったものとすぐに比較してしまったりするんです。もっと言うと、『未来』が、『過去』によって確定してしまっている感覚というか。この先、こういうことが起こって、評価されるとしてもだいたいこの範囲で、年収もこのぐらいで、つらいことがあってもうれしいことがあってもだいたいこの程度で……っていうふうに、未来が過去の蓄積によって見えてしまう。そういう状況が何年か続いて、ある種のスランプに陥っていたんです。でも、似たようなことを、小説や映画にした『ジ、エクストリーム、スキヤキ』という作品で登場人物に言わせてみて、自分で気づいたんです。そこで言う『未来』って、あくまで過去のデータからシミュレートされた未来であって、それは本当の未来ではない。未来っていうのは、ホントはなにが起こるかわからないもので、べつに過去からできてるわけじゃないんだと。それこそ明日死ぬかもしれないし、地球だって終わるかもしれない。未来なんてどうなるかはわからないじゃないかって。そのことに、ようやく実感が持てるようになってきたら、若干スランプを抜けたというか。このことは、最近つくってる作品のテーマにもなってます」

同じ場所で「過去」や「未来」に——それは「生」や「死」ということでもあるだろう——こだわり、螺旋のように思考を重ねることで作品を生み出していく前田。たしかに未来にはなにが起こるかわからない。とすれば、前田が拠点を五反田から移す、ということも？

「まあ、まだしばらくはないでしょうね（笑）。京都あたりも住んでみたいですけどね。基本的にいい喫茶店といい本屋があれば問題ないんですよ。でもだったら五反田にもあるからいいやってなっちゃう。あと、演劇に関していえば、コストや技術的にも同じところでやるメリットが大きいんです。舞台美術も自分でコントロールできるし、人に託すにしても、よくわかっている人間に任せられるから、クオリティの面で心配する必要がない」

とはいえ、場所を変えることによって受ける刺激を創作に活かすタイプの作家もいるわけで。

「たしかに新しい場所に身を置くことで、外から刺激を受けることはあるかもしれない。でも、それってちょっとズルい気もするんです。もっと自分の内側から——といっても、厳密にはすべてが完全に内側からではないですけど、出てくる変化を大事にしたいし、たとえ同じ場所で同じことをやっていても刺激はあるんですよ。それをあえてわざわざ大きな刺激にばかり目を向けなくてもいいんじゃないかなと。演劇にかぎらず、小説でもそうで、ぼくにとって『書く』という作業は『お祈り』みたいなものなんです。毎日欠かさず、ご飯を食べる前や就寝前に、規則正しくちょっとずつやっていく行為。その延長線上に作品があると思っているんです」

祈りのようにささやかな毎日の創作。

このペースでさらに一〇年、二〇年経ったとき、前田司郎の作品がどのようなものになっているのかが楽しみだ。その頃には五反田の街はどんな景色になっているだろうか。

「TOmagazine」（２０１４）

五反田団の腰の重さ

五反田団の芝居は腰が重い。俳優が床に座ったり、ゴロゴロしたり、寝そべったりしたまま話が転がっていく。とくに初期の作品に顕著だ。主宰の前田司郎によれば、「旗揚げ当初は大学の教室の机をくっつけてステージとしていたので、ぐらぐら揺らさないためにはベタっと座るしかなかった」とのこと。そんな即物的な理由もありつつ、彼らの重心の低さは、作品のテーマとも密接にリンクし、五反田団のスタイルを形づくってきた。

彼らの代表作のひとつ『びんぼう君』もまた、俳優がほとんどの時間を床に座ったまま過ごす作品だ。

狭い家に暮らすびんぼう君とその父親。母親の姿はない。すでに父親と離婚し、別れて暮らしているようだ。この日はびんぼう君の誕生日。理科の宿題である「月の観察」を口実にクラスメイトを家に誘うびんぼう君だが、反応はない。そもそも家にテレビのないびんぼう君は、クラスの話題にもついていくことができていない。それでも唯一、びんぼう君の家を訪ねてきたのが同級生の川森さん。家は裕福だが、クラスでは仲間外れにされている女の子だ。ほかの同級生たちは別の子の家で一緒に宿題をしているが、自分だけはびんぼう君の家に行けと追い出されてきた、と彼女は言う。

これまでも何度も再演されてきた『びんぼう君』。

今回の再演では、びんぼう君役に大山雄史、父親役に黒田大輔（THE SHAMPOO HAT）、川森さん役に端田新菜（青年団／ままごと）と、いずれも五反田団にはなじみの深い面々がキャスティングされている。とくに黒田と端田は、前回の再演（二〇〇六年）でも同じ役を演じている。笑顔と泣き顔の同居した黒田の表情は、もはや名人芸の域だ。その息子であるびんぼう君こと大山も、ガキンチョ台詞がよく似合う。その男ふたりに対して、あるときは同級生として、またあるときは母親として、観察者として、演技のギアを変えることで関係性をずらしていく端田。鉄壁のトライアングルである。


貧乏な家の子と裕福な家の子。メリハリの効いた設定は寓話のようでもある。穴のあいた靴下や、仕事机が段ボールというデフォルメされた貧乏さも、悲惨というよりは、ただただ可笑しい。そもそもびんぼう君の家では父も子も貧しい暮らしぶりをあまり気に掛けていない。物の不足を想像力で補う姿は楽しそうですらある。遊びにきた川森さんも、そんなふたりの様子がちょっとうらやましそうだ。

象徴的なシーンがある。生まれてこのかた「サザエさん」を一度も見たことのない三人が、人形を使って「サザエさん」ごっこをする。サザエさんの家族、友人、恋人など、その設定はフリーダム。それゆえ、サザエさんは筋肉質な男性になってしまう。

三人は人形を動かし、空想上の「サザエさん」の物語を紡ぐ。何者かを演じ、演じさせながら、想像力でどこまでも飛んでいく。

しかし、想像力だけではままならぬ重さもある。終盤、びんぼう君とふたりっきりになった父親が、ぼそっとつぶやく。

「お前さ、母ちゃんのとこ行けよ——」

床にベタ座りした父親とびんぼう君に流れる、無言の間。シリアスではない。日常の重さを、ままならなさを、いつまでも忘れてさせてしまうことのほうがびんぼう君にとっては残酷なのだ。

窓の外の月を眺めながら、誰もがその身を地上の重力に縛られている。それは暗く狭い場所で肩寄せ合って座りながらじっとこの芝居を見つめているぼくたちの姿でもある。

「アクチュール・ステージ」（2012）

ポツドールとマジックミラー

小劇場で演劇を観るときは、ただただ静かに固唾を呑んで、そこにある身体（それはたいていの場合、ぼくたち同様だらしなく貧しい身体をしている）と、それをとり囲む暗い四角い空間を感じるしかない。

そして、たとえ舞台上で俳優が死んでも、実際に死んだわけではないこともぼくたちは知っている。横たわっている死体は、本当は息をしていると。

つまりは演劇なんて、四角い空間で俳優が貧しい身体を晒しながらじたばたしているのにすぎないのだ。それをぼくたち観客は、暗闇で、肩を寄せ合い、身を屈めて、じいっと眺めているだけのこと。なのに、であるからこそ、それはぼくにとってたまらなく切実な体験となる。とりわけポツドールをはじめとするいくつかの劇団の舞台を観ることは。

ポツドール作品の具えている二重性について考えてみたい。

表面的にわかりやすいのは、「話の裏読み」ってやつだろう。たとえば、もしシンデレラが純朴な少女ではなく、じつはものすごく計算高い女で、継母や姉にいじめられるのも、それで同情を買うのも、なぜか王子の目にとまってしまうのも、靴を忘れていくのも、すべて計算でやっていたとしたら……っていう。

一見、円滑そうなコミュニケーションに裏がある。嫉妬や優越感や秘密やコンプレックスが貼りついている。

そういった人間の醜い部分をポツドールは執拗に舞台上に描く。うまく運んでいるように見える関係を、時間経過とともに裏返してみせる。それなりに仲のよさげな夫婦が、じつは互いに内緒で不倫をしている。善良そうな男がいきなり差別意識を剝き出しにしたりする。

最近ではそのような二重性をリニアに配置するのではなく、同時に存在するものとして描こうとしているフシすらある。

『人間♥失格』では、主人公の男が、自分を詐欺でだまそうとしている出会い系の女をただ帰すのか、それとも襲うか――もちろん演劇がリニアな表現である以上、どちらかが先に演じられるのではあるが――ふたつの展開は時系列上に並ぶのではなく、どちらかが選択されても、もう片方も潜在性として残るような強度で描いていた。

『顔よ』のラストもそうだ。ヒロインの主婦を演じる女優が最後に入れ替わる瞬間に二重性が凝縮されていた。だからこそ、観客の多くはラストを単なる夢オチとして片づけることができなかったはずだ。

観客が舞台そのものを二重で見ているまなざしについても考えたい。

演劇は、映画やテレビに比べてフレームが厳密でないぶん、舞台を見る観客の目線の自由度は高い。だから観客は暗闇で肩寄せ合いながらじっとしている自分の鈍重な身体についてついつい忘れがちになる。自分たちが誰に見られることもなく、生身の人間を一方的にまなざす者であることがあまり意識されない。自らが窃視《せっし》者であることの後ろめたさを感じることも少ない。

しかし、ポツドールの場合、ときに舞台美術の窓枠（＝フレーム）を意識させることで、観客とは、暗闇から一方的にただ見つめることしかできない窃視者であることを暴露する。それも華麗なる盗撮者ではなく、誰かによって切り取られたあるフレームでしか窃視することのできない鈍重な人間であることを。

やはりポツドールの舞台美術としていつも置かれているテレビが象徴的だ。ぼくは日常で浴びるようにテレビの映像を見ているが、それはけっきょく誰か（具体的にはカメラマンだったり、ディレクターだったり、事件現場を携帯動画で撮影した通行人だったり）のまなざしを反復してみることでしかない。

ただポツドールの舞台がテレビと違うのは、観客はフレームから簡単に目を反らすことができないということだ。ただじっと見ることしかできない観客の鈍重な身体は、主体的なようでいて、じつはとても受け身的である。そのことでポツドールの舞台と観客の間には、ＳＭ的な共犯関係が成立する。

やはり窃視症と露出狂は同じ病理の裏表なのだろう。『顔よ』の劇中で、ヒロインたる主婦は、顔の見えないまなざしに監視されている。一方的に見られる者である。

かつてエデンの園で蛇の目によってまなざされたイヴは、羞恥を覚え、原罪を抱えこんだ。それ以来、人間がさまざまな欲望に苛まされながら生きるしかなくなったように、主婦に芽生えた羞恥もやがてマゾヒスティックな欲望を喚起するだろう。「もっと見られたい」そして、できることなら自分をまなざす者の顔を「見たい」

主婦の生活を覗き見ていた男もしかり。「見られることなく見ること」を欲望していた男が、主婦に「見られること」を望むのは時間の問題である。

先日、三浦大輔にインタビューしたのだが、そこで興味深かったのは、「かつて舞台と観客席の間にマジックミラーを設置しようと考えたことがある」という発言だった。

暗い側からは窓として、明るい側からは鏡として機能するマジックミラー。もしマジックミラーを明るい舞台と暗い客席の間に設置すれば、観客が「一方的に見る者」であることはよりはっきりと可視化されるにちがいないからだ。

『顔よ』が終幕すると、舞台は暗転し、客電が点く。マジックミラーは反転し、さっきまで窓だったものは鏡となる。

そこに映るのはぼくたちの顔、だ。

ただ忘れてならないのは、ぼくたちは他人の顔を見るのと同じ地平で自分の顔を見ることはできないということ。他人をまなざすことと、自分の顔を鏡で見ることは、まったく別の行為である。本当の意味で自分の顔を見るためには他人のまなざしを通過するよりほかない。

『顔よ』を見終わったあとの気まずさや息苦しさの正体。あれは他人の顔を見てしまうことでも、その裏で稼働する自分の自意識に圧迫されることでもない。

つらいのは、他人のまなざしに映る自分の顔（の偏差値）を、他人の顔を通して見てしまうことなのだ。

ブログ「wannyan prays」（２００８）

三浦と峯田の徒手空拳

アパートの部屋で半ケツ出したまま寝そべっている男（峯田和伸）が、やおら起き上がると、デリヘルに電話をかける──。劇団ポツドールでもありそうな冒頭シーンだが、峯田本人のパーソナリティとも溶け合うことで、さらなる生々しさが加わっている。映画『ボーイズ・オン・ザ・ラン』での邂逅以降、たびたび交わってきた三浦大輔と峯田和伸の信頼関係の結晶ともいえる空間が、『母に欲す』の舞台にはあった。

男は留守電で母親の死を知り、慌てて帰郷する。葬式に間に合わなかった彼を、実家暮らしの弟がなじる。弟を演じるのは、やはり三浦の監督映画『愛の渦』で主演を張った池松壮亮だ。いわば三浦ブラザーズである。実際、息もピッタリだ。

ふたりの父親役が田口トモロヲ。妻の死にショックを受けていると思いきや、父は突然、新しい「お母さん」（片岡礼子）を家に呼び寄せて、兄弟を困惑させる。亡くなった母に悪い。それでも兄弟は新しい「お母さん」を受け容れなければならない。また、貞淑と見せかけて「オンナ」をムンムン匂わせるんだ、この新しい「お母さん」が。気づけば徐々にコメディ色にシフトしている。ちょっとした笑いの中に、男三人の、とりわけ兄の再生への手応えがある。

従来の三浦作品からすればかなりストレートな物語である。以前のポツドールの舞台にあった

〝圧〟を求める向きからは、やや物足りないという声も聞かれた。しかし、ぼくはそうは思わない。ここに至るまでの三浦作品の変化を考えれば、至極納得のいく進化を見せつけられたからだ。

初期ポツドールにおいては、隠し持った秘密の暴露が重要だった。その緊張と解放はポツドールの〝引き〟となった。やがて三浦の作劇がフィクション色を強めるに従って、秘密は劇中人物へのカセとして使われるようになる。『愛の渦』や『恋の渦』で、観客はすべてを把握した「神の視点」から作中人物の化かしあいを眺める。それが『母に欲す』と同じく、パルコ劇場での上演となった『裏切りの街』に至ると、作中人物同士も、お互いの抱えた秘密に初めから気づいている。相手が自分になにかを取り繕っていることはお見通しだが、あえてそれを暴露しようとはしない。いや、隠している本人も、その秘密が相手にバレていることにうすうす勘づいているフシがある。不倫をしている妻は、夫がすでにそのことを知っているのでは、と思う。それでも建前としての夫婦関係はキープされるのである。

「ただちに健康に影響が出るものではない」という言葉の空々しさを思い出してもいいかもしれない。あるいは五輪招致の演説で首相の放った「アンダーコントロール」というフレーズ。すでに建前すら危うくなった社会のリアリティを、三浦作品は数年前から先取りしていた。

そして『母に欲す』だ。秘密は秘密ですらなくなった。片岡礼子演じる「お母さん」にはその前職に関してなにか秘密があるようなことが仄めかされるが、劇中でそれがあきらかにされることはない。そもそも本当に秘密に値するようなことだったのかどうかも怪しい。もはや秘密は作劇のフックにすらならない。

そして残されたのは、恥ずかしいまでの徒手空拳だった。

母への思慕が爆発するラストは、通過儀礼のようなものだろう。カタルシスの先に、また日常が始まるのだ。東京に戻った兄の職業はミュージシャンである。ニクい設定じゃないか。

衝撃はない。でも味わいは濃厚だ。炙り出された感情はこれまで以上にあとを引いている。

「MUSIC MAGAZINE」（２０１４）

このコントは笑えるのか

今回のキングオブコント2013に期待したお笑いファンは少なくなかったと思う。自他ともに認めるコント巧者が揃っただけでなく、それがバナナマン、東京03以降の新しいコントの潮流すら感じさせる顔ぶれだったからだ。よしもと所属のファイナリストが天竺鼠のみ、というのもなにやら象徴的だった。

「新しいコントの潮流」とは、ひとつにはシチュエーションコメディとしてのコントの復権である。そこにもう一枚、キャラクターの奥行きが加わるところに〝新しさ〟がある。

もはや雲の上団五郎一座の時代ではない。観客サイドにかつての「歌舞伎」のような共通の素養は期待できないのだ。またドリフからウンナンまで、テレビ番組を前提とした続き物コントが優遇される時代でもない。いまやアニメや映画など先行作品のパロディでもないかぎり、既存のキャラクターを前提としたコントは難しいだろう。かといって、キャラクターに頼らず、発想のかけ算のみで勝負するコントでは薄いのだ（このワナを私は、2012年の決勝進出者、夜ふかしの会にならって「夜ふかし問題」と呼んでいる）。練ったシチュエーションの中で、キャラクターもきっちりと立たせること。そのためには、観客にキャラクターの背景や奥行きを短時間で理解させるための演技力が必須となる。そういう意味で、現代のコント師はかぎりなく喜劇役者に近づいていく。

　うしろシティの一本目、キャラクターの心理的な組み立てはよかったが、大会一本目としては地味に映り、点数が伸びなかった。その反動で鬼ヶ島の力技コント（もちろん彼らには丁寧なネタもあるのだが）が九〇〇点越えをしてしまい、得点基準のものさしがバカになった、評価軸は乱れた。

　そんな荒れた展開の中でも、優勝したかもめんたるのネタは鮮やかだった。

　一本目、路上詩人と金持ち女の対比によりキャラクターを瞬間で立たせつつ、「ピエロのプライド……これはいいわね」と奥行きも与える。シチュエーションも二転三転させ、余韻まで残す。鬼ヶ島も天竺鼠も悪くなかったが、かもめんたるが示したハイブリッドなコントのクオリティは頭ひとつ抜けていた。


日本を代表するシチュエーションコメディのつくり手といえば、三谷幸喜である。そんな三谷の出世作ともいえる『その場しのぎの男たち』がこのたび再演される。

　初演は一九九二年。三谷が東京ヴォードヴィルショーのために書き下ろした作品だ。舞台は明治。ロシアのニコライ皇太子が日本人巡査に斬りつけられて負傷した「大津事件」を題材とした歴史コメディである。時の松方内閣を影で支配する伊藤博文を伊東四朗が演じ、その伊東と対立する陸奥宗光を佐藤B作が演じた。それぞれ当たり役として今回の再演でも同じ役を演じることになっている。

細かいギャグやくすぐりも入るが、基本的に登場人物はみな、事態に真面目に立ち向かおうとするストーリーだ。そして、彼らが必死になればなるほど〝おかしさ〟が生まれる構造になっている。「人生はクローズアップで見れば悲劇だが、ロングショットで見れば喜劇」とはかのチャップリンの言葉。明治の首脳たちを見舞う悲劇は、ロングショットから眺める観客にとってはまさに爆笑するしかない状況に映る。

ただ、もっともっとロングショットで引いてみたらどうだろうか。

実際、「大津事件」において大国ロシアへの対応を誤れば、日本の命運は変わっていただろう。ぼくたちはその後の歴史を知っている。しかし渦中の登場人物たちは、破局の可能性を抱えながら、それを直視できずに「その場しのぎ」の保身に終始するのみなのだ。

そんな状況を身をもって体験している。

福島映像祭で上映された『東電テレビ会議』を観ながら、そう思わざるをえなかった。

『東電テレビ会議』は、東京電力が公開した福島第一原発事故の際のテレビ会議の模様を劇場版として再編集した映像作品である。福島第一、第二、東電本部、柏崎刈羽、オフサイトセンターの五ヵ所が分割画面で映し出され、そこにフクイチの吉田所長、東電本社の勝俣会長、清水社長、武藤副社長、小森常務、高橋フェロー、武黒フェロー（いずれも役職は当時）などが登場する。

元の映像は東電によって加工されている。会話の端々はピー音で消され、画面にもところどころボカシが入る。それでも上映されたバージョンでは、会話の主や説明がそのつどテロップで加わるため、画面の中で起こっている事態はよくわかる。いやわかるどころか、四時間越えの上映時間があっという間に感じるほど見入ってしまった。不謹慎ながら、場内では笑い声すら何度か上がった。

原発制御装置を動かすための電力が足りず、乗用車のバッテリーをかき集めるが、それでも足りないとわかり、その場で現金のカンパを募るフクイチ職員。そのお金でカー用品店で買うのだという。事態の大きさと、対応策のギャップがブラックジョークとしか思えない。

また、二号機の水蒸気爆発を防ぐためにパネルを開ける必要があるのだが、一号機の爆発の際にその衝撃で二号機のパネルはすでに開いているかもしれない、という報告を聞いたときに東電本社内で起こる「ラッキー」という歓声。間髪入れず吉田所長が「未確認だから喜ばないでね」と付け加えると「……シュン」としてしまうやりとりなどは、まんま『その場しのぎの男たち』のワンシーンのようだ。

吉田所長の「ジジイの決死隊でいくしかないかも」や、武藤副社長の「こんなときだからこそ

『TEPCOスピリッツ』を」といった発言でも、つい笑いが漏れる。しかし、このとき、東日本が終わるかもしれなかったのだ。

『東電テレビ会議』はその後に来るかもしれない破局を予感させながら、疲労困憊を極める現場の映像とともに終わる。かもめんたるのネタのごとくあとは想像に任せて……なんてことはなく、ぼくたちはその後の世界をよく知っている。実際、メルトスルーなど決定的な事態はこのあとに起こるのだ。

そして、以後の世界を生きている。

放射能汚染水の海洋漏れのニュースと、安倍総理の「アンダーコントロール」という言葉のギャップをどう笑えばのいいのか。このフィクションのような現実はどこまでロングショットで引けば喜劇に転じるのだろうか。

「Quick Japan」（２０１３）

夢と幻のような現在

前作『この空の花 - 長岡花火物語』も素晴らしかったが、それにもまして大林宣彦監督の新作『野のなななのか』が凄まじい。御年七六歳。宮崎駿、高畑勲しかり、老境の作家たちの妥協のなさには撃たれてばかりだ。矢継ぎ早の台詞回し、細かいカット割り、自在に動き回るカメラは、図らずもデヴィッド・フィンチャーのような世界標準の画に肉薄しているとすら。

北海道の芦別が舞台だ。ある老医師の臨終により、集まった親族たち。そこに現れた謎の女、信子。演じるのは常盤貴子だ。女と老医師の関係から紐解かれていく過去に、いくつかの個人史、戦後史が複層的に重ねられていく。信子とはいったい何者なのか？　そう思っているうちに、彼女はいつのまにか安達祐実が演じる綾野という女として、ぼくたちの前に現れる。不思議と混乱はない。

「劇では何事かがやってくる。能では何者かがやってくる」（ポール・クローデル）

すでに亡霊である綾野の思念に、信子が融合する構造は、いってみれば世阿弥の「複式夢幻能」である。生者／死者／過去／未来が行き交うこの場所こそ、「なななのか（四十九日）」の野原であり、現在の観客が見ている夢でもある。パスカルズの楽隊が音楽を奏でる。そこでは、すべての終わりがすべての始まりとなる。戦争も、災害も、生も、死も。

坂本慎太郎のニューアルバム《ナマで踊ろう》もまた、異様な境地に達したポップミュージックの傑作だ。その直前にリリースされたメイヤー・ホーソンとのスプリット7インチで気づかされたのは、坂本のサウンドが世界のトレンドとは無縁に、しかしその遙か先を走っているという事実だった。

もはやこの世界観は唯一無二としかいいようがない。

「ファミリーランドというか、かつてリゾート温泉みたいなものをつくった人がいて、その人はもう死んじゃってこの世にいないんだけど、つくったときの気持ちや志みたいなものだけがふわふわと存在している。しかも人類が滅亡したあともまだ漂っているような……」（坂本）

すべてが滅んだ世界で、漂う遺志が語り出すようなこのアルバムの構造にも、やはり、能や浄瑠璃といった古典芸能に近しい世界を感じる。

思えばゆら帝後期はゾンビ的な身体だった。命懸けで突っ立ってる死体。それがソロ一作目《幻とのつきあい方》ではボディを失い亡霊となった。しかし、ここに至って世界も滅び、霊魂だけが漂っている。さらに歌詞から読み取れるのは、どうもそこに至る過程でロボットなど「人ならざるもの」との混淆をも通過したフシがあるということだ。ラストの曲の「この世はもっと素敵なはず」というコーラスは、ボコーダーがかかりすぎて、もはや人間の声に聴こえない。しかもそれらが架空の世界の話とも思えないから恐ろしい。現実を二重写しに見ているのだ。

「離見の見にて見る所は、則ち見所同心の見なり。その時は我が姿を見得するなり」（『花鏡』）

すべてがダメになっていく大いなる予感。この楽しげな現在を、誰もいない未来から眺めながら、ぼくはすでに懐かしさすら覚えはじめている。

こまばアゴラ劇場で上演された快快の『へんしん（仮）』は、メンバー再編を経て、この劇団のエッセンスを再確認するような、ポップかつエモーショナルな作品だった。

大道寺梨乃、野上絹代、山崎皓司——三人の俳優がさまざまな変身をする。つまりは演じていく。机や劇場といった無生物も、何事かを語り出す。変身を可能にしているのは、受け手のリアクション、もしくは想像力である。

りの「私人間ですかね？」
きぬ「人間ぽいですけどね」
［略］
りの「でも私たちが全員犬だとしたら……？」
こーじ「そうですね」
きぬ「犬、かもしれませんね」

こーじ「犬、なんじゃないですかね」
全員「わん」
（「へんしん（仮）」）

シテ「しかれば、人間にあらずとて」
地謡「隔つる雲の身を変へ、仮に自性《じしょう》を変化《へんげ》して、一念化性《いちねんけしょう》の鬼女《きじょ》となつて、目前に来れども、邪正一如《じゃしょういちにょ》と見る時は、色即是空そのままに、仏法あれば世法《せほう》あり、煩悩あれば菩提あり、仏あれば衆生《しゅじょう》あり、衆生あれば山姥《やまんば》もあり」
（「山姥」）

能がまだ「猿楽」と呼ばれていた室町時代、幽玄を第一、物真似をその次に置く近江猿楽に対し、山和猿楽は物真似をこそ重視したという。観阿弥の教えを息子・世阿弥がまとめた『風姿花伝』には、「女／老人／直面／物狂／法師／修羅／神／鬼／唐事」といった物真似のレパートリーが解説されている。それを世阿弥は『至花道』において、「老／女／軍」の三つにまで集約する。こういうことだろう。すべての物真似は心のレベルの問題である。表象を増やして、細かく区切ったところでたいして意味はないのだ。人間は心によって何者にもなれるのだから。山姥は鬼であり、仏であり、衆生（人間）でもある。

快快の『へんしん（仮）』もまた、問題となるのは変身の種類ではない。舞台が生命の流転イコール輪廻の場と化していることが重要なのだ。

坂本慎太郎はなぜボカロではなくボコーダーを使うのか。人力のバンドサウンドにこだわるのか。舞台上で獣に変身した俳優たちが吠えるのを聴きながら、その理由がわかった気がした。

遠吠えは次第に大きくなる。私はここにいる。何者でもない私は、何者にもなれる私。なぜなら「この世は舞台」だから。

俳優たちは人間の赤ん坊となり、いつのまにか眠ってしまった。その横を通り抜けて、観客は劇場を出てゆく。が、舞台はまだどこまでも続いている。私は私自身を選ぶ。過去よりも未来よりも、いまこの「現在」がもっとも夢幻の空間であることは間違いない。

「Quick Japan」（２０１４）

性と生が変容する場所

シリアで「イスラム国」に拘束された湯川遥菜氏の安否が気になっている。なぜ身を危険にさらしてまで紛争地域に何度も向かったのか。終わらない居場所探し、自称「民間軍事会社代表」への箔づけ、そのほかいろいろ言われてはいる。ただ、彼のブログに見られる「一〇〇〇人斬り」などのマッチョイズムと、「川島芳子の生まれ変わり」といった妄想や、男性器を切断し自殺を図ったというエピソードに見られる男性性からの逃避という捻れが気になるのだ。その「捻れ」にこそ、彼が自らをのっぴきならない状況へ追い込んでいった大きな要因があるのではないか。

そんなことはグザヴィエ・ドランの新作映画『トム・アット・ザ・ファーム』の宣伝担当者であるMさんから連絡を受けるまでは考えもしなかった。Mさんに、「個人的な質問です」と前置きした上で、電話で聞かれたのだ。「湯川さんのことをどう思いますか？」湯川氏の拘束がニュースとなり、彼の経歴が取り沙汰されはじめた時期だった。当然その質問の背景には、ドランがこれまで同性愛やトランスジェンダーをテーマにした作品を撮っており、『トム・アット・ザ・ファーム』もまた、サイコスリラーというアプローチながら、登場人物たちがやはりセクシャルな隘路にはまりこんでいく作品だということも関係していた。

映画の導入はこうだ。交通事故で同性の恋人ギョームを亡くしたトム（ドラン監督自身が演じている）は、その葬儀に出席するため、恋人の実家である農場（ファーム）へと向かう。そこで会った恋人の兄、フランシスはトムにあることを強要する。フランシスは、母親に対して、弟にはサラという女性の恋人がいると嘘をついていた。その嘘をトムにもつき続けろと言うのだ。

初めは反発していたトムだが、次第にフランシスに支配されていく。ときに暴力的に、ときに官能的に。劇中でトムの性志向がはっきり示されることはない。フランシスとの関係も常に揺れ動いている。トウモロコシ畑の堅く鋭い葉に傷つきながら、どこにも逃げられない閉塞感がトムを襲う。いや本気で逃げようと思えば、逃げ出せるはずなのだ。だが、トムはそうせずに、ファームに留まる。いや、近所でつまはじき者とされているフランシスもまた、ファームを離れたくても離れられずにいるひとりかもしれない。フランシスが過去に引き起こしたある事件には、ゲイセクシャルをめぐる引き裂かれるような捻れの感覚がある。

湯川遥菜の生気を失ったような目に、フランシスの諦念めいた表情が重なる。フランシスにとってのファームのごとき場所が、湯川氏を、どこかに縛りつけていたのかもしれない。

サンプルの最新公演『ファーム』は、この劇団が近作で挑んできた再生医療などの先端技術と物語との相克を、日常性をベースにした「静かな演劇」において止揚する。間口は広いが、やはり奇妙な作品だ。宇波拓による家電ノイズも、本来は生活音なのに、落ち着かなさばかりをもたらしていた。

設定は近未来だろう。「ファーム」と呼ばれる人間は、他人の身体の一部を体内で培養できるという特異体質を持っている。遺伝子操作で生まれた逢連児《オレンジ》という名の青年もまたファームだが、常人よりも成長スピードが速いという問題を抱えている。バイオ学者である彼の父はそれを「エラー」と考えるが、母親はあくまで彼を「普通の子供」として受け止めようとする。ふたりは離婚協議中であり、母親にはすでに新しい恋人もいる。

なぜこの社会では「ヘテロな恋愛」や「実の親」といった概念が特別視されるのか。理由は、そこに種の再生産機能、つまりは生殖機能があるからだとされる。では、その機能が生命科学の進歩により、十分にフレキシブルなものとなったらどうか。「愛」や「家族」といった概念はどうなるのか？　本作を観ているとそんなフェミニズムSF的な問いが浮かぶ。

ただ、それ以前にこうも思うのだ。私たちは単なる遺伝子の容れ物にすぎないのか、と。

遺伝子は遺伝にとって好ましい行動の内に、個体がよろこびを感受するように個体を錬成してきた。個体の利己を遺伝子の『利己』から剝奪して取り出しうるのは、両者の方向が対立するという状況においてだけである。たとえば鮭の個体の内に、苦難にみちたしかも死に至る産卵のための遡行を拒否し、大海にそのまま悠々と游ぶ自由と幸福を満喫することを選択する個体がいれば、その個体はドーキンスのいう遺伝子だの生存機械ではなく、個としての主体性を確立したといえる。

（真木悠介『自我の起源』）

動物や昆虫は繁殖に最適化した社会をつくる。しかし、そこからこぼれ落ちるものが、ぼくたち人間には数かぎりなくある。この芝居に登場する男たちのカラオケ一八番は〈マイ・ウェイ〉である。「すべて心の決めたままに」それはただのエゴイズムなのだろうか。『ファーム』はラストに至り、ついには頭部を持たない人間を登場させる。耕地化した人間のなれの果てだ。その姿に絶望した逢連児は、死ぬ前に、生まれるはずだった弟の身体の一部を自らの体内に取り入れようとする。その儀式が、「生殖を前提としない性行為」であるところに、演劇人、松井周のマッドプロフェッサーぶりを見た。

「Quick Japan」（２０１４）

トランスするサンプル

さまざまな境界をまたぐ劇団ではある。それにしてもサンプル作品から性をトランスする志向性を感じるようになったのはいつ頃からだろうか。

ひとくちに「トランスする」といっても、トランスジェンダー、トランスセクシャル、クロスドレッシング、ドラァグクイーンなど形態はいろいろだし、性自認、性的指向も身体的特徴もそれぞれ違う。ゲイもレズビアンもあれば、フルタイムもパートタイムもある。それこそ人間の数だけ「n個の性」（ドゥルーズ＝ガタリ）がある。


もともと舞台芸術にはテキストレベルでも上演レベルでも、古今東西を問わず、「男が女を装う」または「女が男を装う」という作品が数多く存在している。

いくつか理由は挙げられる。ジェンダーという社会的構築物とセクシャリティとの間にすでに「演じる」という要素が入っているわけで、たとえばそうしたジェンダー規範やシステムの目をかいくぐるために生まれた白拍子のような芸能は、日本のみならず、世界中で見受けられる。また、神事と演劇の交わるポイントでは、両性具有による呪術的なパワーの獲得が目指されることもある。官能のポテンシャルを解放するために異性装が使われることもあるだろう。

サンプルから受けるトランス的な感覚の萌芽を探ってみれば、サンプル名義になる以前の二〇〇六年の公演『地下室』で「おしぼり」と名指されていた手コキシーンに突き当たる。去勢ともまた違う能動性と受動性のせめぎ合い。

その後の作品でも、俳優の古屋隆太がよく演じるマッチョな男性役に潜在する女性的な感性や、「太宰治」が女装によりニセモノの女神となり、またニジンスキーに憧れる男が自慰とともに両性具有の天使になるといった登場人物たちの転生に、歪で、豊穣な変態を何度も目撃した。

男女の恋愛だけがなぜ特別な扱いを受けるのか。その組み合わせでのみ人類が再生産されるからだとされる。つまりは出産可能であると。しかし遺伝子技術の進化により、男女の性愛をベースにしない出産がカジュアルになったとき、人々はどんな社会を営むのだろうか。どんな姿に変態するのだろうか。

サンプル作品のポストヒューマンな手触りは、未来の予感と動物の記憶を同時に招き寄せる。ジェンダーとセクシャリティが再編成される。すると太古から繰り返されてきた演劇のように、舞台上になにかが到来する。とんでもないヘンタイ野郎かもしれない。でも、その変態から目が離せないのだ。

「雑誌サンプル」(2014)

「女装」のポテンシャル

座談会
松井周（劇団サンプル主宰）
鈴木みのり（ライター）
Koyuki Katie Hanano（モデル・女装男子）
井戸隆明（『オトコノコ時代』編集長）
司会：九龍ジョー

九龍　今日はお集まりいただきありがとうございます。最初に簡単な自己紹介からお願いできればと思うんですが、鈴木さんからお願いできますか。その際に、簡単にセクシュアルアイデンティティについても教えてもらえればと。

鈴木　いきなり私？（笑）。うーん、なんですかね、「トランスジェンダー」が一番わかりやすいと思うんですけど、あまり自分で名乗る気はないんです。べつにみなさんといまからセックスするわけじゃないし。それでも説明が必要ということであれば、「セックス」イコール生物学的性別ということで考えれば、男として生まれて、男性である身体を女性に変えた人。「ジェンダー」イコール社会的には、あえて選ぶなら〝女として〟生きていますっていうことになるけど、じゃあ「女ってなに？」っていうことになったらよくわからないですよねぇ〜って話で。

九龍　なるほど。

鈴木　基本的に自分から「こう見て」って求めるものじゃないと思うんです。人によっては男性として見てくる人もいるし、女性と見てくる人もいる。ただ、「〝元〟男性」っていうことをことさらに言ってこられると「かったるいな〜」とは思いますけど。だけど、一方で、「みのりちゃんは女の子だから」って言われると、それはそれでちょっとソワソワして落ち着かない。最終的には私の場合、恋愛の場面でしか性別は問題にならないかも。服装とか容姿の好みだっていくつもの軸があって選ぶものでしょ？　だから私の場合、とくに「女装がしたい」とか「男装がしたい」っていうふうに感じたことはないんです。

koyuki　私は逆で、性別は完全に男ですけど、意識して女装をしています。でも、女になりたいっていう気持ちは一ミリもない。女装をするのは、それが「カッコイイから」なんです。もともと派手な格好をするのが好きで、女装をするときもウィッグは金髪で。あと、うれしいことに女装をすると女の子さわり放題なので（笑）。

井戸　一番ダメなタイプの女装だね（笑）。ま、そういう人もいたほうが面白いけど。

koyuki　そうなんですよ（笑）。女装をしている人でも「君ってどっちが好きなの？」て聞くと「女」って答える人が多いんですけど、「女装のほうがモテる」っていう人はほとんどいない。「私は女装してるだけで満足」っていう人が多いんです。つまりは変身願望ですよね。ま、でも私も男としてカッコイイと思ってやってるので、同じように変身願望ではあるんですけど。

九龍　もっとファッションに近いというか。

koyuki　そう、ファッションでもありますね。もともと『花の慶次』って漫画が好きで、江戸時代の傾奇者のようなノリで女装を始めたので。自己表現ともいえるかも。

九龍　井戸さんは『オトコノコ時代』という女装専門誌の編集長ですけど、あまりほかに女装専門誌ってないですよね？

井戸　そうですね、ぼくが『オトコノコ時代』の前身の『オトコノコ倶楽部』を創刊した二〇〇七年頃に女装のマニュアル本が出たり、女装ニューハーフイベントの「プロパガンダ」が始まって、ちょうど時代の変化の兆しが出てきたタイミングだったんです。それより前からニューハーフ雑誌は三誌ぐらいあったんですけど、軒並み潰れそうだった。中身も広告ばかりになったり、文字の級数が大きくなったりするのを見てたので、これだったら自分でつくったほうが面白い雑誌になるんじゃないかっていう気持ちもあって。

九龍　創刊してみて、実際にどうでしたか。

井戸　手応えはありますね。あと、それまでのニューハーフのエロ本に出ていたようなモデルさんたちよりも、素人のニューハーフのほうが生々しいし、面白いっていうことを発見して。それでさらに取材とかで深く関わっていくうちに、女装のほうがより刺激的だっていうことに気づいて、さらに方向転換して――。

九龍　「女装」と「ニューハーフ」の違いをわかりやすく説明してもらえますか。

井戸　いまとなってはあまり身体の状態とかは関係ないと思っています。ぼくはニューハーフに関しては職業名だと思っていて、つまり水商売を前提とした存在がニューハーフ。だから女装といっても、より美しく見せるために女性ホルモンを摂取している人もいるし、もちろんパートタイムの人もいるし、そのへんの敷居はすごく曖昧なんです。「ニューハーフ」とか「女装」とか「レディボーイ」とか「ミスターレディ」とかいろんな呼び方があったり、GID（Gender Identity Disorder＝性同一性障害）の人がいたり、いろんなグラデーションがありますからね。

松井　ぼくは一〇年ぐらい俳優をやっていまして、役柄を変えるのが仕事の上では普通のことなんです。たとえば女性として見られる役だったら、「女としてアイデンティファイしよう」っていうことができる。俳優って、そうやって変わっていける感覚があるんですけど、ただ、それって非日常なことなんですね。だから、日常と地続きの中で、生物学的な性別と自分のアイデンティファイがずれてたりするっていうのはどういう感覚なのか関心があります。

鈴木　私の場合は、身体を変えても芯の部分はそんなに変わらなくて、「変身した」っていうよりは「癌を切除した」ぐらいの感覚なんです。自分が生きていく上で苦しいものを取り除いたっていう。もちろん私みたいな人もいれば、「koyukiちゃんのような「自己表現」っていう快楽欲求的な部分で変身する人もいると思います。ただ自分の感覚としては、「不快なものをなるべくなくしたい」っていうことでした。

九龍　そのほうが社会にコミットしやすくなる？

鈴木　そうです。そういう意味で変化したことはすごくありますね。手術する前は、生物学的に男性だっていうことが自分の身体感覚としても常にあって、さらに内在的な視線もあって、落ち着かない感覚があったんです。人と接する上で、自分というものが統一できていないというか。

九龍　ちょっとステレオタイプな見方ですけど、男と女っていうジェンダーを「演じる」というか、自分でスイッチする感覚はありますか。

鈴木　私の場合、ないです。

九龍　koyukiさんは完全にスイッチしてますよね？

koyuki　スイッチですね。実は最近、ガールズバーで週三日、女だって偽って働いてるんですよ（笑）。

九龍　バレてない？

koyuki　客にはバレてないです。もちろん店のオーナーやスタッフは男だって知ってるんですけどね。お店に入った瞬間から女にならないといけないので、けっこうつらいですよ。声を高くしないといけないし、歩き方も気をつけないといけない。あと仕草もやっぱり。

松井　完全に演劇ですね。

井戸　お店が舞台（笑）。

koyuki　まさに舞台ですね。オーナーにも「女の舞台に立ちなさい」って言われていて。「わかりました。ぼく、がんばります！」「そこは（ぼくじゃなくて）私でしょ！」って（笑）。

一同　（爆笑）。

井戸　松井さんもkoyukiちゃんも自分で「ここからはステージ」っていうラインを決めるわけですよね。その話を聞いて思うのは、昔の『風俗奇譚』とか『奇譚クラブ』みたいな雑誌を読んでいると、風俗と芸能と変態が混然一体となっているんですけど、女装絡みで演劇の話が多いんですよ。逆に『演劇評論』って同人誌に書かれているのは、ほとんどが女装のことだったりする。歌舞伎の女形のエロティックなことばかり書かれているんです。それぐらい演劇と女装って歴史的にも密接なものなんだと思うんですね。で、「スイッチ」の話で言えば、日常とか非日常とかいう感覚よりも、観客的な視線の存在が大きいんじゃないかと。見られていると自動的にスイッチが入るというか。「プロパガンダ」のような女装さんの閉鎖的な空間では、「女装をしてたら、女として扱う」っていうルールがあるんです。そのルールがあるからこそ、どんな年配の人でも安心して女としてエロティックに振る舞うことができる。そういう空間の楽しみ方って、ある種の演劇的なプレイに近いじゃないですか。でも、そういう世界にどっぷり浸かっていくうちに、日常と非日常の境界がつかなくなってしまう人がいるんです。それで女性ホルモンに手を出したり、結果、家庭が崩壊してしまうような人もいる。

九龍　「プロパガンダ」ひとつとっても、すごく刺激的な空間ですしね。

井戸　ぼくも女装して「プロパガンダ」に出たり、ホモストリップショーにも出演したことがあるんですけど、男として見る主体だったのが、男に性的に欲情される客体になると、最初はすごく違和感があるんですけど、ある瞬間からそれを受け入れることが気持ちよくなるんです。そうなって初めて、「自分の考える〝女〟に近くなったな」と思ったりして。

松井　ぼくも俳優として自分から能動的になにかになるんじゃなくて、「受け身になる」っていうことがあると思うんです。もっといえば、人間を越えて「モノ」にもなれるなと。たとえばイスにもなれる。だから性差というのも、魚の生態系じゃないですけど、誰かがメスの役割を担わないといけないからぐらいの感覚で、その役を演じるのは性別上の女じゃなくてもいい。そういう意味での「変態」っていうことが人間界でも起こっているんじゃないかと。

男と女のスイッチ

九龍　女装について、いま客体としての欲望という話が出ましたけど、その見つめてくるまなざしがあって成立するというところに、演劇の本質と通じるものがありますね。

鈴木　難しいのは、先日もある女の人から「え？　男？　男？」ってすごく言われて。そういうのはすごくかったるいんですよ。その人はなまじゲイとか女装子っていう世界を知ってる人だったのでハッキリさせたかったんでしょうけど、私としては「べつにあなたとセックスするわけじゃないから、どちらでもいいでしょう？」って感じなんです。でも、そうやって「男？　女？」って追求したがる気持ちは誰しもあって、まあ、私自身もいま「女の人が」って前置きしちゃったわけですし。だからそういうふうに人が思ってしまうことは変えようがないっていうのも事実だな、と。

井戸　それって、ぼくがみのりちゃんみたいにGIDの当事者じゃないから繊細な感覚を持ってないだけかもしれないけど、たとえば着ているものについて「それ、ジーンズメイトで買ったんでしょ？」って言われたりするのとどう違うの？

鈴木　ファッションはそこまでじゃないっていうか。社会の中で生きていく上で、「性別」ってもっと根深くその人と結びついてるじゃないですか。「服変えろよ」みたいな感じで「身体変えろよ」っていわれても、簡単にはできないでしょ？

井戸　でも、それって程度の問題じゃないの？

鈴木　程度の問題だとしても、大きくない？

九龍　そのへん、koyukiさんはどうですか。

koyuki　私はライトですよ。占い師に「女装したらモテますよ」って言われて女装を始めたぐらいで（笑）。でも、女装を始めたときは親に「どうしたの？」って言われましたけどね。「男好きなの？」「いや違う。そういうことじゃない」みたいな。最後に言われたのは、「見た目は女々しくてもいいけど、中身は男らしくいろ」って。

九龍　たしかにkoyukiさんは、振る舞いとしての男らしさみたいなものがすごくありますからね。

koyuki　侍がかっこよすぎて、ああいうものに憧れてますからね。

九龍　おかしすぎるでしょ、女装の入り方として（笑）。

松井　男女をスイッチングすることは快感なんですか？

koyuki　ええ、快感はあります。見た目は女なのに男ってわかってもらった瞬間の、みなさんの驚く顔！　これがすごく快感。ある意味、エンタテインメントだと思っています。よくマルキューに買い物に行くんですけど、途中で店員さんにわざと男ってバラすんですよ。すると向こうも「面白い客が来た！」って楽しんでくれるんですよね。

鈴木　それで複雑なのが、いまちょっとオネエとか女装とかのブームじゃないですか。自分の中で「一緒くたにされたくない！」っていう気持ちがどこかあって。もちろんkoyukiちゃんみたいな人がいても自由だと思うんです。ただ、同じように洋服屋さんに行ったときに、相手に「あ、いま流行りの女装さんね！」みたいに思われるのは、なんかイヤ（笑）。否定はできないし、でも相手にするのもかったるい。もちろん私も見られる快感っていうのはあるんですよ。自尊心を満たす意味でよくやるのは、飲み屋街でナンパされるっていう（笑）。私の中でスイッチが入るのはやっぱり「恋愛」っていう視線なんです。

九龍　そこで松井さんにも聞きたいのは、女装の世界では「パス度」（女装だと見抜かれない度合い）って言葉があるんですけど、俳優でも観客にある役を信じこませる快感っていうのはあるんですか。

松井　ものすごくありますね。「見られたい」っていうか、ぼくはどちらかというと、「溶け込んでいたい」っていう。これはぼくの欲望であって俳優に一般化はできないかもしれないですけど、ある場面でその風景に間違い探しをされてもわからないくらいに溶け込んでいたいっていう感覚がある。その雰囲気の中に異物としてではなく、きちんといたいっていう。机とも関係がとれてるし、光とも関係がとれてる。そうやって環境の一部になっていたいんです。

井戸　まさに受け身なんですね。

松井　そうなんです。

鈴木　その感覚は私も少しわかる。

井戸　また、逆にアグレッシブな方向の役者さんもいますよね。女装さんでも視線を要求するタイプの人がいるんですよ。「こう見られたい」っていう空気をムンムンに醸し出していて、見ているほうがその空気に組み込まれちゃう、みたいな。昔なじみの四〇代の女装さんがいて、とあるバーで一緒になったときに、気がついたらそのバーのスタッフとぼくがその人の両乳首をなめさせられていたことがあるんです(笑)。なめたいわけじゃないんですよ。むしろイヤなのになめてしまう。完全にその人の舞台装置に組み込まれちゃったんです。

松井 それはすごい(笑)。でもたしかにそういうタイプの俳優もいます。

戻ってこれなくなる人

松井 あと、さっき鈴木さんが言っていた、生物学的な性差をファッションと同じふうには考えられないっていうあたりが気になりますね。

鈴木 ムカつくのは、「ジェンダーレス」っていう言葉!

九龍 ああ、ファッション用語としての。

鈴木 一〇年前にもあったんですけど、二〇一三年のA/Wのテーマがまた「ジェンダーレス」なんですよ。ジェンダーを〝レス〟にすることなんてできないのに、安易にそういう言葉を使うのが許せなくて。モデルとしてはアンドレイ・ペジックとか、日本人でもかおちゃんって子がいるんですけど、「いい気なもんだな」と。男性、女性っていうジェンダーが基本にあった上でのクロスジェンダーだったらまだわかるんですけど。

九龍 性からの擬似的な解放を世間が許容しやすくなってるのかもしれないね。

鈴木 たしかにギャルソンとかもそういう話で、ウーマンリブとかの流れともつながってるところがあるし。

九龍 腰をキュッとしめる「女らしさ」っていうのがもともと身体とは別のものだったわけで。

鈴木 つくられたモノですからね。

九龍 誰でも、化粧とかも含めて何者かになるっていう作業は、わざわざ「変身」と言わないまでもいろいろやっていると思うんですよ。

鈴木　髪型を変えてイメチェンしたりね。

九龍　「プロパガンダ」みたいなイベントに行くと、そういう欲望がもはや空中戦みたいに飛び交ってるじゃないですか。中には概念が先に行きすぎてる人もいて、ぼくからするとそれってもはや演劇公演なんですよね（笑）。

松井　そういう「プロパガンダ」のような刺激が強い場所から、さっき井戸さんが言ってた「戻ってこれなくなる人」っていうのはどういう人が多いんですか。

井戸　プレイヤーと「器」をどんどん一致させていっちゃう人ですよね。

松井　なるほど。

井戸　たとえば「女装」を大ざっぱに三タイプに分けると、一つ目は趣味感覚から入る女装。普段は男だけど、女装をする人ですね。二つ目はGIDだったりM to Fと呼ばれるような、いずれは女になりたい人。三つ目はドラァグクイーンのようなゲイでファッショナブルな女装の人。二つ目の女装さんはナチュラルに女性的な本も読むだろうし、女友達との付き合いもあったりする。三つ目の人は女を批評的に見てるから、パロディだったり過剰な女装をする。もしくはノンケを落としたいから女装をすることもある。マツコ・デラックスさんみたいなオネエの人はこれに近い感覚だと思います。で、一つ目の女装が一番グラデーションがあるんですけど、コスプレから入る人もいれば、イケてない男としての生活よりも、女装をしたら「カワイイ」って言われて、ファンタジーの中の女性像に近づいていく人もいる。結婚してて性的には女が好きなんだけど、男としてのジェンダーに違和感を抱いている人もいる。そういう人は女装をしたときにパーッと開けるものがある。女装をしている状態のほうが楽しかったりするわけです。しかも年配の人だとなまじっかお金を持ってたりもするから、どんどん加速するんです。昔は女装サロンとかで着替えて、座って新聞を読んでるだけでも貴重な女装の時間だったのが、いまやイベントとかで女装できる場も増えたし、しやすくなりましたよね。それでも大事なのは、「戻ってこられる」っていうことで。男としての基盤があるからこそ女装ができるっていうことだったのに、底が抜けてしまって、戻ってこれなくなる人がいるんです。ぼくはメディアをつくって彼らを導く立場でもあるので、多少の責任も感じていて、「この人やばいな」っていう人には線引きしてあげるようにはしているんですけど。

koyuki ハマっちゃう人、いるんですよねぇ。また、その世界を私に見せてこようとする人が少なからずいるんですよ。「アンタも女装してるんだから、私みたいにこうやりなさいよ！」ってなにかを強要してきたり。

鈴木 いるいる！ 職業ニューハーフの人の世界でもよくあることで、「こうすれば女っぽい」っていう方向にどんどん整形で足していって、ある似たような顔になっていっちゃうの。で、それが正しいと思ってるんですよね。なのでこちらにもそれを強要してくるっていう。

koyuki 私、よく（女性）ホルモン強要されますもん。「早くやりなさいよ」って。ぜったいヤダ！ 女を妊娠させられなくなるから（笑）。

井戸 戻れなくなる地点もあるからね、やっぱり。

鈴木 理想の女性像が行きすぎてる人だと、最初は服装と髪型だけだったのが、手指とか細かいところまでどんどんこだわっていっちゃう。

井戸 女装と男の姿が切り替わる線引きをせずに、「徐々に女に近づいてる」っていう状態になると、ここが到達点っていうのはないので、どんどんどんどんいじっていくしかない。

鈴木 そこがドラッグ的って言われるところですよね。

松井 そうか、それで「戻れない」ってことになるんですね。

井戸 女性ホルモンを投与すれば女性化はするけど、医者の言う規定量があるのに、勝手にどんどん注射を打っちゃったりする人もいますからね。

松井　メンタルには問題があるんですか？

井戸　個人差はあるんですけど、更年期障害みたいになったり、仕事をまともにできない精神状態に陥ってしまう人もいますね。

カテゴライズについて

井戸　いま五〇歳くらいの女装の人でも「男の娘」って名乗る人がいるんですよね。たぶん、その人なりに「女装」とか「女装子」っていう言葉に違和感があって、「男の娘」っていうカワイイ名称を選んでいる。

koyuki　「男の娘」ってもともと二次元から来た言葉ですよね？

井戸　最初はそうですね。ただ定義の論争もあったりして、いまは三次元でも使うようになったね。

koyuki　私、実はその「男の娘」っていう言葉にすごく違和感を覚えていて。どちらかといえば「女装家」っていうほうが私にはしっくりくるんです。さらに最近、自分で考えた名称は「女子コスプレ」。「私がやってるのは『女子コスプレ』でーす」って。

松井　「コスプレ」っていう言い方は、ちょっと遊び感覚があって、ライトな趣味でも使えそう。そういう意味ではさっきの「戻れなくなる」感覚とは真逆ですよね。

井戸　そう、言葉の持つ力って大きいんですよ。「女装子」って言われたら、まるでそういう存在が自然界にあるみたいに受けとってしまったりする人がいる。「ニューハーフ」っていう言葉もそうかもしれない。

鈴木　言葉を内在化しちゃうんですよね。だから「性同一性障害」っていう言葉が出てきたのも良し悪しで。

井戸　印籠みたいに、名乗られたらおしまいみたいな。

鈴木　逆に「名乗らない」っていうパターンもあって。「私たちは〝障害〟とかじゃないから」って言う人もいるんですよね。私は、「障害」ということで医療制度も適用されるからっていうふうに考えるんですけど、それも相手ありきで、そのことが理解できる人とそうでない人では使い分けています。

井戸　ＧＩＤ学会でもそういう言葉をめぐる議論がすごいっていう話を聞きますね。

鈴木　「ゲイ」って言葉もそうですよ。「ゲイ」って名乗れちゃうからアイデンティティみたいになるけど、実際はいろいろあるわけで。私なんて、「カミングアウトした」って聞くと、「え？　カミングアウトしたってことはどういうセックスをしてるかまで言ったわけ？」って思っちゃう。

松井　そういうことですよね。

鈴木　ようするにみんな違うわけじゃないですか。人によっては「あ、ゲイってことはこの人、アナルセックスする人なんだ」って思う人もいるかもしれないけど、実際は本人はそうじゃないかもしれないわけで。

井戸　一般の人と同じだけ千差万別っていうのがリアルなところなんだよね。

九龍　揺れる可能性もありますしね。ぼくだってもともと普通に女の人が好きだったのに、どうしてこんなに女装してる人に惹かれてしまうのかっていうことを考えるんですよ。もともと自分の中にそういう志向性があったのかなかったのかも、もはやわからない。ただ、そういう志向性って確定したものじゃなくて、常に揺らいでいくような不安定なものなんだなってことをすごく実感します。

井戸　ぼくも昔は悩んでいたんですよ。『『チンコがついてる人が好き』とはとても人に言えない。でも、どうしてこうなったんだろう？」って。それで大学で東京に出てきていろんな人と話したり、ゲイの経験をしたり、女装やニューハーフの人とも知り合ううちに、だんだん自分のアイデンティファイができてきたんですね。で、ようやく自分の原点みたいなのを考えてみると、それさえもいまはフィクションかもしれないんですけど、幼稚園のときの体験があって。「ウルトラマンタロウ」を見てたら、エンマーゴっていう怪獣にタロウが首をはねられる回があったんです。その首はあとから蘇るんですけど、とにかく衝撃的で。当然まだオナニーなんて知らない時期だったんですけど、布団に入って首を切られるタロウになりきると、「うおっ」って快感を得られるようになって。のちに高校生のときに三島由紀夫の『仮面の告白』を読んだら、「あっ！　同じようなことを考えてる人がいる！」と思って。ぼくの場合はマゾヒズムがなんらかのカタチでホモセクシャルとつながってるんです。あとはAVを女優の側に感情移入しながら見てたので、ニューハーフだとチンコもあってさらに自分をその立場に置き換えやすくて。ただ、いまはこうやって説明できるんですけど、もしかしたらこの説明もどこかフィクションであるような気がするんです。

松井　その感覚、わかります。あとから上書きされてるんじゃないかと。

戦略としての女装

鈴木　それ聞いてて思い出したんですけど、私の場合、初めて恋愛をしたときに最初は自分を男とも女とも自覚してなかったんですけど、ほかの人達は自分が「男性である」「女性である」っていうことを自覚した上で恋愛をしているってことに気づいたんです。それで、私は「あ、自分は男性なのに……」っていうふうに異性愛のシステムを理解して。その瞬間、自分の身体に対する嫌悪感がぶわーっと出てきたんです。

松井　自分の欲求よりも、カテゴライズがあとからきたわけですね。

井戸　やっぱり社会的な圧力がないとそういう自覚って生まれないですよね。

九龍　koyukiさんは男性から欲望されたりもするでしょ？

koyuki　しますね。

九龍　付き合ってみようと思ったりすることはあります？

koyuki　まだ一回もないですね。

井戸　前は身体を触られるのもイヤだったけど、最近は慣れてきたって言ってたよね。

koyuki　お酒を奢ってもらえたりしますからね

（笑）。ま、胸なんてパッドなので、触られてもいいし、お尻も問題ないです。ただ、手を握られるのはいまだにちょっとイヤ。ちょっと触れられるくらいならいいんですけど、指を絡ませてきたりすると「なにするんだ、この人!?」って感じになる。

九龍　でも、その違和感も変化していくのかもね。

koyuki　そこは否定しません（笑）。あと、これはどうなのかわからないけど、ニューハーフの方にされるのは全然平気なんですよ。

井戸　それは女性として見てるからじゃないの？

koyuki　そうですね。女性として見ていますね。

みのり　それって相手からの性的な欲求にもとづく接触の話ですよね。そういう行為をkoyukiちゃんは自分の中で、たとえば「お尻を触られてるところまでは性的なタッチではない」っていうふうに変換していて、その線引きみたいなものがどこかにあるんじゃないですか？

koyuki　あるある。

井戸　それがあるっていうことは、変わりようがあるね（笑）。

九龍　ちなみにkoyukiさんは、最近は日常のどのくらいの割合を女装で過ごしてるんですか？

koyuki　一週間のうち週五回くらい女装しています。一回の時間は短かったりして、一日三時間とか。「モデルやってー」って頼まれて女装したりもするので、パートタイムですね。

九龍　で、すーっと戻れるんだ。

koyuki　戻れますね。「あー、疲れた」って（笑）。

井戸　もともと男である自分にコンプレックスがあったりする？

koyuki　それ、すっごいあります。だって背もちっちゃいし、童顔だし。アメリカに留学していたんですけど、そのときもパツキンねーちゃんとセックスしに行ったのに、けっきょくできなかったし……。

井戸　女の子に見られたりしたんでしょ？

koyuki　そう、「だったら完ペキな女になってやるよ！」って女の格好して。もうこうなったらレズビアンでもなんでもいいからパツキンねーちゃんを触らないと帰れねえ、と思ったんです（笑）。

鈴木　触りたくてやったんだ（笑）。

九龍　トロイの木馬みたいにね。

koyuki　そう、トロイの木馬（笑）。たとえば女の子を本気で口説くときも、最初は自分を女だって言うんですよ。で、向こうがちょっと心を許した瞬間に、「実は男なんだ」って耳打ちすると、向こうの頭の中が真っ白になる。そのスキにつけこんでガンガン行くんです！

一同　（爆笑）。

九龍　完全にオウスノミコトだ（笑）。のちのヤマトタケルノミコト。女装で油断させて熊襲を討つ、みたいな。

koyuki　あと、これもひとつのエンターテインメントだとも思っています。

井戸　しかも生存戦略ですよね。ちっちゃくて女の子に見られるっていうのを逆手にとって。

koyuki　だからコンプレックスを上手く活かしたっていうのが、私のいまの状態なんです。ちっちゃいのとか、童顔とか、日本ではまだいいんですけど、海外ではものすごく不利ですから。

九龍　女装をすることでなにがしかのパワーを得てるよね。

koyuki　女のときのほうが強いですね、ホントに。

九龍　それってシャーマンじゃないけど、性を超越することでパワーを得るっていうこの国古来の伝統を継いでるね（笑）。

koyuki　そうです、女装って私にとって最大の武器なんです。もっというと、化粧とか、女の子の服、かつらはすべて鎧兜なんですよ。装備すれば、男のときよりもパワーが五倍になるって感じで。

鈴木　その感覚なら、私もファッションに関してあります。前田敦子もなにかのインタビューで「ヒールを必ず履いて、脚を出す」って言ってたんですけど、私も外出するときは同じ。

九龍　それって複数の自分を所有しているような感じとはまた違うんですか

koyuki　感覚的には忍者に近いかもしれないです。

「化けてる」って感じ。好きなときにドロンできるぞっていう（笑）。私、男のとき「ユウキ」っていうんですけど、koyukiとは基本的には同一人物なんです。だから多重人格ではないんですけど、武装できる、とかへんげできるっていう強みはありますね。

松井 へぇ〜。面白い！

九龍 そう聞くと、ぼくらだって変身したバージョンをひとつぐらい持っていてもいいいんじゃないかっていう気になってきますね（笑）。

鈴木 平野啓一郎さんの本で「分人」っていう概念がありましたよね。

九龍 まさに。いまはインターネット空間で別の人格を持つっていうことがしやすくなったかもしれないけど、それが固有の身体と関わったときにどうなるかっていうのが気になるんです。それって新しいように見えて、古くからある問題だし、まさに演劇がそういうことを扱ってきた部分もあると思う。たとえばシェイクスピアなんかには人格の「取り違え」っていうシチュエーションがいっぱい出てくるし。

松井 俳優をやってて思うのが、なるべく日常は地味にしていたいっていうことなんですよ。それこそ消えておきたいっていうか。舞台にいたときのことを引きずりがちなので、そこはちゃんとスイッチを切っておきたいんです。でも、いろんな役を年に何回も演じたりすると、やっぱり日常にも影響してきてしまう。怒りっぽい役をやってると、日常でもすごく怒りっぽくなっちゃうことがあります。

フィクションの中の女装

九龍 サンプルの舞台にはたまに出てくるんだけどほかの劇団の舞台でほとんど見たことないシーンっていうのがあって、手コキをされる場面なんですね。もちろん直接的ではなくて、ほのめかしだったり、ある種のメタファーだったりもするんですが、そういうことが起きたんだろうなっていうふうによく描かれる。手コキってペニスが能動的ではなく、受動的に射精に導かれる状態じゃないですか。松井さんの中になにかこだわりがあるんですけど、なんだろうな。
松井　ぼくも自分で思うんですけど、なんだろうな。……あっ、思い出した！　さっきの井戸さんのウルトラマンタロウの話じゃないけど、ぼくもちょっと、急に思い出しました。小学生のときに原っぱに転がってたエロ本に載ってたマンガの衝撃があったんです。姉弟が出てくるマンガなんですけど、弟はまだ小学生くらいで、お姉ちゃんは高校生で。お姉ちゃんたちがレズの乱交パーティをしていて、それを弟が覗いているんです。で、見つかっちゃって弟も強制的に乱交に巻き込まれて、「わ、おちんちんついてる！」とか言われて、いろんな人にいじられて、フェラチオされて、射精してしまう。で、射精したあとは、おちんちんがなくなっちゃうっていう。「わぁっ!!　ない!!」みたいな。そういうマンガだったんです。うわ〜、完全にいま思い出しましたね。
九龍　そのマンガ、すごいじゃないですか。
井戸　ちょっと時代を先取りしてますよね。ちょうど一〇年前くらいに、師走の翁がチンコを自由に取り外しできる女子高生がそれをいろんなところつけられて弄ばれるっていうマンガを描いて、永山薫さんとかにも批評されていましたけど。
九龍　『エロマンガスタディーズ』ですね。
井戸　そう、でもそれよりもぜんぜん早いですよね。
松井　小学生だから、もう三〇年ぐらい前ですね。
九龍　快感がピークに達した瞬間にペニスが失われるっていう感覚はすごく劇的ですね。
松井　その恐怖はずっとあるかもしれないです。
井戸　チンコがないっていうことだと、ぼくもずっと『らんま1／2』がトラウマで。「女らんまがレイプされて妊娠して、男に戻ったらどうなるんだろう？」ってことばかり考えました。
鈴木　私も同じこと考えてた！　「女らんまでヤッてる最中にお湯をかけられたらどうなるんだろう？」とか。
九龍　そう考えると、男と女がスイッチするっていう想像力をベースにしたフィクションってかなりありますよね。

鈴木　あかほりさとるの『MAZE☆爆熱時空』でも、昼と夜で男と女が入れ替わるっていうのがあったり。そうだ、私、役者になりたかった時期があるんですけど、きっかけは『らんま1／2』で、声優の林原めぐみさんに憧れたんですよ。そこで声優っていう仕事を初めて認識して。

井戸　罪つくりだねぇ、『らんま1／2』(笑)。

鈴木　林原さんが女の役も男の役もやってて、なんかそれがよかったんです。私自身もまだ、自分が男性とか女性とかっていうのをはっきり自覚する前で。

松井　声優の役の幅ってすごいですもんね。古くは『ドラゴンボール』の野沢雅子さんとか。少年の声を妙齢の女性がやっていたり。

九龍　声優の仕組みを知らなかったら、見ているほうはぜんぜん気づかないですもんね。

井戸　気づかないっていうことでいうと、女装の人って、うまく溶け込みたい、うまくパスしたいっていう人が多いですよね。

koyuki　多いですね。ぼくも女装しているときにみんなから指差されて「あいつ男だよ」って言われるのはぜったいイヤですもん。むしろ逆に、トコトコトコって女の人のところに行って、「すみません、ぼく、男なんですけどギュッてしていいですか？」って言いたいですから。

井戸　それ、あなたみたいな容姿と声じゃなかったらただの変質者だから(笑)。それはスペックに恵まれてるだけ。

koyuki　たぶんそうだと思うんですけど(笑)。

松井　ぼく、NHKの「ダーウィンが来た！」っていう番組が好きで、よく見てるんですけど、エリマキシギっていう鳥の話が面白くて。弱いオスが強いオスたちに「君に殴られる役をやるから、ぼくを使ってくれないか」みたいな営業をするらしいんです。強いオスはメスの前でそのオスをいじめてメスをゲットするんですけど、いじめられるほうもそのスキを狙って、メスをゲットするっていう。ようは自分の力だけではメスに近づけないから、状況をうまいこと利用してメスに近づこうとするらしいんです。で、さらにもっと弱いオスになると、まさにメスのフリをしてメスにすり寄って、そのスキにガバッと行くらしくて。

koyuki　悪いやつですね（笑）。

一同　（爆笑）。

松井　なかなか頭のいい戦略なんだと思いますよ（笑）。

koyuki　私、イメージ的には自分は孔雀なんですよね。孔雀ってオスのほうが派手じゃないですか。派手な格好をして、メスを惹きつけると。

松井　あの羽の目玉の数が多いほうがいいんですよね。

koyuki　そういう感覚です。へぇ～、でもそういう鳥がいるんですね。ぼくも女装をしていて、女の子にデートに誘って一番成功する可能性が高いのが、「一緒に買い物に行こう」っていう誘い文句なんです。みんな女装してる男となら「行ってみたい」って言うんですよ。

鈴木　でもそれってたぶん、koyukiちゃんのスペックがあるからっていうのが大きいんじゃないの？　だって井戸くんが女装してそれを言ってきてもうまくいかないでしょ。

井戸　いや、でもけっこうエロくなるからな、オレの女装は。

一同　（爆笑）。

九龍　ぼくの感じとしてあるのは、女装の人ってだいたい負けず嫌いですよね。そんなに女装クオリティが高くない人でも、「いやいや、私だって道でナンパされたことがある！」とかアピールしてくる（笑）。その裏返しかもしれないけど、自分に当てはめても、女装をしたときに「ブス」って言われることへの恐怖はあるかもしれない。男性であるがゆえに無頓着できてしまった、ある種のまなざしに対する恐怖。いまだに女装に踏み込めないのもそれがあるからかも。

鈴木　「なんだブスじゃん」とか「男じゃん」みたいな（笑）。

井戸　ぼくも女装の雑誌をつくってるぐらいなのに、そういう恐怖があるから、長年、女装をせずに言い訳して逃げてきたんです。でも、この間初めてイベントで女装をして。それも「本気で女装をやりたいんじゃなくて、付き合ってる彼女がメイクをしてくれるんだったらやるよ」みたいな逃げ道をつくりつつ……でもやってみたら意外とウケもよかったのでちょっと余裕ができた（笑）。

九龍　それはうらやましい（笑）。ぼくはいま「恐怖」って言いましたけど、本当はまなざしに恍惚としてしまうんじゃないかっていう恐怖でもあるんですよね。そこはないまぜになっている。とまあ、これだけいろんな女装への想いと現実があるわけですが、松井さん、話を聞いてみていかがですか。

松井　あたりまえですけど、やっぱりみんな違うっていうことですよね。あと、ぼくが俳優という仕事をやってるのは、どこかに欲望があるんだろうなっていうことをあらためて思いました。そして、その欲望のありかが「違って見られたい」とか「スイッチングを楽しむ」っていうことともまた違った次元であるんじゃないかっていうことにも気づかされましたね。すごく刺激になりました。

井戸　俳優も女装も、追求していくとドラッグ的というか、ただならぬものがありますからね。

鈴木　とくに役者さんて、プライベートと仕事が切り離しにくいっていうところもあるかもしれないし。

井戸　ぼくなんかは、やっぱり容れ物的に考えて、プレイヤーとは切り離して考えるのがしっくりくるんですよね。

九龍　ただ、そうじゃない領域に足を踏み込んでしまうと深淵が待ち受けてるぞ、と。

「雑誌サンプル」（２０１３）

※座談会中に使われている「性同一性障害（ＧＩＤ）」は、現在は「性別違和（ＧＤ）」という用語に名称統一される流れにありますが、修正は加えず当時の発言をそのまま生かしています。ご理解のほどを。（九龍）

鏡になってあげると大島薫は言った

最初の衝撃は、ある動画だった。

「せっ……世界中に見られちゃうっ!!」

モニターの向こう側にいるぼくたちを意識したセリフ。しかもネットという視聴環境のワールドワイド性まで考慮している。

その後も出演作品をフォローすると、あたり前のようにペニスを「ペニクリ」と呼び、精子を「おちんぽミルク」と言い換えてみたり。

言わされているのではない。あきらかに視聴者側の欲望を先回りした上で、それに応えるための味つけをしている。本人もまた、そのフレーズで興奮をドライブさせている。

気づいたときには彼女の作品を追いかけていた。

五年ほど前からニューハーフAVにハマっている。ここにきて、関心は「女装娘」や「男の娘」など隣接するジャンルにまで拡がってきた。

厳密には「女装娘」も「男の娘」も「ニューハーフ」も、なんとも〝雑〟な括りではあって、言うまでもないことだが、出演者の性自認も性指向も人によって本来はバラバラである。その組合わせによって、「トランスジェンダー」「トランスセクシャル」「ドラァグクイーン」「クロスドレッシング」「GD（性別違和）」などさまざまなレイヤーが存在するし、その中にだっていくつものグラデーションがある。身もフタもないことだが、人の数だけ性の種類はあるわけで。

ただ、あくまでAVという映像表現にフォーカスし、ユーザーとしての当事者性に留まるとき、ぼくの最大の関心事は「ペニス」である。

もう少し説明が必要だろう。

過去AV業界に起こったフェティッシュ革命のひとつにソフト・オン・デマンドによる一九九八年の「SENZ」レーベル設立がある。

それまで作り手市場だったAV業界で、SENZは積極的にユーザーの声を取り入れ、『淫語しようよ』『オナてつ』などのヒットシリーズを生み出した。とくに『オナてつ』は、AVの役目は文字どおり「オナニーの手伝い」であるという機能主義に基づき、女優のみ映った主観ショット、音響空間へのこだわりなどを徹底させ、その結果、AVを「男女のセックスの記録」からテイクオフさせた。徐々に画面から男優の姿は消え、ユーザーはその受動的感性を全開にして刺激を享受する。ユーザーがそう欲望したというよりも、そうした欲望自体がAVによって開拓されていった側面も少なからずあったはずだ。

ユーザーはあたかも女優と対話しているような感覚の中で自らのペニスをしごき、女優の官能に、その高まりに、シンクロする。であるならば、その女性に自分のペニスがついていたら完璧ではないか。官能の螺旋と射精の興奮、双方を同時に味わうことができるのだ。だからこそ「存在感を放つペニクリであるほどいい」というユーザーの嗜好には、自らの鏡像として「そんなペニスであってほしい」という願望が含まれている。

そして、ノンホル／ノンオペの男性にしてAV女優、大島薫はこう囁くのだ。

「あなたの鏡になってあげる」と。

もともと同人漫画、中でも「ふたなりモノ」が好きだったという大島薫。彼女の語彙やセリフ回しは、二次元世界からの影響を色濃く受けている。

ツイッターに連投された彼女の女装テクニックなどを読むと、その発声法が高度な研鑽に支えられていることがわかるが、それだけではないのだ。選びとったセリフの的確さ、とくに語尾の鼻から抜けていくような発声との組合わせに、フィクション世界に耽溺しつくした者ならではの研ぎ澄まされたセンスが発揮されている。

そう、大島薫もまた、当初は理想の男の娘を享受し愛でる側にいたのだ（そして、いまでも片足はわずかに〝こちら側〟に残している）。

三次元世界にも男の娘が溢れるようになり、それとともに女装レベルの底上げもなされている昨今。それでも大島薫には、ある不満があった。

「調べたらカワイイ子はいっぱいいるんです。でも脱いではいない。脱がなきゃ意味がないんです。カワイイ子のおちんちんが見たいし、ついてるなら大きいほうがいい。射精してるところも見たい。でもなかなかそういう子はいなくて、じゃあ自分がやるしかないな、と」（大島）

ボクの見たい〝理想の男の娘〟がいないなら、ボクがなるしかない。

メディアにおける男の娘の扱いや見せ方を考え抜いてきた大島薫にとって、男の娘を「ただクリトリスが肥大化しただけの女優」ぐらいにしか捉えておらず、既存のAVの枠内でしか演出できないAV監督たちに対しては、言いたいことが山ほどあった。

「なんでバックで、顔のアップばかり撮ってるの？　おちんちんが映ってなきゃ意味ないじゃんって」（大島）

出演者として自らも現場に関わるようになったいま、大島薫はそれらの改善点を、監督やプロデューサーの意向も汲みながら、ムリのない範囲で矯正しているという。AV業界における「男の娘革命」が、大島薫の手によって密かに進行中である。

すでにAVのメジャーリーグは、高いプロ意識を持った女優でなければ生き残れない熾烈なステージと化した。そうしたメインストリームもレベルを意識しながら、大島薫は、自分たちには、男の娘なりの闘い方があると考えている。

初めから女性としての美しさを持つ女優たちとは違い、男の娘は努力をすればするだけ、右肩上がりで美しくなれる。なれるはず、なのだ。自分が進化しつづけることで、それを証明するしかない。

「半年前、三ヵ月前、現在……やっぱり写真映りはレベルアップしてるし、このスタンスで続けていけば、二ヵ月先、三ヵ月先の成果も期待できるんです。ただ、悔しいなと思うのは、けっきょくは作品中のクオリティで判断されるわけですけど、撮影から発売までに制作期間が挟まるので、リリースされる頃には作中の自分が〝過去〟になってるんですよ。『現在はここまで成長してるのに、みなさんに見られるのは、あの時点の自分かぁ～（ガッカリ）』みたいな」（大島）

どう見せるのか。どう見られているのか。その相互作用にここまで自覚的な男の娘が、AVというジャンルでどんどん脱いでしまうという現実。

その先に、大島薫はぼくたちの欲望の枷すらも軽やかに解除していく。

「女の子とセックスした話やM性感に行った話なんかも、普通にブログに書いちゃったりするんですね。AV女優としてヌいてもらう前提があるのに、そういうことを書いていいのか？ っていう迷いも以前にはあったんです。ただ、おもいきって書いちゃったら、評判がよかった。もちろん、『それは違うよ』っていう人もいたかもしれない。でも、『男なの？ 女なの？』ってカテゴライズされがちな時代に、『ボクはこういう存在で、こういう欲望がある』っていうのを発信していくことには意味があると思っています」（大島）

オトコノコ時代別冊『ボク〈が〉大島薫。』（2014）

大島薫は大島薫である。

と同時に、大島薫は、ぼくたちが彼女をどう欲望するかによって姿カタチを変える。彼女がそうであるように、ぼくたちも自分の欲望のポテンシャルを低く見積もらないほうがいい。

さあ、「大島薫」という鏡を覗き込んでみよう。

3章　格闘する記憶をめぐって

新しいプロレスの味方

色々なスケールの試合の中で、勝敗はともかく、「ははァ」と闘う二人の強弱が見える瞬間が必ずある。［中略］その〝ヤマバ〟は、超一流の試合ほど見つけにくいかもしれないが、見つけたときの快感は何ものにもかえがたい。このとき快感をおぼえないとしたら、その人は、プロレスだけでなく、格闘技そのものに無縁の者であるという自らを知るべきである。

（村松友視『私、プロレスの味方です』）

なにごともクソ真面目に目を凝らせば見えてくる世界がある、と教えてくれたのはプロレスだった。

昨年末、『THE MANZAI』に出たダイノジがよかった。

視聴者採点システム「ワラテン」のテストと称して本選前に登場したダイノジ。大地お得意のマッチのモノマネを放り込んだり、ボケるたびに司会のナイナイに話しかけたりと、かなりぐだぐだな、しかし人懐っこい漫才で会場の空気を和らげていた。今回が第一回となる大会で放送される最初の漫才でもある。漫才師をアスリートのごとく扱ってきたM-1のフォーマットを期待する観客や視聴者のギアをシフトさせ、歯車を調整する役割も担っていた。

最高顧問のビートたけしが他局の生放送に出演するために番組を途中退出したかと思えば、近くのスタジオから『爆チュー問題』の着ぐるみに身を包んだ爆笑問題を拉致してくるなど、「漫才トーナメント」というアンを包み込むガワにまで笑いを練り込んできた〝バラエティのフジテレビ〟の底力。そのことで肝心のアンの部分の味が損なわれたかといえばまったく逆で、出場漫才師たちも普段以上のパフォーマンスを発揮し、終わってみれば、誰もが「やりやすかった！」と口にした。

M-1にあったリアリティショーたる部分が失われたという向きもある。たしかにM-1には四分一ラウンドというフレーム内の精度を細かく比較し、点数をつけ、勝敗を決めるというゲーム性から立ちのぼる勝負論があった。けれども、『THE MANZAI』の「お笑い」へのフリーダムな取り組みかたを見ると、M-1のドラマは、どこかスペック的なわかりやすさに留まっていたようにも思えるのだ。

すぐに「どっちが勝った？」なんて聞く輩。よくいたでしょ、小学校のころに映画を見ながらいちいち画面を指して「あれ、いい方？　わるい方？」って聞くやつ。あそこから成長していないのですね、勝敗のみを気にする手合いというものは。

（同書）

　そのように性急な視線では、爆笑問題の悪ノリにいちいち「素敵やん」とか「緊張感！」と切り返す岡村隆史のキラーっぷりは見えてこないし、オープニングスキットで顧問（たけし軍団が使う「殿！」のイントネーションで）のボケに出場漫才師全員がずっこける瞬間、右手でそっとクリスマスツリーを倒すパンクブーブー黒瀬の判断のたしかさは見えてこない。

　それにしてもダイノジだ。実際、あのひとフリが効いたのである。

　M-1との微妙な距離感。予選三〇位というこれまた微妙な順位。いってみれば「かませ犬」である。その気持ちいいまでのかませ芸を職人としてやり遂げ、フジテレビの廊下に出てきたダイノジのふたりに、番組プロデューサーの藪木健太郎は「ありがとう」と言って握手を求めた。

「テレビってどうしてもフレームで収まるじゃん。フレームの中で収まってるかぎりはつまんないよね。そっからハミ出てるところが面白いわけで。あ、ひょっとしたらこれ、現場ではもっと面白いことやってるのかもしれないぞっていうのがないと。オレらが『8時だョ！　全員集合』を見て、これ文教公会堂まで行かねえとわからないぞって思ったみたいな」

　一二月二三日、TBSラジオの『バナナマンのバナナムーン』に乱入したとんねるずの石橋貴明がまた、めっぽうよかった。これはオンエア後のポッドキャストの収録で石橋がバナナマン、サンドウィッチマン、ダイノジ大地を相手に語った発言である。『みなさんのおかげでした』

をはじめとするここ一、二年のとんねるずの浮上っぷりについてはいまさら言うまでもない。が、それにも増してこの日のオンエアは凄かった。あの石橋が、ビートたけしを頂点とする「関東芸人」の矜持に触れ、そのバトンを継いでいくことの重要性を語り、後輩にゲキを飛ばしたのだ。「爆問ががんばってる。オレらもちょっとは。だからそのあとのバナナマンとかおぎやはぎとかサンドウィッチマン、おまえらがもっとがんばってかないとダメだよ！」

そして前述のフレーム発言である。お笑いやテレビ番組にかぎらず、フレーム内の精度上げ競争というのは〇〇年代を通してあまねくジャンルを席捲した。しかしそのフレームの枠をときに侵犯し、戯れ、利用しながらエンタテインメントをつくってきたとんねるずがここにきて巻き返してきたことは、なにやら象徴的である。

「過激なプロレス」とはいったいどんなものか。それは、「暗黙の了解」を越える瞬間のあるプロレスとしか言いようのないものだ。

組合せ、試合形式、コンディションによって試合展開は千差万別、「これがそうだ」というイメージを試合以前に描くことはできない。つまり、「暗黙の了解」を超えた部分をもつ試合が「存在する」と信じるロマンの眼によって、「過激なプロレス」の輪郭はかもし出されるしかないのだ。だが、そういう試合を眼にしても、それが単なる「プロレス内プロレス」

であるとしか映らない眼には同じことなのだから問題は複雑になってくる。

（同書）

ではいま、肝心のプロレスはどうなのか？
これから新しいプロレスの味方／見方について考えてみたい。

「KAMINOGE」（2011）

ロボットとレスラーの暗闇への跳躍

遅ればせながらロボットレストランへ行ってきた。

その実体は、当初そのネーミングを聞いたときに期待した「ロボットが接客するレストラン」ではなく、近未来風ショーパブであることはすでに理解していたが、水着の女性、和太鼓、オートバイ、巨大ロボットなどが所狭しと暴れ回るショータイムは、『タンク・ガール』（某有名ガールズバーの名前じゃなくて、ジェイミー・ヒューレットのほうね）をよりキッチュにした世界に放り込まれてしまったような迫力があり、なかなか楽しめた。待合室に鎮座する一対のロボットが叶姉妹クリソツなのも笑えた。コロッケのロボ五木じゃないが、ロボットをすでにいる人間に似せる発想って、どうにもバカっぽくて好きだ。

世界も認める天才博士でありながら（あるがゆえに……か？）、自分そっくりのコピーロボットをつくったり、桂米朝をロボット化してみたり、最近も女性型アンドロイドをマネキン代わりにデパートのショーウィンドウに展示するなどして話題なのが、大阪大学の石黒浩教授。

「ロボットは人になりうるか？」という世紀を超えた人類の問いがあるが、石黒博士がユニークなのは、この問いを、「ロボットが人の機能を完全に代替しうる」というソリューションではなく、「人が、ロボットを『人』として認識するとはどういうことか？」というふうに読み替えたことだ。かつ石黒博士は考える。じゃ、そもそも「人が、人を『人』だと認識する」とはどういうことなのか？　と。

なんの因果か、ロボットレストラン体験の二日後に、石黒研究室のロボットが二体も出演する青年団のロボット演劇プロジェクト『アンドロイド版「三人姉妹」』を観る機会を得た。出演ロボットは、シリコンボディや関節フレームにオリエント工業（ラブドールの販売メーカー）の技術を使い、人間の女性にかぎりなく似せた「ジェミノイドF」と、人間の表象からは離れたいわゆるスターウォーズのR2-D2的な方向性の「ロボビーR3」。その二体のロボットに、人間の俳優九人が絡んで演技をする。

ポイントは、ロボットに人間役を演じさせるのではなく、ロボット役を演じさせているところだろう。「ロボビーR3」はお手伝いロボット役を、「ジェミノイドF」は劇中に登場する人間の娘の脳をトレースするアンドロイド役を演じる。そこで描かれるテーマは、ロボットが実用化した社会で起きうる軋轢や葛藤。自分の脳の動きをトレース可能なアンドロイドが次々と登場するような社会で、我々はどう生きるのか。自分の代わりがいる、という状態のもたらすアイデンティティの寄る辺なさ。変わりゆく時代のなかで戸惑ったり、達観したりする人間の姿は、チェーホフの原作ともそのまま重なる。

この舞台を演出した青年団の平田オリザについても触れなくてはならないだろう。鳩山内閣の所信表明演説を演出したエピソードでも知られる日本を代表する演劇人だ。彼の生み出した「現代口語演劇」がその後の演劇界に与えた影響は図り知れないものがある。

平田の演出理念は、彼がかつてアフォーダンス（認知心理学）の研究者と進めていたプロジェクトに顕著だ。俳優にある一定のインプットを与えれば、常に一定のパフォーマンスを引き出すことができる。かつ、ある俳優の動きが「リアル」に見えるかどうかはその俳優の内面にはまったく関係がなく、視線の動きや身体的なレスポンスに依る、と。つまりそのような反応（アウトプット）を引き出すためのインプット（例えば机の上の小物を見る順番とか、その秒数）を制御すれば、誰でも「リアル」な演技ができることになるという。

なにがすごいって、それを突き詰めれば感情表現の訓練のような従来の演劇レッスンはほとんど無意味になってしまうということだ。もっと言えば、俳優はロボットでいい。そのほうがアウトプットの精度も高いのだから。

誤解してほしくないのだが、これは「感情はなくていい」とか「感情なんてものは存在しないのではないか」という話ではない。むしろ人間とはそうやって「感情」を理解する生き物なのではないか、という問題提起である。「感情」によって表情や行為が生まれるのではなく、表情や行為によって「感情」があるように見える。いやそのような仕方でこそ、「感情」は存在する。

重要なのは、なにかを「リアル」だと思ったり、「感情」を読み取ったり、「心」があると認識するのは、あくまで送り手と受け手との相互作用のパースペクティヴにあるという点だ。しかも、その相互作用は人間の機能として生まれつき備わっているものではない。パースペクティヴが変われば、同時に「意味」も変わってしまうだろう。送り手と受け手の間には、常に陥穽の暗闇が待ち受けている。つまり表情や行為にとっては、一回一回が跳躍である。どう着地するかは相手次第。

エルボーという技がある。行為をいくつかに分解してみよう。相手の後頭部の髪を引っ張る／逆の腕をある角度に曲げる／歯を食いしばる／表情がある／振り抜く／音がする／「ダメージ」や「感情」が生まれる。ここにあるのはエルボーという名の跳躍だ。跳躍への不安があるからこそ、スタイルやフォームが生まれる。レスラーたちは身体を衝突させ、暗闇へと跳躍する。息を呑んだ観客たちだけが、大地へと彼らを着地させることができる。

優れたレスラーは自分が跳躍しなければならないことをよく知っている。彼らの声に注意深く耳を傾けてみよう。たとえば「ロボット化したミイラ男」ことメカマミーと闘ったあとの鈴木みのるは、こう言っていた。

「試合中にメカマミーに水をかけたりしたのも、その場でひらめいたことをやっただけ。ちょうど水を持っているヤツが目に入ったからやっただけ。それで相手が水を被ったらどうなるかなんてオレには関係ない。オレのスリーパーであいつは負けたんだ」

相手がロボットなので水をかけたらフリーズした。それだけでは跳躍にならないことを鈴木みのるは知っている。続く発言が重要だ。

このシンプルだが高密度の圧縮ファイルのようなコメント。解凍には時間がかかるが、その時間が喜びに変わることをプロレスファンはよく知っている。

「KAMINOGE」（2012）

リングをとりまく叙事詩と抒情詩

テレビ観戦した『G1クライマックス』と、会場観戦したDDT両国大会ツーデイズの二日目だけでも十分、猛暑に負けぬほどのプロレス熱を味わった夏だった。ここ数年、両国大会にはプロレス出版シンジケート（書店、取次、版元など出版関係のプロレス好きで構成される集まり）に混ぜてもらい参戦している。今回も五〇名近い参加者が集まるなか、プロレス初観戦という方もちらほら。プロレス復権とともに、あきらかに新しいタームが始まっているのを感じた。

「馬場や猪木のプロレスしか知らない人たちに、レベルの違いを見せてやる」飯伏幸太戦に臨む煽りVTRでのオカダ・カズチカ発言も激アツだった。

Twitterで画像が流れてきた、「DDT両国大会観戦のしおり」もよかった。初心者向けのガーリーなやつ。こういうの大事。予備知識なしのプロレス観戦も贅沢な経験だが、ある程度の解説はあったほうが、入っていきやすい空間であることもたしかなのだ。

そして、こんな経験はないだろうか。試合観戦中に耳をすましてみると、背後や横の席から聞こえてくる声。いまリングで闘っているレスラーにはどういう特徴があり、どんな歴史や遺恨を背負っているのか。でも、そういうことを気にせずとも、この技とこの技とこの掛け声を押さえれば大丈夫だから、とか。あ、いまの効いている、効いてない、この関節技はひと息入れて休んでいるにちがいない——とか、そんな声。そう、観戦初心者のツレに、プロレス者がレクチャーをする声が。

このような野良の解説をうざいと思うか、意外にも耳に心地よく感じるか、というのはケースバイケースだ。試合の流れを寸断しないツボを押さえた解説には、「いったいどんな素敵な御仁が?」と席を立つタイミングでつい顔を盗み見てしまったりすることもある。会場観戦の醍醐味のひとつだ。

裸一貫の男たちによる技の応酬や勝負の行方だけでもプロレスを楽しむことはできる。しかし、それをとりまくたくさんの声の存在に気づくと、そこにはさらなる豊穣な世界が待っている。

まずは目の前で起きていることを、即、歴史上の出来事へと昇華してくれる声を聞いてみよう。一番、わかりやすいのはテレビの中継番組だ。そこではアナウンサーによる実況と、レスラーに近い立場の人間による解説が加わる。彼らはリングという空間には存在しない第三者(目撃者)として、闘いの外枠を構成する(まれに実況アナウンサーがリング上の闘いに巻き込まれることもあるが)。つまりは叙事詩的な語り部である。

が、中には例外もある。例えば一九八八年、横浜文化体育館での猪木vs藤波の師弟対決。実況アナウンサー、古舘伊知郎の名調子はこんな具合だ。

「我々は、思えば全共闘もビートルズもお兄さんのお下がりでした。安田講堂もよど号ハイジャックも浅間山荘も三島由紀夫の割腹もよくわからなかった。ただ金髪の爆撃機ジョニー・バレンタインとの死闘。あるいはクリス・マルコフを卍固めで破ってワールドリーグ戦に優勝した、この猪木の勇姿はよくわかりました」

「藤波よ、猪木を愛で殺せ！」

たしかに藤波は六人兄妹の末っ子である。しかし、これらの発言は藤波の心の内そのものではない。あくまで古舘が考えるところの、レスラー藤波の〝内なる声〟である。いってみれば、第三者である古舘の生み出した架空の私（詩）的感情の表出だ。

この時点で、古舘の実況は叙事詩を内破し、ほとんど抒情詩の領域に突入している。おまけにその抒情詩的な語りには、藤波と同世代である古舘自身の声のみならず、その試合をじっと見つめる観客の心情までもが代弁されている可能性がある。なんと声に溢れた劇的空間なのだろうか。このプロレスの実況解説の異様さは、野球やサッカーの実況解説と比べてみればよくわかってもらえると思う。

本来リング外のものである叙事詩的な語りに織り込まれた抒情詩的な声は、ついにはリング上まで入り込み、リングそのものを生成する。

今年の1・4東京ドームの真壁刀義vs柴田勝頼戦のただ中にぼくは、新日本を離れ総合へと走り、いままた新日本へと返り咲いた柴田に対する真壁の複雑でいてしかしどこか温かい想いを、おそらく彼女とおぼしき隣りの女性に延々と語って聞かせる背後からの声に対して、おもわず叫びそうになった。「お前は真壁か!?」と。

怒っているのではない。抒情に撃たれたのだ。真壁でも、真壁でなくてもよい。むしろぼくもアナタも真壁なのだ。そのような真壁の抒情を歌い上げるコロス（合唱隊）として、我々はセコンドとともにリングを取り囲んでいる。

プロレスは単なる技の応酬ではない。ある韻律をもっている。それは、レスラーだけのものではない。リングを取り巻く観客たちの行為（ドラーン）もまた、プロレスというドラマを構成しているのだ。

「KAMINOGE」（2013）

「プロレスラーになること」と「プロレスラーであること」

一度は書くのをやめようかと思ったが、やはりこの件については記しておこう。

去る五月一九日、DDT横浜大会を観戦していたら、隣りの席で観ていたバンド「あらかじめ決められた恋人たちへ」のベーシスト兼神聖かまってちゃんの敏腕マネージャーでもある劒樹人が、福田洋率いるユニットDPGのプロデューサーとしてリングに上がり、八月一七日開催のDDT両国国技館大会の中でDPGと新生アイドル研究会ことBiSの対バンが行われることを発表した。さらに六月二日新木場大会では、リング上で挨拶するBiSのメンバー、プー・ルイを福田選手が襲撃。劒とBiSの渡辺淳之介マネージャーも小競り合いを繰り広げ、DPGサイドとBiSサイドの抗争が本格化した。

ぼくはこれら一連の出来事についてニュースサイトの記事以上の情報は知らないし、またBiSについても両国国技館でワンマンライブを開催するなど人気急上昇中のアイドルグループ……といった程度の知識しか持ち合わせていない。それでも、「研究員」と呼ばれるBiSファンの多くがこの抗争にあまりノレていないことは傍目からもわかるし、また、いちプロレスファンとしては、なぜ福田が「リングに上がった以上はその覚悟があるはずだ」なんてことを根拠に女性アイドルを襲わなければならないのかが、理解できない。しかし、それでもここが福田洋にとって正念場であることだけはわかる。
だからこそいま、ぼくは福田洋に夢中である。

「プロレスラーになること」と「プロレスラーであること」は、まったく意味が異なる。たとえば「プロレスラーになること」。現在、ＢｉＳのプー・ルイは、福田から、さらには渡辺マネージャーからも、「リングで闘うこと」を要求されている。その要求を呑めば、彼女はプロレスラーになれる。この、「なれる」というところがプロレスというジャンルのおおらかさであり、面白さでもある。なぜ「なれる」かというと、それは彼女が異形のグループアイドルの一員であり、キャラクターと知名度をすでに獲得しているからだ。

一方、「プロレスラーであること」については、こういうケースを思い浮かべてほしい。「プロレスラーではあるが、人気や実力がプロとしてまだまだである」

話をわかりやすくするために、すでに人気や実力など一定の評価を得ているプロレスラーをカッコつきで「プロレスラー」と表記してみよう。するとカッコなしのプロレスラーはこうも言い換えることができる。「「プロレスラー」以前のプロレスラー」かつての新日本プロレスであれば、「ヤングライオン」と呼ばれる状態がこれにあたる。

と、ここでＷＷＥにおける他ジャンルのスーパースター起用などを例証として挙げたいところだが字数の都合ですっ飛ばした上で飛躍すると、渡辺淳之介マネージャーも、劒樹人も、ある程度の努力で「プロレスラー」になることができる。

しかし、彼らがどうあがいてもなれない状態がある。それこそが、「[プロレスラー」以前のプロレスラー」である。劒も、渡辺マネも、そしてプー・ルイも、「カッコのつかないプロレスラー」である段階をすっ飛ばし、プロレスの外部から来た者として「プロレスラー」に横スベリするしかないのだ。

つまりは、現在勃発しているDPGとBiSとの抗争において、唯一、プロレスラーにカッコをまとう形態として「プロレスラー」となれる可能性があるのは、福田洋だけである。

輝かしき「プロレスラー」たちのインタビューを読んでわかるのは、一流レスラーほど、カッコのついた現在の姿に、「カッコのつかなかったプロレスラー」を滲ませているということだ。「カッコのつかないプロレスラー」それは嫉妬、友情、焦り、栄光、すべてが蠢く時代のことだ。それは脱落者を横目で見ながら、誰もが頼りないカンダタの糸を掴もうと歯を食いしばっている場所のことだ。

スポットライトの影に「カッコのつかないプロレスラー」が透けて見えるとき、プロレスのリングは虚と実のメビウスの輪となり、解けない魔法を最大限に発揮する。

福田にはいま、「プロレスラーでありながら、「プロレスラー」ではない」という折り合いのつかなさ、その不安と恍惚の両方がある。

カッコのつかない人生とはすなわち「何者にもなれる人生」でもあるが、当然そこには「何者にもなれない可能性」も横たわっている。ある者の目には煉獄のように映るかもしれない。しかしそこで苦しみ、考え、もがきつづけた末に、カッコのついた何者かになる。そんな道程を自らの足底で踏みしめられるのは幸福なことなのだ。むしろこのご時世、本当に苦しいのは、思いのほか簡単にカッコをつけることができてしまうことのほうだろう。

「プロレスラーになること」と「プロレスラーであること」はまったく意味が違う。今年の夏は福田洋の動向に注目している。

「KAMINOGE」(2013)

女性は一度プロレスをやったほうがいい

市ヶ谷チョコレート広場に我闘雲舞《ガトームーブ》を観にきた。学校の教室よりもやや狭い広さの会場、紫色のマット。いわゆる「ロープのないプロレス」だ。マットと同系色の団体ロゴが、バンコクテイストを醸し出す。

前説に出てきたさくらえみが「初めて我闘雲舞を観にきたひと〜!!」と挙手をうながす。この〝おもてなし〟精神こそ彼女の持ち味である。「今日の試合で勝つためにロープワークを使いたいので、お客さんがロープ代わりに反動をつけてください。練習行きますよ〜」その意味を理解する間も与えず、最前列の客席に向かって走り出すさくら。パイプイスに座った男性客が彼女の背中をグイッと押し戻す。反動で逆方向へ。やはりイスに座った女性と男性が両手を前に待ち受ける。さくらが背中から飛び込むと、男性客はイスごと後ろに倒れてしまう。会場、爆笑。

市ヶ谷チョコレート広場は、さくらえみがアイスリボンを旗揚げした初期によく使っていた会場でもある。当時はアイスボックスと呼ばれていた。しかしぼくが同団体を観戦しはじめた時期には、すでに埼玉県蕨《わらび》市のアイスリボン道場が開設。そちらでの興行がメインとなっており、アイスボックスには一度も足を踏み入れたことがなかった。なので、このさくらえみの人力ロープワークが、市ヶ谷チョコレート広場でぼくが観た最初のプロレスムーブとなった。

第一試合はさくらえみ＆米山香織vs神威＆松本浩代のタッグマッチだった。窓枠からのミサイルキック、駐車場を通り抜け会場裏手に回っての場外戦（窓越しに攻防が見える）、壁に向かってのボディプレスなど、会場の構造を最大限に生かした闘いにいきなり魅了された。

第二試合は帯広さやかvs DJニラ。換気扇のハネを自ら回し、帯ちゃんの手をそこに突っ込もうとするニラ。「や……やめろ！」寸足らずなふたりのリズムがチャカポコと不思議なメロディを刻む。比喩ではなく音楽も鳴る。試合の途中で突如、さくらえみが帯ちゃんの応援歌を熱唱するのだ。

メインはマサ高梨vs「ことり」（カギ括弧までがリングネーム）。前日にデビュー戦を飾ったばかりの一四歳の女子中学生が元KO-D無差別級王者でもある高梨に挑む。これが意外にも序盤から息を呑むような腕の取り合い。さらにマサの巧いリードもあり、細い手足を目一杯に広げた「ことり」がダイナミックに技を決めていく。見ているうちに、グッとこみ上げてくるものがあった。アイスリボン時代から変わらぬ、さくらえみの世界を全身で感じていた。

「観てるより、やったらもっと面白い女子プロレス！」さくらはかつて興行の最後にリング上からそう叫んだ。また、インタビューでも「女性は一度でいいから女子プロレスをやったほうがいい」という発言をよくしていた。職場のストレスに鬱憤を溜めた管理職の女性、教室の後ろの席で寝ボケ眼で同級生たちを眺めている女子生徒、家庭に収まっていいか悩んでいる主婦……などなど、みんなリングに上がって、大声を出してみればいい！　相手に身体ごとぶつかってみればいい！　ケガをしない方法はあたしが教えるから。実際、さくらは名伯楽として、当時まだ小学三年生だったりほ（現・里歩）や、福祉施設の職員だったしもうま和美、ひきこもりで対人恐怖症だった真琴など、異色の女子レスラーを次々とデビューさせた。リングの中で実人生とレスリングをクロスさせながら感情を爆発させる女性たちの闘いをクリエイトしてみせた。

そんなさくらえみがアイスリボンを退団して一年が経つ。バンコクで我闘雲舞なる団体をイチから立ち上げるという話を聞いたときは、やはりこの人はただ者ではないと思った。やがて我闘雲舞の「ジャパンツアー」と称して、ここ日本でもリングのないプロレスを定期的に開催。そのマットで一四歳の女子レスラー「ことり」がデビューするというニュースを聞いて思ったのだ。「これを観ずしてなにを観る？」そんなわけで、このたび市ヶ谷まで出かけてきた次第である。

後日、さくらえみと話をすることができた。さまざまな色やカタチをした女性たちの夢をマットで咲かせる手伝いをしてきたさくらだが、これからは女の子が「プロレスそのもの」で輝くことを考えたいという。より具体的に言うなら、彼女たちに「プロレスに専念してほしい」と。

バンコクでの旗揚げには、その環境づくりの意味もあった。正直、バンコクでの活動はまだ手探り状態だが、ここ日本でも考えていることは変わらない。「ことり」は練習や試合のたびに片道三時間をかけて都内まで通ってくる。でもだからこそ、プロレスを優先してほしいと、プロレスに懸けてほしいと、さくらはあえて言う。

「ビジネス書を読むのが好き」というさくらは、「けど、あたしはアイデアがポンポン出るタイプではない」と自己分析する。たとえばDDTの大社長こと高木三四郎のように、プロレス界に既存の発想を越えたアイデアを持ち込み、世間をアッと言わせるようなことはできないと。むしろ、さくらの発想はプロレスの制約の中から生まれる。人力ロープも、休憩中に観客に振る舞うお茶も、すべては十全たるプロレスが提供できないことへの「言い訳」なのだ。しかしその制約こそが、彼女の〝おもてなし〟精神の研ぎ石となり、対世間の敷居を低くする。それに人気のアイドルたちを見ればよくわかる。「女子の生き様」はまさにルールとのせめぎ合いのなかでこそ妖しく輝いているではないか。

里歩、帯広さやか、「ことり」。所属選手を既存の団体とは違ったやり方で売り出したいとさくらは言う。いちばんの近道は、さくらえみの頭の中にあるプロレスを世間に広く伝えることかもしれない。かつて自身の放った、「女性は一度でいいからプロレスをやったほうがいい」という言葉のもつ可能性はまだまだこんなものじゃないはずだ。

「KAMINOGE」(2013)

「マッスル」とはなにか？

マッスル坂井インタビュー

「マッスル」とは二〇〇四年にスタートした、テレビバラエティや演劇の要素を大胆に取り入れたプロレスイベントである。試合のクライマックスでBGMにあわせて選手がゆっくりと動く「スローモーション」に象徴されるように、従来のプロレスではありえなかった領域に踏み込んだ試合内容や興行形式が話題を呼んでいる。
代表のマッスル坂井に話を聞いた。

——坂井さん監修の単行本『八百長★野郎』を読ませてもらいました。マッスルを通して、プロレスについてあらためて考えることが多かったです。

坂井　いちおうかつてプロレスファンで、いまはプロレスから離れてしまった人たちに読んでもらいたいという意図がありまして。プロレスの場合、本の中でも対談させてもらったミスター高橋さんの本（『流血の魔術 最強の演技 すべてのプロレスはショーである』）が出て以降、暴露本ブームがあったりして、どうしてもそこのところが引っかかってる人はいると思うので。

——実際、プロレスにおけるシナリオの存在があきらかになることで、プロレスから離れてしまった人たちもいるわけですしね。

坂井　ただ、ぼくは現役のプロレスラーとして、正直そこはどうでもいいとも思ってるんです。だから、この本を出したことでもう終わりにしたい。だいたいなにをもって「八百長」というのかもよくわからないし、それで誰かが儲かってるの？　とも思うし。

——そんなことといったら演劇だって映画だって全部、八百長ですしね。

坂井　そうですよ。『水戸黄門』なんてもう、茶番もいいところですよ。

——そういう意味では、ミスター高橋本以降、むしろプロレスは純粋に楽しめるエンタテインメントになったんじゃないかとも思うんですが。

坂井 ただ、難しさはあります。たとえば普通の高校生がプロレス会場に行って周りのお客さんと同じぐらいのテンションで楽しむためには、これまでの団体の歴史なんかを理解する必要がある。それって受験勉強より時間のかかることだったりしますから。

――たしかにプロレスって大河ドラマみたいな側面もありますからね。ただ、その中でプロレスに疎い人でも楽しめるのが坂井さんのやっている「マッスル」なんじゃないかと思うんです。

坂井 おおー、そうきますか(笑)。

――そもそも坂井さん自身のプロレスとの出会いは?

坂井 ちゃんとプロレスを見たのは大学時代ですね。もともと新潟出身で高校時代はそれなりにいろいろ好奇心もあったんですけど、大学で上京してきたら周りが頭のいい人たちだらけで、知識も発想もとても太刀打ちできないという現実に直面して。それに面白いことなんて、すでに七〇年代、八〇年代でやり尽くされてしまっている。おまけに金を使って遊ぶという文化も終わっちゃてて、自分がいるのは焼け野原だってことに気づいてしまったんです。

――まさに失われた世代ですね。

坂井 ホントもうなにもする気がしなくて。そしたら、土曜の深夜にたまたまテレビでプロレスをやっていたんです。テレ朝の真鍋アナと試合を終えた大仁田厚が控え室の廊下で涙ながらに大ゲンカをしていて、それを新聞記者とかテレビ局のスポーツ部の人がカメラで撮影してる。「ちょっと待てよ」と。

――なにかおかしいぞ、と(笑)。

坂井 そうですよ、だってスポーツ中継みたいに放送してるけど、これが本当にスポーツなのかと。かといって演劇でもない。いったいなんなんだと。それで俄然プロレスに興味が沸いてきたんです。それからは毎週放送を見て、レンタルビデオ屋のプロレスコーナーのビデオも全部見たりして。そのうち、当時ドキュメンタリー映画にも興味があったんですけど、ちょうどアメリカで『レスリング・ウィズ・シャドウズ』とか『ビヨンド・ザ・マット』といったプロレスのバックステージに迫ったドキュメンタリー映画がつくられていたので、自分でもああいう映像を撮りたいなと思ったんです。

――プロレスの裏側を撮りたいと。

坂井　裏も表も、ですね。とくにプロレスラーの卵に興味を持ちまして。いまの時代にどんな人がプロレスの世界に飛び込むのかが知りたかったんです。で、二一歳の夏に、浅草にあるアニマル浜口ジムを訪ねたんです。そしたら冷房も効いてない蒸し暑いジムの中に浜口さんがひとりでいまして、「お前はプロレスラーになりたいのか」って訊いてきたんです。思わず「はい、がんばります!」って(笑)。

――ジムでドキュメンタリー的に見えてきたものはありました?

坂井　バイトしながら風呂なし三畳一間みたいなアパートでプロレスラーを目指しているような地方出身の若者がかなりいたんです。この時代にそれはすごいことだなと。ただ、ひたすら基礎体力づくりをするんですけど、すでに総合ブームの波がきていたので、みんなスパーリングとか関節技の練習に一生懸命なんです。しかも、まともそうな人ほど現行のプロレスに興味をもってなくて、当然のように総合格闘家を目指している。プロレスラー志望のジム生に「なんでロープに振られて返ってくるんだよ」って言われたことがありますからね。プロレス好きじゃない人に言われるならともかく、どうしてプロレスラーを目指している人にそんなこと言われなきゃいけないいんだって。

――なんて答えたんですか?

坂井　答えられないんですよ、その頃はまだ。

――浜口ジムに通ううちに、今度は映像スタッフとしてDDTに関わるようになりますね。

坂井　大学の先輩に、DDTっていうインディ団体の代表が映像スタッフを探してるんだけどって、高木(三四郎)さんを紹介されたんです。それで渋谷のクラブアトムに興行を観にいったんですが、これがとんでもなく面白かった。

――どのへんが面白かったんですか。

坂井　ようは「プロレス」というジャンルに対して自覚的なプロレスをやっていたんですよ。プロレスって本当に難しい。格闘技より難しいと思うんです。だって攻撃をよけちゃいけないわけですから。そこはよっぽど複雑ななにかがあると思うんですよ。当時の高木さんがやっていたことって、その「なにか」という部分だけを抽出したプロレスに見えたんです。それを観ることではじめて、受け身の意味、ロープに振られたら返ってこなきゃいけない意味、チョップを出されたら胸を突き出す意味なんかがわかった気がしましたから。直感的にですけど。

――そんなリングに、いつのまにかレスラーとして上がるようになりますね。

坂井　理由ははっきりしていて、映像班の仕事で試合前に流すレスラー間の遺恨を煽る映像を撮るんですけど、レスラーたちがぼくの言うことを聞いてくれないんです。でも、高木さんの言うことには素直に従う。ようするにプロレスラーってプロレスラーの言うことしか聞かない人たちなんだってことに気づいて。それで同じ釜の飯を食うみたいなことがあれば、少しは言うことを聞いてくれるかなと思ってプロレスラーになったんです。

――浜口ジムに通っていたとはいえ、簡単にレスラーになれるものなんですか?

坂井　いや、だから、まったく練習にはついていけなくて大変でしたよ（笑）。それまで培ってきたことが一切通用しないんですもん。

――やっぱり難しいですか。

坂井　超難しいですよ。受身ひとつとっても何種類もあるんですから。後ろ受け身、早くとる受け身、ゆっくり大きくとる受け身、倒立してからとる受け身、前回り受け身、右左の受け身、前宙しながらの受け身、相手を飛び越える受け身……いっぱいあるわけです。全然できない（笑）。

――見てる側ではわからないことがいっぱいあった?

坂井　もう発見だらけです。

――やる側に回ってみて、「なぜロープに振られて返ってくるのか」の答えはわかったんですか。

坂井　たとえばですよ、セブンイレブンでは夜の零時前後に雑誌を回収して、一時頃に新しく来た雑誌を並べる。四時頃にヤマザキからパンが届いて、五時頃に甘いものが届く。で、五時から六時の間ぐらいに弁当やサンドイッチやおにぎりが届く。それと同じことです。

——マニュアルということですか。

坂井　というか、セブンイレブンでバイトをするなら、受け入れなければいけないルールなんです。従うのが最も合理的なんです。

——同じ質問に『八百長★野郎』のなかでは、「『一夫一婦制をとるか、一夫多妻制をとるか』と同じこと」と答えてましたね。

坂井　同じことです。本当は「一夫一婦制」じゃなくて「天皇制」って言いたかったんですけど。つまりはモラルなんですよ、日本社会で生きていくための。実際、上から押しつけておきながら、自発的に学ばせていくのが道徳心じゃないですか。

——なるほど。二〇〇四年一〇月、DDT内ブランドとして「マッスル1」が開催されますが、もともと坂井さんの意志というよりは、高木さんが学生プロレスやインディーの選手を集めてオーディションみたいな興行をやろうと思い、それを坂井さんに仕切らせたのが最初なんですよね。

坂井　「これをやらなかったら、おまえの居場所はないよ」って言うんですもん。

——ただ高木さんとしては、坂井さんの、ちょっと変わった人間を見定める鑑定眼への信頼があってのことだったと思うんですよね。

坂井　だからあれですよ、『セックス・アンド・ザ・シティ』に出てくるような、オシャレで恋と仕事に生きているような女性がいるじゃないですか。あれを見てぼくは、ふと「自分はあんな女性たちの恋愛の対象になりうるのだろうか」と思ってしまったんです。たとえば『週刊プロレス』のカバーを飾るような一流レスラーでも、彼女たちの恋愛の対象にはならなさそうな気がするんですよ。けど、それが外資系生命保険会社の営業所長で、年収が千数百万ぐらいあって、仕事と家庭と趣味のカポエラを大事にしているペドロ（高石）さんのようなレスラーだったらどうだろうか？　ペドロさんにならサマンサだってグッとくるんじゃないだろうかって。あるいは、俳優の渡辺哲の息子として生を受け、学生プロレス出身で、しかもかつてはポツドール系の劇団でお芝居をやっていながら、いまはプロレスラーとして活躍しているアントーニオ本多はどうか？　彼だってサマンサの恋愛対象になりうるかもしれない。

――そんな逸材たちがオーディションを通じてマッスルに集まってきたと。

坂井　彼らは『週プロ』の表紙は飾れないかもしれないけど、『セックス・アンド・ザ・シティ』な女性たち、恋と仕事とファッションに生きるアラフォー女性たちには支持を得られるんじゃないかと思うんです。そんな女性たちの支持を得られれば、結果的にその女性と付き合ってる見城徹クラスの人たちにもマッスルが伝わるわけですよ。

――社交界の噂になる（笑）。

坂井　そうなんですよ（力強く）。だから今回、このインタビューの話を持ちかけてくれた『BUBKA』の編集さんも、懇意な関係にある女性から「マッスル」を薦められて決断した可能性が大いにあります。

――どうなんでしょうか？

編集　いや、ないです（笑）。

――話を戻すと、マッスルは当初オーディション目的の興行だったのが、徐々に逸脱し、従来のプロレスの常識を覆すような実験的興行へと変貌していきます。具体的には二〇〇五年三月、「マッスル3」でのスローモーション（リング上で選手が実際にスローモーションで動く）の導入がターニングポイントだったと思うんですが、あれを実現するにあたって障壁はありませんでしたか。

坂井　まず、ぼくら四流レスラーでは、いわゆる世間一般にプロレスのメインイベントっていわれるような試合をお客さんに提供できないという現実があったわけです。けれど、メインでお客さんにきちんとカタルシスや感動を与えられないと興行としては成立しない。そこで必死に考えた結果が、スローモーションだったんです。

――結果として観客には大ウケでしたが、プロレス界からの反発みたいなものはなかったんでしょうか。

坂井　まあ多少は怒られるというか……先輩方からの注意もなくはなかったですけど、それ以上にお客さんたちが喜んでくれたことのほうが大きかった。これで間違ってないんだ、と確信が持てました。

――その反響を受けて、マッスルは、リング上で『(真剣十代)しゃべり場』チックな討論会や『笑点』の大喜利をやってみたり、レスラーに観客を巻き込んでの壮大なドッキリをしかけてみたり、ある種のパロディ的な要素を強めて、コアなプロレスファン以外の観客にも支持されていきます。ただ、それは単なるパロディではなくて、プロレスをある別のものに置き換えることで、よりプロレスの本質を炙り出すような作業だったんじゃないかと思うんです。

坂井　たしかにぼくらは「『笑点』はプロレスだ」とか、「世の中のものはすべてプロレスだ」と思ってマッスルをやってたんですけど、いまや雑誌のインタビューでダウンタウンの松本人志さんが「いまのテレビでガチンコをやったら、すぐに苦情がきてつぶされてしまう。だから、テレビなんて全部プロレスですよ」なんてことを、なんの説明もなく発言している。松本さんは「プロレス」という言葉をネガティブな意味で使ってますけど、ぼくからしてみれば、流れが来てるぞと(笑)。ほかにも、日テレの夕方のニュースで、ある民主党議員がシルエットになってて、「(自民党の)総裁選はプロレスですよ。誰か裏でシナリオを書いてるヤツがいるんです」なんて報道をしている。「プロレス総裁選」ってサイドテロップまで出るんですよ。曲がりなりにも日本で一番プロレスをスポーツとして放送してきたチャンネルが、ですよ？　でも、そうやってみんながプロレスを「シナリオのあるもの」として、真実は別ですけど、そういう記号として使っているわけです。

――すでに世の中のほうが先を行ってしまっている

と。ただ、そうやって初期にはパロディを武器にしてきたマッスルですが、二〇〇七年五月の「マッスルハウス4」あたりから、少しプロレスそのもののの比重を増やすというか、リング上できちんとしたプロレスの試合を見せるようにもなってきましたね。

坂井　そうですね、そもそもスローモーションの時点で、自分らの問題意識として、プロレスに対するコンプレックスがあったわけです。で、プロレスとはなにかを考えるような興行は実現できたんですけど、けっきょくプロレスそのものは見せられていないままだった。だから、そこを埋めないといけないと思ったんです。

——そこを両立するのはすごいことだと思います。

坂井　いや、むしろ両立するのが自然なんですよ。そこがプロレスの凄さというか、面白さなんです。

——最後に今後の展開として、武道館進出っていう話もありますが。

坂井　それについてはですね、ぼくらは業界のネズミみたいなもんで、いま地表がすごく熱くなっているのを誰よりも感じるんです。近い将来、ものすごい地殻変動が起こるぞっていうのがなんとなくわかって、これは逃げ出すべきなのか、それでもあえていてみるべきなのか、すごく悩んでいるところです。

——なんですか、地殻変動って?

坂井　いや、そろそろプロレス界はぐっちゃぐっちゃになるような気がするんです。中心となるものが崩れてぶっ壊れるか、もしくは全部がくっついてひとつになってしまうか。とにかく一度、とんでもない地殻変動が来る気がする。そう考えると、武道館どころではないというか。やりたいと手を挙げても、武道館そのものがなくなってしまう可能性だってないわけではない。だから、逆にそれに乗じて、やってやろうと思っています。ホント地殻変動は来ますから。それこそ坂井はちょっと頭がおかしくなったんじゃないかってぐらいの感じでかまわないので、ちゃんと書いておいてください。

「BUBKA」(2009)

プロレスラーの言葉と身体

作家の西加奈子さんと一緒にプロレス観戦をしたことがある。マッスルの後楽園大会だった（蝶野選手が登場した記憶があるから「マッスル・ハウス6」だろう）。きっかけは定かではないのだが、ぼくの編集した高木三四郎さんの自伝『俺たち文化系プロレス DDT』を献本したら御礼のメールをいただき、そのタイミングで「ぜひ最近のプロレスの潮流を目撃してほしい」とかなんとか言ってお誘いしたのだと思う。

どうしてまたそんな大胆な行動をとれたのかというと、その直前に二ヵ月連続でリリースされた西さんの新刊を読んでいたのが大きかった。『こうふくのみどりの』『こうふくのあかの』というその二冊の小説は、どちらも作中でアントニオ猪木が効果的な使われ方をしていた。しかもあきらかにプロレスというジャンルを知り抜いてなければ書けない類いの物語だった。

そのマッスル観戦の少し前に、『俺たち文化系プロレス DDT』の発売記念イベントとして本屋プロレスを企画した。打ち合わせで出版業界選りすぐりのプロレス者たちに「こうふくの」セットをプッシュしたところ、伊野尾書店の店長をはじめハマる人が続出。本屋プロレス当日には、なぜか物販で『俺たち文化系プロレス DDT』よりも「こうふくの」セットのほうが目立つ場所に置かれていた。おまけに伊野尾店長はCSチャンネル「FIGHTING TV サムライ」のディレクターにまで、「三田佐代子さんに渡してください」と「こうふくの」セットをプレゼントする始末。西さんにメールでそのことを報告すると、大変に喜んくださった。そんな細かいことまで覚えているのにもかかわらずだ。西さんがマッスルを観戦してどんな感想を言っていたのかがまったく思い出せないのである。西さんを含めた何人かの友人たちと後楽園ホールの南側席で観戦した様子はありありと脳内再生できるのに。不思議なものだ。

昨年、直木賞候補作にまでなった西さんの新刊『ふくわらい』もまた、作中にプロレスラーの登場する小説だった。

レスラーの名は守口廃尊《ばいそん》。架空のレスラーだが、そのキャリアは具体的だ。新日本プロレスに入門し、闘魂三銃士と同年デビュー。ファイトスタイルは「柔らかな関節技を得意とするが」「地味である」とされる。一九八八年、アメリカ武者修行から凱旋帰国。数年後、守口は後楽園ホールのリング上で自身が鬱であることを公表する。その後、試合中の奇行により新日本プロレスを追放され、いまはDOT（！）という団体のリングに上がっている。

小説の主人公・鳴木戸定《なるきどさだ》（父親に「マルキ・ド・サド」をもじって命名された）は出版社の女性編集者だ。四六歳のロートルレスラーである守口の週刊誌連載を書籍化するために、彼と接触する。

プロフィールだけでも何人かのモデルが浮かび上がりそうな守口だが、彼の顔を気に入ってデスクトップの壁紙にまでしている定が「彼の顔は、人間の顔パーツの『あるべき場所』という概念を、ことごとく裏切ってくれる」と思うとおり、いそうでいない絶妙なレスラー造型ともいえる。そして、その言動はどこか懐かしい昭和新日本の匂いを漂わせている。

定は一度もプロレスを見たことがなく、それゆえ守口の試合を見たいと申し出るのだが、守口は、プロレスは「少なくとも一〇代の頃に食らわないと駄目なんだ」と諭す。「もう遅いのでしょうか」と返す定への言葉がいい。

「社会経験がだめなんだ。誰に見られるとか、どういう仕事かとか、とにかく、社会っつう、大きなもんの中で、自分がどういう立ち位置にいるとか、そういうことを考え始めた人間は、体感ができないんだ。考えちゃだめなんだ」

そんな守口の文章に定が惹かれていくのも、彼の言葉が、言葉の組み合わせではなく、言葉以前の感覚から生まれてきているものだからだ。ある事件をきっかけに、自宅に定を呼びつけた守口が、彼女とカルピス（この飲み物は、プロレスファンにはあるレジェンドレスラーのことを想起させるだろう）を飲みながら語るこんなセリフ――。

「プロレスは言葉を使わない。言葉を、きちんと文章にしなくていいんだ。体がそれをやってくれるから。何万語を駆使して話すより、一回関節決められたほうが伝わることがあるんだ。俺は相手を体験するんだ。［中略］この、おいらの体がだぞ？　ひとつしかねぇんだ。わかるか。それが、どれほどすげぇことか」

わかる。しかし、守口はこうも考えている。体で伝わるプロレスをしながら雑誌で連載原稿なんて書いている自分はとても恥ずかしい、と。さらに言えば、繊細な感性を持った守口は引き裂かれている。プロレスを愛する自分と、同時に言葉も大好きな自分との間で。

実在するプロレスラーたちが吐き出したいくつもの名言や、実況解説や、活字プロレスが生み出してきた名フレーズの数々を思う。プロレスは体であり、言葉でもある。だから、ついに定がリングサイドで守口のプロレスを体感した際に、彼がリング上から放ったマイクは、ぼくの心を揺さぶる。

「おいらはプロレスが好きなんだ。そんな俺が、俺なんだ。猪木さんじゃねぇ、俺なんだ。俺は死ぬまでプロレスをやる。そしてその決意を、こうして言葉にする。おいらは体も言葉も好きだ」

ぼくはプロレスラーの言葉も好きだし、プロレスをめぐる言葉も大好きだ。西さんはあのときマッスルについてどんな感想を持ったのだろうか。機会があればいつか聞いてみたい。

「KAMINOGE」（２０１２）

マッスルについて考えることは喜びである

座談会
マッスル坂井（プロレスラー、マッスル主宰）
松江哲明（ドキュメンタリー作家）
左近洋一郎（漫画家、ルノアール兄弟・原作担当）
上田優作（漫画家、ルノアール兄弟・作画担当）
司会：九龍ジョー

九龍　いまだにマッスルってなんなのか読者に伝わっていない気がするんです。

坂井　なるほど（笑）。

九龍　けっきょくマッスルって幅広い切り口があるがゆえに、なかなかその実体を伝えるのが難しい。と同時に、その幅の広さ自体がまたマッスルの魅力でもある。というわけで、まずはドキュメンタリー作家の松江哲明さんにマッスルにハマったきっかけから聞いてみたいなと。

松江　ぼくはあれですね、『Quick Japan』のマッスル特集で森（達也）さんが「マッスルは面白い」って言ってたじゃないですか。森さんっていまでこそ立派な文化人みたいにとられてますけど、もともとは『電波少年』みたいなバラエティ番組が大好きな人なんですよ。で、久しぶりにそういうモードの森さんだったので、このマッスルっていうのは相当面白いんだろうなと思ったんです。それですぐに後楽園ホールで「マッスルハウス4」を観戦して……もう完全に嫉妬ですよ。悔しくて。まず本当に面白かったし、しかも方法論がぼくと似ていたんです。森さんも指摘しているように「ドキュメンタリー」をうまく利用しているってところで。しかもナマじゃないですか。仕掛けたっぷりのフェイクドキュメンタリーを、観客まで巻き込んでやっちゃうっていう。びっくりしましたよ。ぼくはプロレスはほとんど見ないんですけど、昔ちょっとテレビでWWE（アメリカのエンタメ・プロレス団体）を見たことがあって、でも、それとも全然違っていた。

九龍　マッスルの場合、坂井さん個人の作家性が前面に出てきますからね。

松江　そうなんですよ。WWEの場合は、演出家よりもプロデューサーありきって感じがしますね。ハリウッド的というか、観客のほうを向きすぎている気がしました。

坂井　WWEは『エンタの神様』っぽいんです。あの番組によく出てくる「あるあるネタ」って、ギャグは芸人の口から発せられた瞬間に視聴者のものになるっていう、いってみれば商業音楽的な発想じゃないですか。ギャグが、受けとられた時点で「ああ、オレにも身に覚えがある」っていうふうに観る側のものになってしまうっていうのが「あるあるネタ」だと思うんです。サラリーマンのお父さんにとっての「スーダラ節」みたいなもんですよ。「あ、オレのことだ」って。

松江　それってようするに「共感」っていうことだと思うんですけど、ぼくはこの「共感」って言葉が大っ嫌いなんです。受け手に「共感してもらいたい」なんて言ってる表現者はものすごく志が低いなと思ってしまう。

坂井　「あるあるソング」（＝リスナーの共感をアテにした曲）ってたいてい安易なバラードだったりしますからね。だったら、ぼくは「ないない」のほうが好きです。

松江　「ないない」のほうが作家性がありますからね。

坂井　あるいは間違った「あるある」でもいいと思う。「あるある」ってふれこみなのに、聞いてみたらみんなキョトンみたいな。「ないない（笑）」って。それがいちばん面白いですよ。松江監督の『童貞。をプロデュース』だってそうじゃないですか。「童貞」ってネタとしては「あるある」なんですよ。でもフタを開けてみたら、「こんなに古本とかゴミを漁って集めてるやつなんていないよ」って（笑）。

「わからないこと」をやる

九龍　たしかに、『童貞。』は「あるある」とみせかけた「ないない」ですよね。ルノアール兄弟の原作担当こと左近さんはマッスルとの出会いは？

左近　「マッスルハウス3」のときに観戦漫画を描

かせたもらったのが最初ですね。そもそもプロレス自体をちゃんと観るのが初めてだったので、その熱量というか、高カロリーなところに圧倒されてしまって。ちょうど自分自身、漫画家として、マヨネーズがけみたいな「こってり感」が必要なんじゃないかと思っていた時期だったので、すごくマッチしたんですよ。あと、レスラーのキャラクターを立てる感じが漫画のやり方にも通じるものがあり、その一方で松江さんも指摘したドキュメンタリーの要素もあって。その両方が同時に成立しているっていうのが、すごく魅力的でした。

九龍　作画担当こと上田さんはどうですか？

上田　ぼくも左近と同じで「マッスルハウス3」から観て、すごく衝撃を受けたんですけど、その次の「マッスルハウス4」でさらに驚かされたんです。「4」からスローモーションの使い方が変わるんですよね。

九龍　スローモーションが効かないっていうシチュエーションが出てきますね。

坂井　「4」は自分のなかで、なんかシフトチェンジがありましたね。ソフトでいうと「ドラクエV」っていうか、ハードがファミコンからスーパーファミコンに変わったような感じがありました。

九龍　松江さんはお気に入りの回がありますか？

松江　ぼくは「マッスルハウス5」ですね。あんなに泣いたのは久しぶりでした。じつは、事前にぼくのインタビュー本（『童貞。をプロファイル』）の取材で坂井さんにインタビューしたときに726選手の奥さんが亡くなったことを聞いていたんです。ドキュメンタリーって、もちろん「演出」とか「嘘」もあったりするんですけど、現実の人を扱っている以上、その人のプライベートも含めて作品に映ってしまうんです。だから、そういう人が急にこの世からいなくなっちゃうっていうのはものすごくショックだったと思うんですよ。それがわかっているから、ぼくには「作品に昇華したらいいんですよ」なんてことはぜったいに言えなかった。当日になっても、坂井さんが726選手の奥さんの死をマッスルの作品として昇華するっていうことは、ぼくの念頭にはまったくなかったんです。だから、目の前で726選手のくだりが始まった瞬間、「うわっ、やっちゃった！」っていうのがあって。それがどう決着するのかっていうことよりも、まずその「やっちゃった！」っていうことが「すごい！」と。いいとか悪いとか、正しいとか間違ってるとかじゃなく、いまはこのやり方しかできないっていうものを、まざまざと、しかもナマで見せつけられたっていうのが衝撃で、もう涙が止まらなくなってしまったんです。

坂井　あのときは自分でもどうなるかわからなかったですからね。

松江　プロレスだからこそっていうのも思いましたね。鈴木みのる選手と高山（善廣）選手っていうものすごく強いレスラーたちが726選手の前に立ちはだかるじゃないですか。そこが誠実だなと思ったんです。ネタじゃなくて、ちゃんと「プロレス」っていう表現の上で闘ってるじゃないですか。

上田　ぼくも現場で観ていて、ほとんど神話の世界に見えたんですよ。小さな若者があんな恐い大男たちと闘わなきゃいけないっていう試練。こんな不条理ないよなと思ったんです。でも、よくよく考えてみたら、それを見ているぼくたちだって変わらないんですよ。「人が死ぬ」っていうことも含めて現実は不条理に満ちていて、726があんな鬼みたいな人たちと闘わなければいけないのと、みんな同じなんじゃないかって。

九龍　あの回はたしかに衝撃的でした。「わからないこと」をわからないままにやっている。それはすごいことですよ。ただ、お客さんの間では賛否両論だったらしいですね。

坂井　まあ、ああいうものを求めていないお客さんはいますよね。かなり強い口調で「マッスルにそんなものは求めてない」「エンタメとして失格」「考え直すべきだ」みたいなことを言う人もいて。

上田　最近はそういう人が多いんですかね？　自分の思った通りにならないとすぐ文句を言うような。

九龍　モンスターペアレンツならぬ、モンスターオーディエンス。世の中的にも、ああいう誰にも答えの出せない「よくわからないこと」への耐性はどんどん弱くなってる気はしますね。

松江　ちょうどこないだある雑誌の編集者が言ってたんですけど、最近のアンケートはがきで多いのが、「面白かった記事」は自分の知ってることが書いてある記事で、「つまらなかった記事」は自分の知らないことが書いてある記事っていう。自分の知らないことに興味を持たないだけならまだしも、それを「つまらない」と切り捨ててしまう。

九龍　雑誌編集者の実感として、どこの雑誌でもその傾向はあるような気がしますね。

松江　たとえば、いまここでぼくたちがマッスルについて語っているのも、ようするに知らない人に面白さを伝えるためなわけですけど、あらかじめマッスルを知っている人しか読んでくれないんだとしたら意味がなくなってしまうわけですよね……。

九龍　その通りですよ（笑）。でも、やるんですよ。

レンタル世代とチャプター世代

松江　そうだ、坂井さんってレンタルビデオとかよく借りていました？

坂井　学生のときはよく借りていましたね。

松江　ぼく、マッスルを初めて見たときに「レンタルビデオっぽいな」って思ったんです。さっき左近さんが言ったように、マッスルっていろんなものがミックスされてるじゃないですか。ぼくらより上の世代は名画座とかで強制的に二本立て、三本立て映画を見てた世代。ぼくらの時代になるとそういう映画館も少なくなってきて、レンタルビデオでAVもスピルバーグも『エヴァンゲリオン』も一緒に借りてくるみたいな感じじゃないですか。そうすると『エヴァ』を見たあとに黒澤映画を見たりとかする。過去も、現在も、アニメも、映画も、AVも関係なく、いろんなジャンルの作品を一緒に見ますよね。ぼくがつくる作品はあの感じを意識してるんですよ。いろんなものがミックスされた感じ。マッスルも漫画ネタとか完全に同世代だと思うんですけど、その漫画ネタのミックスの仕方そのものが同世代だなと思ったんです。

坂井 その感じはよくわかりますね。

松江 それがぼくらより下の世代になると、もっとDVDっぽくなっちゃうのかなって。チャプター向きというか、見せ場しかないみたいな。『マトリックス2』を観たときにそう思ったんですよ。二時間の映画じゃなくて、一〇分の見せ場がたくさん入ってる映画っていうか。チャプターで見るのにちょうどいい。

坂井 『レッドカーペット』みたいなものですよね。

九龍 あの番組はいつどこから見てもいいですからね。

坂井 「マッスルハウス6」の前半で『レッドカーペット』っぽいことをやったわけですけど、現場で一時間もあんなのが続いて、「ちょっとこれは長いかも」とも思ったんですけど、編集するためにモニターで見たら、全然見れてしまうんですよ。逆にみんな面白く見えてきて、むしろなんかムカついてきて（笑）。

松江 そうなんですよね、あの見せ方だと意外と見れちゃうんですよね。

坂井 我ながら怖かった。おいしいところだけを集めるやり方だと、意外と見れてしまうんだって。これはよくないぞ、と。

松江 あの「マッスル版レッドカーペット」に出場した選手数、四五人って聞きましたけど、本当は四〇人の場合と四五人の場合でちゃんと差が出なきゃいけないと思うんです。

坂井 それが、編集の段階でひとり切って（編集でカットして）も、ふたり切っても、変わらなかったですからね。

松江 そこが怖いんですよ。AVでも「ぶっかけもの」をやるときに、汁男優の人数が一〇〇人と一二〇人とじゃ、ちゃんと違いがなきゃいけないんですよ、本当は。でも、いまはだんだんマヒして、たんに数が多ければいいってことになっちゃってる。

上田 二〇人だって、精子の数にしたら相当な数ですよ。

九龍　億兆どころの騒ぎじゃないですね（笑）。

坂井　そもそも本来からしたら、『レッドカーペット』をやったあの前半部は間違い企画であるべきなんです。プロレスでフィギュアスケートをやってみました、でも失敗しました。『笑点』みたいな大喜利をやってみました、失敗しました。そうやって、常に前半部でフラストレーションを溜めておいて、後半部のラストで爆発させるみたいなことをやってきたんですけど、「マッスルハウス6」に関しては、前半部の企画（『レッドカーペット』）がわりとそれはそれで見れてしまう、みたいな。

松江　そうなんですよ、あれはあれで面白いのは否定できない。だから、マッスルは、テレビのバラエティ番組とかを意識していく中で、一度はああいうチャプター的な見せ方に向かう必要があったと思うんです。ただ、坂井さん自身はあれのヤバさに気づいているわけで、じゃあここからどうするかですよね。

ナマで見る「めちゃイケ」

九龍　バラエティ番組といえば、松江さんはよくマッスルを「ナマで見る『めちゃイケ』」って喩えますよね。

松江　よく「マッスルってなんなの？」って聞かれるんですけど、プロレスって言っても伝わらないんですよ。ぼく自身もプロレスがわかっているわけじゃないし。だから一番わかりやすいのは、「ナマで見る『めちゃイケ』だよ」って。そうするとみんな「面白そうじゃん！」って。

九龍　そこで言う『めちゃイケ』っていうのはどういうイメージなんですか。

松江　場合によっては坂井さんも仕置き人として出演している「色とり忍者」だったりもするんですけど、一番大きいのは、二時間スペシャルでやる大仕掛けの「濱口ドッキリ」とかですね。

九龍　「マッスルハウス2」は完全に「濱口ドッキリ」でしたもんね。しかも、観客も仕掛け人を演じさせられるっていう。

坂井　あれはぼくのなかでもかなり理想形に近い興行でしたね。

九龍　あんな体験は、テレビ番組でも演劇でも味わえないと思うんですよ。

松江　お笑いライブでもできない。ぼくはあれをＤＶＤで見たんですけど、あの場にいられなかったのが本当に悔しくてしょうがなかったです。あれですよ、ぼく、ワールドカップとか全然興味ないんですけど、スタジアムで青いユニフォームを着てサッカーを観るのが好きな人たちっているじゃないですか。ああいうノリの人がマッスルを見たら、ぜったいに面白がると思うんですよ。

九龍　あとはもっと女性が観にくるようになるといいと思うんですよね。プロレスっていうだけで男の子のものだと思われてしまう。その点、松江さんの『童貞。』なんかは、劇場の女子率がずいぶん高かったですよね。

松江　いまの若い世代は女子のほうが行動力がある気がしますね。

坂井　いっそこの対談も、左近さんが女性っていう設定にしましょうよ。会話も全部、女言葉にして、名前も「左近洋子」ってことで（笑）。

左近　そのほうが読者が入りやすいのであれば異存はないです（笑）。

九龍　そういえば、ちょうど漫画家の大橋裕之さんがこのあいだ初めてマッスルを観たんですけど、大橋さんが驚いていたのが、一回の興行でひとつのストーリーを消化してしまうってことだったんですよね。毎回イチからアイデアを組み立ててるって聞いて、驚いてました。

松江　それはぼくも思ってました。なんでマッスルって、次につなげていかないんだろうって。最後に他団体のレスラーが殴り込んできて、「次は何月何日にどこそこで決着つけるぞ」みたいなのが、わりとプロレスのお約束なんじゃないですか？　なのにマッスルって、一回一回ちゃんと終わらせて、「ありがとうございました」って挨拶までしてる（笑）。

坂井　そもそも、本来なら三回くらいに分けてやるべきことを一回にまとめてやってるから、面白くなってるだけなのかもしれない（笑）。本当は一〇時間かかることを三時間でやったりするから、どうしてもちょっとした不条理とか、矛盾が起きてきたりして、そこがギャグになるんですよ。

松江　ありえないことをしようとするから、当然ミスも起きますよね。でも、そのミスも狙っているわけですか？

坂井　まさにそうです。そこを笑いにしたいんですよ。

松江　やっぱり。それはすごいことですよ。たとえば、一方で、プロフェッショナルを追求してミスを排除していくっていう方向性もありますよね。でも、マッスルってわざとミスが起きるような状況をつくっているのかなって気がしてたんですよ。

左近　そこがやはりドキュメンタリー的な面白さなんですよね。

松江　でも、これは活字になると伝わりづらいんだろうなあ。失敗することの面白さとか、ミスを誘発させる面白さっていうのは。

九龍　そこなんですよ。たとえば、以前『Quick Japan』でマッコイ斉藤さんと坂井さんにお笑いDVDにおけるフェイクドキュメンタリーの面白さについて話してもらったんですけど、あの空気感を説明するのがなかなか難しくて。へたに丁寧に説明してしまうと、「それってヤラセでしょ」の一言で済まされてしまう。

松江　たしかに森さんとかが単行本でさんざん「ドキュメンタリーというのは主観的表現だ」って書いても、『靖国 YASUKUNI』騒動とか見てると、いまだにドキュメンタリーの客観性がどうのこうのって議論になっている。テレビ東京で『ドキュメンタリーは嘘をつく』（森達也主演によるドキュメンタリー啓蒙番組。松江は編集を担当）を放送したときも、「嘘をつく」って言ってるのに、「でもホントなんでしょ？」っていうことを言われたりして。つくづく作品単体でそのことを伝えるのは難しいんだなって思いました。けっきょく視聴者なり観客なりが自分でフィードバックしてくれないとダメなんですよね。だからいちばんよかった感想は、「『ドキュメンタリー』を見たあとにニュース番組を見たら、なんかいままでとまったく違ったものに見えました」っていう。

坂井　だからこそ、プロレスはすごいんですよ。

九龍　マッスルも、一度観たら、ほかのプロレスの見方が変わりますからね。それも面白いほうに変わりますから。むしろいままでよりもプロレスが輝いて見えるようになる。

坂井　だからこそ、プロレスはすごいんですよ。

『サルまん』プラス『編集王』

上田　ぼくはマッスルを観て、自分はこういう漫画が描きたかったんだなって気づかされたんです。キャラ同士がぶつかりあうテンションの高さがあって、それでいてプロレスを使いながら、プロレスというジャンルそのものにも言及していく感じが。

坂井　それは『サルまん』(『サルでも描けるまんが教室』)なんじゃないですか(笑)。

上田　まあ、『サルまん』なんですけど(笑)。それに加えて、最後にはプロレス愛みたいなのもある感じが『まんが道』とか『編集王』的でもあり。『サルまん』と『編集王』が一体化したような感じ……まあそんなことは無理だと思うんですけど(笑)、それがマッスルでは成立していて、しかもナマで「バチンッ」って音がする中で成り立ってるっていうのがすごいなと思ったんです。これをなんとか漫画でできないかなって。

左近　そう、マッスルを観てから、肉体的なギャグはどんどんやっていこうって思いましたね。やっぱりぶつかり合いっていうか。

坂井　ぼくはルノアール兄弟が描いてくれる自分の姿が、まさに理想する自分のフォルムなんですよ(笑)。

上田　ついアゴの線を入れちゃうんですよね。

坂井　三道があるっていうのは大仏と一緒ですよ。あのイメージで、高齢者とか観光客の人気もつかんでいきたいですね。

九龍　ライバルは「セントくん」であると(笑)。

松江さんはどうでしょうか。マッスルのプレゼン作戦としては。

松江　マッスルはDVDで観てもおもしろいんですよ。一本の作品として見られる。やっぱりドキュメンタリーですよ。冗談じゃなくヤマガタ（山形国際ドキュメンタリー映画祭）とかに出品したら、いい線いくんじゃないかと思いますよ。

坂井　マジッすか!?

松江　マジです。だって、マッスルは劇場で上映しても面白いものだと思うから。ちゃんと外を向いてるんですよ。初めての人がいきなり観てもわかる。たとえばプロレスを全然知らなくて「鈴木みのる？誰それ」っていう人が観たとしても、「ああ、この人はすごく強いレスラーなんだな」っていうのがちゃんと伝わる。ぼくがマッスルのDVDについて常々「これはドキュメンタリー作品です」って言ってるのは、それがあるからなんです。

九龍　というわけで、とにかくまずは試しにDVDでマッスルを観てほしいですよね。それでもしよかったら会場にも足を運んでいただければ、と。

坂井　完璧なプレゼンになったじゃないですか（笑）。

「Quick Japan」（２００８）

プロレスブームを待ち受ける岐路

二〇一四年もまもなく終わる。大晦日に格闘技番組の地上波放送があったのはいつ頃までだったか。「猪木祭2003」の狂騒が懐かしい。日テレでの放送時間終了後、百八つの除夜の鐘ならぬ闘魂ビンタ待ちの観客がリングに殺到。猪木を中心とした芋洗いのような映像が衝撃だった。あの年、他局ではTBSがK-1、フジテレビがPRIDEを放映。ホント菊地成孔氏の著書じゃないが、「あなたの前の彼女だって、むかしはヒョードルだのミルコだの言っていた」時代があったのだ。

そしていま、プロレスブームである。ぼくのところにも、ここ数ヵ月で三誌から女子人気を切り口としたプロレス特集をやりたい、という相談があった。その火種が新日本プロレスの快進撃であることは間違いない。

ちょうどこの原稿が世に出る頃、衆院総選挙があるが、リングの中にはなんの影響も及ぼさないだろう。もちろんそれで問題ない。WWEはよく時の政治をギミックとしてリング上の抗争に持ち込むが、あれはディベート技術が教育のベースにある国であればこそ楽しめるエンタテインメントだ。ただ、平成初期の格闘技ブームを横目で見ながら、プロレスが、かつて猪木らを駆り立てた〝対世間〟というテーマに背を向け、箱庭に籠もり、その中での完成度上げに邁進しているように見えるのは気になる。そのことでプロレスの持つ、演劇ともスポーツとも異なる特殊な〝ライブ性〟（それを最も体現していたのが猪木と前田だ）は失われつつあるのではないか。批評家フィリップ・オースランダーの言葉を借りるなら、「ライブ・イベントそのものがいまやメディア化の要請に応じてつくられている。（中略）ライブ・パフォーマンスはメディア化されたパフォーマンスを真似ることで、メディアによって屈折した自分自身の二流の娯楽品となって」しまう。プロレスもまんまとこの軌跡をたどっているような気がしてならないのだ。

一一月に開催された国際演劇祭「フェスティバル／トーキョー」で、二〇一〇年に四九歳で他界したクリストフ・シュリンゲンジーフ作品の特集上映があった。常に世間を挑発しながら、政治と芸術のきわきわのラインを走り抜けたドイツの芸術家だ。中でも今回上映された『外国人よ、出ていけ！』は過激だった。二〇〇〇年、ウィーン芸術週間の一環として展示された彼のインスタレーション作品「オーストリアを愛してね！」に密着取材したドキュメンタリー映画だ。

当時のオーストリアは与党である国民党が外国人排斥を掲げる極右政党の自由党と連立を組むことで政権を維持していた。そんな社会情勢を背景に、隣国ドイツからやってきたシュリンゲンジーフは、公道の真ん中に移民の強制収容所を模したコンテナを設置。そこに一二人の移民を住まわせ、ウェブサイトで生中継し、さらにはネット投票によって毎晩ふたりの移民が国外に強制退去されていくという仕組みをつくる。それを六日間にわたって続け、残ったひとりに賞金と国籍獲得のチャンスを与えるという作品だ。なおコンテナは、移民に対するヘイトの感情に溢れたスローガンの数々で飾られているが、それらは自由党のアジビラや大衆紙から引用されたものである。

本当にネット投票のシステムが機能しているのかは、正直この映像だけではわからないが（まさにプロレス的虚実皮膜だ）、群衆が見守る中、毎日たしかにふたりずつ移民は強制退去させられていく。その後ろ姿にスピーカーを通じてシュリンゲンジーフの実況が加わる。「おおっとオーストリア国民、本日もアフリカ系移民を選びました！　二日連続で手堅いチョイスです！」

いや、まあ怒りますよね。ましてや芸術を愛するウィーン市民、怒ったなんてもんじゃなかった。シュリンゲンジーフを吊せ!!　コンテナを壊せ!!　とばかりに広場は暴動状態。ヒッピー系の左翼デモは実際にコンテナに襲撃をかける。放火騒ぎもあったようだ。そんな混乱の中で、シュリンゲンジーフはがんがん生身を晒し、一人ひとりつかまえては激論を交わしていく。言うなれば田原総一郎とテリー伊藤を足してさらに園子温を掛け合わせたようなアジテーションモンスター。

「こんなひどいことはしないで！」と彼に泣きつく老婆は、さらにこう叫ぶ。

「移民はいさせて！　そしてドイツ人芸術家は出ていけ！」

博愛と愛国とレイシズムとリベラリズムと政治と芸術と怒りと平和、あらゆる矛盾に引き裂かれながら、人びとのすさまじいエネルギーが渦を巻いている。荒れる若者にトラメガを預け、自身への批判も、政治的主張も叫ばせると、即座に反論を加えながら議論を拾い上げていくシュリンゲンジーフの姿が、芋洗い状態のリング上で、次々に目の前の若者にビンタを繰り返していく「2003年のアントニオ猪木」とも重なった。

再度確認するが、このコンテナに飾られた排外主義的な文言は政権サイドに就いている自由党のスローガンである。やや引いた視線から見れば、広場に充満するエネルギーはそのまま政権へのカウンター運動へともつながりうる。途中からその真価を理解し、作品を評価しようというメディアも出てくるが、当のシュリンゲンジーフは「これは単なるアートでしかない」と、いたってクールである。最終日、シュリンゲンジーフ本人が国外退去になるというオチをもって作品は幕を下ろす。政治的なパフォーマンスではなかった。それは、人々の身体に眠る〝政治性〟を引き出す装置だった。

かつてTPGに拒絶をしめし、UWFの行方に口角泡を飛ばしまくっていたプロレス者たちもまた、リング上の出来事を自らの身体感覚で捉え、解釈し、介入し、関係を組み替えていくアクチュアルな政治性を握っていた。それは、路上でなにか不正を見かけたらいてもたってもいられず身体が動くようなおせっかいがまだ存在していた、昭和という時代とも関係している。いまはどうだろう？　介入よりは、スマートフォンのカメラを向けて、あとでＳＮＳにアップするといった作法が普通なのかもしれない。

でも、そんな時代だからこそ、ＳＮＳのタイムラインを強引に社会へと接続するマッスル坂井総監督の『劇場版プロレス・キャノンボール２０１４』のような試みは、業界全体から見れば小さなものだろうが、ぼくにはノアの箱船のようにも思える。

プロレスは「ちょっと刺激的な闘う劇団四季」みたいな位置づけで高所安定してしまっていいのだろうか。

問われているのは団体ではない。むしろ個々のレスラーの意識であり、メディアの批評言語であり、観客の身体だ。わりと岐路のような気がしている。

「KAMINOGE」（２０１４）

カウント二・九の青い空

「プロレスは底が丸見えの底なし沼」という I 編集長こと井上義啓の言葉について考えるたびに、劇作家トニー・クシュナーのこの発言を思い出す。

「『エンジェルス・イン・アメリカ』の映画版で、制作者たちがワイヤーをデジタル処理で除去しようとしたとき、ぼくたちは大論争をした。なにしろワイヤーこそが重要なんだ。公演日程の終わりごろには、引き具に吊るされた不幸な女優の背中は壊れそうになっている。でも、もしそれが本当にすごい芝居であれば、見ている人はそれがリアルじゃないと知りつつ、超自然的で魔術的ななにかを見ている感じをもつ。この二重性――それこそが、生を理解し、生に到達するための唯一の方法なんだ」

かなりロジカルにプロレスの魅力を語る人でも、演劇の話を持ち込むとその表情が曇ることをぼくは知っている。許されるのは、せいぜい倍賞美津子が猪木に授けた視線の使い方、といった微温的な話にとどまるだろう。しかし、井上義啓の言葉を真剣に吟味するのであれば、「丸見え」でありつつ「底なし」であることは、どうしたってクシュナーの言う「二重性」と重なるし、その重なった虚実皮膜にこそ人生の切片が透かし彫りされるのではないか。でなければ、なぜ飯伏幸太とヨシヒコの試合にあれほど本気で高揚させられるのかわからない。受験勉強の合間に深夜テレビで見たカウント二・九の攻防にあれほど心奮わせられたのかも。

「一秒目、彼は宙を舞いました」
「二秒目、彼は地面に落ちました」
「三秒目、彼は死んでしまいました」

先日、清澄白河のSNACという会場で、劇団マームとジプシーの「マームと誰かさん・ふたりめ　飴屋法水さん（演出家）とジプシー」という公演を観た。内容は、ある男が車に轢かれて死ぬまでの三秒間の出来事を描いたものだ。

マームとジプシーは、若き劇作家・演出家の藤田貴大が率いる、いま最も注目の劇団である。「マームと誰かさん」は、彼らが他ジャンルの作家とコラボする企画で、そのふたり目の相手として選ばれたのが、現代美術家としても活動する飴屋法水だった。

飴屋法水は七〇年代の終わりから演劇活動を開始し、自身の劇団「東京グランギニョル」を主宰していたこともある。九〇年代に入ると表現の場を現代美術に移し、本物の血液や精液を使い、それらを交換、取引、混合しつつ人間の新しい在り方や関係性を探るような作品を発表。その後、ペットショップ経営などの時期を経て、二〇〇五年には空気穴以外は出入り口もない箱に二四日間篭もり続ける「バ　ング　ント展」で世間に衝撃を与えた。二〇〇七年からは演劇活動も再開している。

飴屋の作品はどれも観ている者を「ウッ」とさせるところがあるが、それは彼の表現にはいつも、人間が人間でなくなる境界線をややハミ出してしまいそうな予感があるからだ。

そんな飴屋法水とマームとジプシーのコラボである。

舞台美術からして異様だ。狭いアトリエのような会場は道路に面した壁が開け放たれ、そこからボンネットの破壊されたボロボロの黄色い乗用車が突っ込んでいる。そのシートに深く腰掛けている女がいる。マームとジプシーの女優、青柳いづみだ。どこかで小さくセミの鳴き声が聞こえる。飴屋が机の上のサンプラーから音を出しているようだ。

飴屋のセリフから始まる。「あのな、昨日な、セミが鳴いとった。小娘がそう言った。小娘は昨日よりも昔のことはなんでも『昨日』と言うから、いったいいつのことやらわからない」

もぞもぞと女が動きだし、乗用車のボディの上に立つ。抑揚の欠いた調子で、これから演じるのはある男が車に轢かれ、死ぬまでの三秒間だと告げる。

「その三秒間をこれからやりまーす」

道路側から見学している通行人がいつしか事故の見物客のように見えてくる。路上の音と、飴屋のサンプラーから出す鋭いノイズ音が混ざる。女は事故の瞬間、歩道橋から車を見下ろしていたと言う。彼女はそこから飛び降りようとしていたのだ。飴屋はイスを傾け、座った体勢のまま床に倒れ込み、肩を打ちつける。一、二、三。死ぬまでの三秒間。

会場にふたりの女性が入ってくる。ランチを食べにいく途中で事故を目撃したというＯＬだ。彼女らによれば、通りの反対側には子供たちが列をなして歩いていたと言う。あの子たちじゃなくてよかった。よかった？ たまたま散歩で通りがかった家族連れの、その子供たちが会場入り口からこちらを覗いている。あの子たちじゃなくてよかった。よかった？ なぜ？

「あの子供たちは私がいない世界を生きるべき人たちです」死のうと思っていた女は言う。しかし、しょせんは他人事だ。

「彼は空を飛んだとき、なにかを想像しているように見えたけど、なにを想像したのかは私にはわからない」

男は会場の外に出て、自転車で繰り返し我々の目の前を通りすぎる。

ふたり組のＯＬは言う。「轢かれたのはあの人です」

白い衣裳を着た聖歌隊が現れ、合唱を始める。「カントゥスのみなさんでーす」と女。常に出来事を俯瞰する女のことが徐々に天使のように見えてくるが、彼女はやはり〝自殺しようとしていた〟生身の人間である。一、二、三。死への三秒間。宙を舞い、男はなにを思ったのか。

「私はなにか想像していただろうか。私にはわからない。でもたしかなのは、私が空を見ていたことだ」

　飴屋はチャイルドシート付自転車を車のバンパーの前に横付けし、サドルにまたがったまま、三秒間のカウントの三秒目で倒れる。カゴに乗せた紙袋からリンゴがこぼれ出す。そのリンゴを袋に仕舞い、カゴに積み、再び自転車にまたがり、カウントとともに倒れる。コンクリートの床に身体をしたたか打ちつける。一、二、三。何度も繰り返し打ちつける。一、二、三。打ちつけるために飴屋は何度も起きあがる。

　その光景にフラッシュバックするものがあった。かつて見たカウント二・九のリフレイン。深夜のテレビ画面の中で、緑や赤やオレンジのタイツを履いた男たちは頭から落とされるたびに何度も何度も起きあがった。「しょせんは他人事なのだから」なのに込み上げてくる、あの感情はなんだったのだろう。

　スリーカウントとともに何度も倒れた飴屋は、やがて息切らせながら、リンゴをほおばる。「外に出ましょう。空を見ましょう」そう言い残し、会場の外へ出ていく。一部始終を車上から仁王立ちで見つめていた女は、少しだけ未来のことを思ったかもしれない。静かな時間が流れる。

　そのときだ。道路の反対側に駐車していたやはり黄色い車のボンネットを、トットットッとルーフの天井まで駆け上がり、走り抜けていく飴屋の姿が見えた。その超自然的な動きを眺めながら、内出血を起こしているであろう彼の左半身のことを想った。終演とともに外に出ると、空はあのリングのように青かった。

「KAMINOGE」(2011)

まだまだ話したいことがいっぱい

多くの人がそうであったように、気がつけばその多大なる影響下にあり、恩恵に与っていた。近年は、たまさか関わった本や映画や音楽のことなどでお世話になる機会も多かった。でもそれ以前にただただただファンだった。

川勝正幸さん、ホントいろんな場所でお見かけしました。

あれは二〇〇九年のこと。ぼくの編集した漫画家、大橋裕之先生の初単行本『音楽と漫画』の発売を記念して「オオハシ・キャノンボール」なるイベントを企画した。中央線沿線を二日間にわたってラリーしながら各地でイベントを執り行うという、壮大なんだかこじんまりなんだかよくわからない、まさに大橋漫画にぴったりの催しだった。その途中、高円寺で空き時間ができたので、無人島プロダクション（現在は清澄白河に移転）で開催中だったアート集団、Chim↑Pomの展示をみんなで覗きに行った。するといました、川勝さん。会うなり一言。

「あっ、童貞2号！」

この日、イベントの撮影係を頼んでいた梅澤嘉朗くんは、松江哲明監督の『童貞。をプロデュース2』で主演をつとめ、「童貞2号」の名で親しまれていた。梅澤くんに初めて会えてうれしそうな川勝さんが、笑顔をさらに崩して、ぼくらを手招きした。

「ねえ、見て、見て」なにかと思えば、壁に空いた穴からニョキッと生え出たナマの男性器。「捨てられたチンポ」と名づけられたそれは、Chim↑Pomメンバーの水野俊紀くんが壁からただチンポを出してるだけという、じつに人を喰った作品だった。そんなチンポに息をふきかけたりしては、はしゃぐ川勝さん。童貞に会えては喜び、チンポを前に少年のように目を輝かせる。そんな姿を思い出すにつけ、すごくバカバカしい光景なのに、胸が締めつけられる。

あるいは、吉田豪さんのインタビュー連載「不惑のサブカルロード」に登場してもらったときのこと。「サブカルは四〇歳を越えると鬱になる」という豪さんの持論に応え、ポップ中毒者ならではの鬱トークを展開してくれた川勝さん。インタビューの終わりかけに、「でもホント、いろいろ大変だよねえ。若い人はどう?」なんて、現場に連れていった新人編集者のHくんにも軽い感じで話しかけてくれて。そしたらHくん、「ぼく、抗鬱剤を飲んでるんです。自殺念慮もけっこうあって――」と突然のカミングアウト。これには、川勝さんも（ぼくも）ビックリすると同時に、本気で心配してくださった。ちなみに豪さんはそのやりとりも原稿にばっちり残していて、さすがのプロインタビュアーぶりであった（なお、Hくんはいまでも某版元で元気に編集者として活躍中です）。

思えば川勝さんにはいつももらってばかりで、なにも返せなかったな。その上、ゆかりの方からプロレス雑誌向きのこんなエピソードまで入手してしまった。

川勝さんが亡くなる一〇日前の夜のことだ。都内のある飲み屋で藪下晃正さんにばったり会った。藪下さんといえば、なんといっても「今夜はブギーバッグ」の担当ディレクターであり、また川勝さん肝煎りのデニス・ホッパー写真展ではスタッフとして岡崎京子さんらと一緒に清水寺の講堂に寝泊まりまでしたという、川勝塾筆頭のような御仁である。その藪下さんが、一緒に飲んでいたテレビ東京プロデューサーのGさんを紹介してくれた。Gさんもやはり、『シネマ通信』などで川勝さんとガッツリ仕事をされてきた方だった。おまけになにより重要なのは、このGさん、あの二〇〇〇年に東京ドームで開催された『コロシアム２０００』の現場ディレクターのひとりだったのである。

『コロシアム２０００』といえば、言うまでもなく船木誠勝vsヒクソン・グレイシー戦だ。そして大会当日、Gさんに課せられたミッションを聞けば、なんとあの藤原喜明を会場まで連れてくることだったという。すでに田村潔司がヘンゾ・グレイシーを、桜庭和志がホイス・グレイシーを破っていた。同大会には当時パンクラスと犬猿の仲と目されていたリングスからも選手（田村、金原）が派遣され、いやが上にもU系vsグレイシー一族の総決算として同大会は注目を集めていた。となれば当然、かつての船木の師匠であり、いまは袂を分かったUのレジェンド、藤原喜明は、番組サイドとしては是が非でもドラマに絡ませたいキャストだったはずだ。

「なんとしても当日、藤原さんを会場までお連れしなければ――」

テレビマンの意地とプライドを賭け、Gさんはあらゆる手を尽くしたそうだ。飲み比べに応じたり、藤原お手製の陶器を言われるがままに購入したり。そんなGさんの努力と誠意を受けて、藤原も心を許し、これができるなら行かないこともないぜ、と最後の条件を提示。

「なあ、おまえのオフクロを口説かせてくれ」

さすがに驚いたとGさん。いくら熟女好きで知られる藤原とはいえ、まさか自分の母親を狙ってくるとは。しかしここまで来て「ノー」はありえない。考えた末にこう答えた。「口説いてもいいですが、時間制限があります。東京ドーム行きのタクシーの移動時間内に口説いてください」

この現場D的に満点の大喜利回答により、Gさんは藤原を見事『コロシアム2000』の会場まで連れてくるミッションに成功。ちなみにタクシーの車中では、Gさんの母親に対し、ここでは書くのも憚られるような電話越しの甘いサブミッション攻勢が繰り広げられたという。はたして藤原は本気だったのか、あるいはシャレか。いまだもってGさんにもわからないそうである。

そんな話を聞いてからまだ一ヵ月経っていないのに、ラジオの向こうでGさんが涙で声を詰まらせている。追悼番組として放送された大根仁さんの『Dig』(TBSラジオ)でのことだ。番組を聴いているうちに突然、実感が襲ってきた。川勝さん、まだまだ話したいことがいっぱいあったのに。早すぎる。

「KAMINOGE」(2012)

談志が死んだ

談志が死んだ。

生前から本人も好んで語っていたこの回文が本当のことになったが、いまだに現実感がない。

一五年ほど前、初めてナマの高座を見た。国立演芸場でのひとり会だ。

一席目『富久』のマクラでぽつりと呟いた。

「ガンが見つかっちゃてね……もう長くないかもしれねェな」

その後、「もう長くない」は談志ファンにとっては定番ネタとなるが、あれが初めてのカミングアウトだった。当時、ワイドショーでもずいぶん取り上げられた。

いつか見られなくなる日がくる。

談志の高座を見るたびに、そんな思いにとらわれていた。そうか、初めてナマで見たあの日がきっかけだったのだと、いまにして気づく。

三年前に立川志らく師匠の『雨ン中の、らくだ』という本を編集した。志らくが談志について書きつくした立川談志論であり、談志に捧げるバラードだった。

この本の題字を談志師匠本人にお願いしたところ、TBS一階の喫茶店にいるので、その場で書くと言ってくれた。デザインの都合もあり、二枚お願いした上で、不安症のぼくがさらにおこがましくも「もう一枚」と色紙を差し出すと、少しムッとした表情でなにかを書きなぐった。女性器を示す記号だった。丁寧に「立川談志」の文字まで添えてくれる。

「家宝にしな」

色紙を渡しながらニコッと笑った。

後日、本ができると、自宅に呼んでくださった。土産でお持ちした苺大福を、おかみさんと弟さんも加えて四人で食べた。談志師匠がポツリと言った。

「おい、若い落語家連中をな、儲けさせてやってくれ」

記憶のなかの談志は、すべて夢のようだ。

「落語とは人間の業の肯定である」

であればなぜ、快楽亭ブラックが立川流除名なのか。納得がいかなかった。競馬でこしらえた借金も、その金を返すために弟子にブラックカードをつくらせたことも、立川談志の名において、これ以上肯定されるべき〝業〟があるだろうか。談志の言葉を真に受けているからこそ、快楽亭ブラックを全力で応援するべきだと思った。

除名騒動から三ヵ月後、ブラック師匠が倒れた。TBSのラジオ番組の出演直後に緊急病院に搬送された。心筋梗塞に大動脈瘤解離を併発、救命率は三割以下。幸い手術が成功し、一命をとりとめたものの、それでもしばらくは集中治療室で予断を許さない状況が続いていた。

翌週、同じ番組の放送中に唐沢俊一氏と立川談之助師匠がブラック師匠の容態について話すのをスタジオで聞いていると、俄にスタッフがざわつきだした。

現れたのだ、談志が。「来たということはしゃべらせろってことですから」という談之助師匠の言葉をきっかけに、放送ブースに入っていく。

「でなに、ブラック死んだって？」シビレる一言につづき、「借金は噺家としては立派。やりやァがった」「除名にしたのは内心、忸怩たるものがあるんです」とブラック肯定発言を連発。キツイ毒舌やジョークも交えながら、でも愛弟子のことを思ってやまない、その心の内が痛いほど伝わってきた。最後の言葉には危うく泣かされそうになった。

「あいつ（ブラック）は自分のことを完全に放り出すことができる。本当にすごいやつです」

「いいなあ君たちは、談志の晩年が見られて」と色川武大が亡くなる間際に言ったという有名な話がある。こんなぼくでも、談志の晩年を見られて本当によかった。

でも、もう見られない。

こんなにも寂しいことだとは思わなかった。

「Quick Japan」（２０１１）

江戸の風の羽ばたき、立川談志の成り行き

立川志らくインタビュー

——談志さんの訃報に接したのはどういったタイミングだったんでしょうか。

志らく　実際は一一月二一日の午後二時何分かに亡くなりましたよね。その日の夕方四時ぐらいになんとなく胸騒ぎがして、息子の（松岡）慎太郎さんのところに電話をしたんです。「すぐにお見舞いに行きたいんですが」と伝言すると、普段ならすぐに返事があるんですけど、その日はなかった。これはおかしいなと。そしたら、夜になって師匠が夢に出てきたんです。これはもう亡くなったのかもしれないと思いました。発表のあった二三日には独演会で仙台に行っていて、そこでみなさんと同じく正式に知りました。

——亡くなられる前から長期入院をされて面会謝絶の状態も長かったと聞いていますが、最後に会われたのは？

志らく　九月にお見舞いに行ったのが最後ですね。八月に一門の集まりが銀座の美弥であって、そこに師匠が顔を出したことがあり、ほかの弟子たちは会っているんです。でも、私はそこに行けなかったので、あらためてお見舞いに行きたいと申したら、「志らくなら、かまわない」と。それで、九月一九日に師匠と共通の友人と一緒に病室に見舞いました。

——なにか会話を交わされましたか。

志らく　師匠は痩せてしまっているし、表情もなくて。筆談でなにか書いてくれるんですが、その字がまた読めないんですよ。ただ、かろうじて「人」という文字と「だ」という文字がわかったので、「人生こんなもんだ、ですか？」と訊いたら、師匠は否定しなかった。ただ、病室を出るときに師匠はまだなにかを言おうとしているように見えたんです。息子さんが「え？　もう志らくさん帰るよ」って言っても、「うう……」としか話せない。私が「電気消

せ、ですか？」って訊いたら、「うん」と首を振りました。息子さんも「志らくさん、わかるんだねえ。じゃ、明日からはずっと志らくさんについてもらおうかね」なんて冗談で言ってたくらいで。

――最後の言葉は「電気消せ」ですか。映画のワンシーンのようですね。

志らく 私の中では「人生こんなんもんだ」よりかはいいんですよ。「あれ持ってこい」。師弟というのは初めはそれが伝わらない。「あれってなんですか？」「なんですかって、わかりそうなモンだろ」。いやいや、それがわからない。「オレがいまなにを欲しているのか、どうすると機嫌がよくなるのか、なにをすると不機嫌になるのか、それがわかるようになれ」ってのが師弟の始まりなんです。そしていつしかわかるようになる。二六年間弟子でいて、最後の最後に師匠の声にならない声が私にはわかった。「帰るなら電気を消してけ。寝るから」という声が、訊かずしてわかった。最後の言葉は、電気消せ。自分の中ではいい言葉だったなと思っています。

――公の場では、二〇一〇年五月に志らくさんの落語家生活二五周年の会のよみうりホールで一緒に上がられましたね。あのときに、志らくさんの「らくだ」と「寝床」を聞いて談志さんが言われた、「オレのやりたいことは、志らくがだいたいやってる」という言葉が印象的でした。

志らく あの日は大きかったですね。打ち上げでも、「お前みたいな落語をやるヤツはほかにいるのか？」って訊かれたので、「いないと思います」と答えたら、「じゃあ、オレとお前だけだ」と言ってくれたんです。だから二対数百。そのふたりしかいないチームに私を入れてくれたのが本当にうれしかった。そのあと、札幌で私の独演会が初めてあったときにもゲストに来てくれて、私が『疝気《せんき》の虫』をやったら、私の『疝気の虫』はハチャメチャな演出なんですけど、それを聴いた師匠が「おまえの『疝気の虫』に、二度か三度、志ん生を感じたよ」っていう言い方をしてくれたんです。これも自分にとっては大きかったですね。数年前、師匠が「江戸の風を吹かせるのが落語だ」って言いはじめたときに、訊きに行ったことがあったんです。「どうやったら江戸の風は吹かせられるんでしょうか」って。私でも大きな噺では吹く気がするんですよ。でも、師匠が言うところのイリュージョン落語やナンセンス落語ではなかなか江戸の風が吹かない。でも当然ながら、師匠の場合は吹くんです。それはどうしてなんでしょうかって。でも答えてくれなかった。ま、それは自分で考えろってことなんでしょうけど。そういう前提があった上で、ナンセンス落語の極みである『疝気の虫』に「志ん生を感じる」と言ってくれたわけです。志ん生なんて江戸の塊じゃないですか。ということは、「お前のイリュージョン落語にだって江戸の風が吹くことはあるよ」って言ってくれたんだと思ったんです。

──よく談志さんが「オレの狂気の部分をいちばん継いでるのは志らくだ」という言い方をされていました。「狂気」という言葉はさまざまな捉え方があると思いますが、志らくさん自身はどのように考えていますか。

志らく　「狂気」という言葉はあまりに激しいので、狂ったようなことをするとか、乱暴なことをするとか、非常識なことをバンバン言うっていうふうに捉えられたりもするんですけど、そういうことではないんですね。それで言ったら、談春兄さんのほうが普段からよっぽど乱暴ですから（笑）。そうではなくて、たとえば『金玉医者』という噺があります。ある娘の病気を治すのに医者が金玉を見せるとゲラゲラ笑って治ってしまう。そんなの、文学にもならない、映画にもならない、小説にもならない、芝居にもならない、下手すりゃマンガにだってならないようなくだらないことです。でもその金玉に徹底的にこだわって人生を費やす姿っていうのは、傍から見たら異常ですよね。そういう質の狂気なんです。

──志らくさんは、以前より談志さんの『金玉医者』にこだわってらっしゃいますよね。ただ、その『金玉医者』の凄さがきっちりと評価されていないということが「一対何百」という状況につながっているように思えます。

志らく　まさにそうなんです。イリュージョンっていうのはわかりづらいし、私も一〇〇パーセント理解できてはいないんですが、そういうわけのわからない、くだらない、つまらないことに人生を費やす。師匠はそこにこだわっていたんですよね。でも、そんなことばかりしているといずれ狂ってしまう。だから師匠が、「志の輔は頭のいい子、談春は普通の子、志らくは異常な子」という色分けをしましたよね。異常な子じゃないとそんなところにこだわったりはしないんだと思います。だいたい『疝気の虫』だって病気で膨れあがった金玉のところにいた虫の話ですからね。そんなものに興味を示さないですよ、普通の子は（笑）。もちろんほかの落語家でも、『疝気の虫』をやる人はいます。でも、これが自分のやりたい落語だ、十八番だっていうふうに重きを置いているのは、私と師匠しかいない。そこですよね、談志の狂気のＤＮＡを引き継いでいるといわれるのは。

――二〇〇六年に談志さんと志の輔さんが新橋演舞場で二人会をやったときに、談志さんが掛けた『金玉医者』が印象的でした。

志らく　ありましたね。新橋の着物を着た堅いお客さんに対して、志の輔兄さんは誰もが理解できて喜ぶ噺をやるんですけど、師匠はそうじゃないんだと『金玉医者』をぶつけた。談志だってもちろんみんなが喜ぶ噺を持ってるんですよ。でも、志の輔兄さんに対して、オレの人生はこうだっていうのを見せたいというのがあったんだと思います。

進化しつづけた談志

――談志さんの落語論は「人間の業の肯定」から始まり、「イリュージョン」を経由して、最終的には「江戸の風」に行き着いたわけですけど、そこは変わっていったと見るべきなんでしょうか。

志らく　いや、変わってはいないですね。ずっと一貫して同じだったと思います。落語の中にある「業の肯定」という本質に気がついて、それが非常識の肯定というわかりやすい言葉に変わり、ただ、それをより深く表現するにはイリュージョンという形をとるんだと。それは談志が五〇代後半から六〇代にかけて自ら落語をやってくうちに探し当てたことなんです。業の肯定たる落語をうまく語るのは何十年かかければできると。ただもっと深く落語に潜んでいるイリュージョン、つまりは意味のわからないもの、なんともいえないニュアンスのおかしさを全面に出していかないと、いくら業の肯定だといっても、スタイルが古いので伝統芸能のひとつとしてくくられてしまう。そういう危機感があったんだと思います。一方で、イリュージョンだからといって、ただ面白ければなんでもありかといえば、そういうことでもない。そこを勘違いして、なんでもありの落語家もいっぱい出てきましたからね。そうではなくて、いくらイリュージョンといってもそこにすうっと江戸の風が吹かないものは落語とはいわない。そう『談志最後の落語論』（二〇〇九）で結論づけたんです。

――「江戸の風」というのは具体的にどういうことなんでしょうか。

志らく　ただ古いということではないし、ましてや江戸っぽくやるということでもない。強いていえば、「江戸っ子の了見」「落語家の了見」ということなんです。たとえば、ものを人前で食べるのは恥ずかしい。人を蹴落として出世するのは恥ずかしい。ボランティアで東北に何千万寄付しましたって名前出すのは恥ずかしい。本心は違ってもそれが江戸っ子の照れであり、やせ我慢であり、ひいては了見なんです。その風が吹いているのが落語なんです。与太郎のことを馬鹿って言うと、いまは本当に馬鹿で差別してるのかなって勘違いする人もいるけど、そうではなくて、馬鹿と言いながらみんなで愛しているんです。そういう機微が落語にはいっぱいある。そのことがまた、いまの人にはわからなくなってきているので、落語の中にはきちんと残すべきだと。それが江戸の風なんです。だから上方落語にも吹くんですよ、江戸の風は。

――江戸の風を感じる落語家にはどんな方がいま

すか。

志らく　名人と呼ばれる人たちには例外なく吹いていますね。吹いているからこその名人ともいえます。ただ、現代において、果たして誰が吹かせられるのかということですよね。笑いをとれる人気者はたくさんいるけど、江戸の風を吹かせられる落語家は実に少なくなってしまった。だから談志が「江戸の風」ということを言ったんだと思います。

——談志さんの落語論には、もうひとつ「古典」と「現代」という大きな軸があったと思います。江戸の風はそことはまた別の問題なんですね。

志らく　そうです。かつて談志が唱えた「伝統を現代に」というスローガンは、江戸や明治、昭和初期につくられたものをいま同じ感覚で話しても面白いわけがない。だから現代の感覚を入れなければならない、ということでした。そもそも落語を現代の感覚で話すこと自体はそんなに難しいことじゃないんです。たとえば黒澤明の時代劇だって、あくまで現代劇の感覚でやってるから面白いわけですよね。その一方で溝口健二のように江戸の様式美を見せるものもあるかもしれない。その様式美は落語の中にあっていい。でも様式美だけでは能や狂言のような伝統芸能になってしまうという警鐘を鳴らしたのが、若い頃に書いた『現代落語論』（一九六五）ですね。じゃあ洋服を着てやればいいのか、新作落語のように舞台を現代にすればいいのかっていう問題があるんですが、それもまた勘違いなんです。そこに出てくるのがやはり江戸の風なんです。ただ舞台を現代にしているだけの新作落語は、現代のスケッチでしかなく、落語ではない。新作落語にだって江戸の風が吹かないとだめなんです。

——談志さんが何人かの弟子に言及する中で、志らくさんとは、「現代」に対してどう向き合うかという問題においても共有しているものが大きいように見えました。

志らく　よく勘違いされるのは、古典落語の中に現代の言葉を入れたり、いまのギャグを入れたら「現代」になるというもので。そうではなくて、業の肯定をベースに、表現をイリュージョンにして、さらに現代人の発想で語っていくということなんです。ただ、現代人の発想で語ると、そのままでは江戸の風が吹かなくなってしまう。この調整がとても難しいところなんです。『芝浜』だって、あれが女房の鑑だっていうことで演ってしまうと、いまの若い人にとっては手口が汚いじゃないかっていうふうにとらえられてしまうことだってある。『紺屋高尾』だって、三年間ウソをついた男を、あんなの許せないっていう感覚で落語を聴くような人も出てくるわけです。そうなったときに、それでも納得させるだけの現代的な感覚があった上で、江戸の風を吹かせなければならない。だからそのことを考えていくと、やっぱり気が狂ってしまうんです（笑）。

——そういう意味で、いま『芝浜』の話も出ましたけど、談志さんは多くの古典落語にチューニングを施しましたね。

志らく　もともと師匠は、志ん生がそれを本能でやっていたというんです。志ん生本人は自分ではたぶん気がついていなくて、周りの人間もフラだよって言っていた。フラっていうのはなんとなく言葉じゃ表現できない面白味のことですね。それを談志は踏み込んで、「志ん生の落語は、己を語っているから面白いんだ」というふうに射貫いたわけです。それで、オレもあんなふうになりたい、ああならないと落語ってのは滅んでしまうんだと思ったんですね。当時の志ん生は、文楽や圓生に比べるとまだ邪道だったわけです。それを「志ん生こそが王道である」というふうに捉えた。その上で「伝統を現代に」というスローガンを掲げて出発したんです。そうやって師匠が切り拓いてきた道をあとからついて行きながら、志の輔兄さんや私なんかが育ってきたんです。

——志らくさんは「談志の死は現代落語というものの終わりかもしれない」と言っておられますね。

志らく　もちろん現代落語が本当に終わるわけではないんです。ただ、落語家を含めほかの人たちが「偉人を亡くした」「惜しいひとを亡くした」なんて呑気なことを言っているので、そういうことではなくて、現代落語が崩壊しかねないぐらい大きなことだという危機感を持たなければいけないと思うんです。談志の弟子はよくわかっているんですが、いま落語協会であれ、立川流を否定していたお師匠さんたちの弟子であれ、落語家が現代の言葉で自分の感覚で喋っていて人気があったりするのは、みんな談志の敷いたレールの上を走っているからなんです。（柳家）喬太郎でも（春風亭）一之輔でもいい。みんな突然変異ではなくて、どこかで立川談志を見ていたはずなんです。談志がいなかったら、みんないないんです。もちろん志らくも志の輔も談春もいないですよ。フランク・キャプラの『素晴らしき哉、人生！』じゃないですけど、談志がいなかったら、落語はとうの昔に違うかたちになっていたでしょう。『笑点』だってないわけですから。そういうひとがいなくなってしまったということなんです。これは大きい。だから、そのことを理解せずに、ただ「惜しいひとを亡くしました」という言い方をしているだけでいいのかと、そう言いたいんです。

最後の高座

――二〇〇七年の暮れに落語のミューズが舞い降りたといわれるよみうりホールの『芝浜』がありました。さらに二〇一〇年の暮れに、同じよみうりホールで、今度はその映像を談志さん本人の解説付きで上映するという会が催されましたが、急遽、上映をやめて談志さんが『芝浜』と、その前に『権兵衛狸』も演られました。ほとんど抜けてしまうような声でしたが壮絶なものでした。袖でご覧になられていた志らくさんはどんなことをお感じになりましたか。

志らく　どんな状態で演られても、落語というのはちゃんとテクニックとキャラクターがある人が演れば面白いのだ、ということを実感しましたね。つまり、立川談志なら、ギャグも入れず、声の迫力が出せない状態でも、噺として聞きづらいというのはもちろんあるけれども、きちんと成立するんですよ。そのすごさを目の当たりにしました。しかも周りは一席でいいですと言っているのに、いやいや二席やるんだと言って聞かなかった。とにかく師匠は落語を演りたがったんです。その少し前までは、「もう落語には飽きた」とか、「落語なんてこんなつまんねェもん、なんでやってたんだか」と私に言ってたぐらいだったのに。やはり、声が出なくなり、命に限りがあるともなると、落語を演らずにはいられなかった。

――おそらくお弟子さんの中で談志さんの晩年の高座をいちばん精度高くご覧になっていたのは志らくさんだと思うのですが。

志らく　そうでしょうね。私からすると、ほかの弟子が見なさすぎだというのもありますよ。見るべきだと思ったし、単純に興味として見たいというのもあった。でも不思議なぐらい、見事にみんな見にこなかったですよね。だから、談志の進化をきちんと見てきたという自負はあります。私が入門したときには、迫力はありましたけどまだオーソドックスなスタイルでした。それが五〇代半ばからどんどん変わっていった。その変わり様があまりに激しかったからついていけなくなってしまった弟子も少なからずいたんじゃないかと思います。「芸が下手になった」とか「芸が乱れてる」ととらえている弟子すらいたくらいですから。「なんでこんなことになっちゃったんだろう」って。でも、私の目にはそれは変化であり進化と映っていました。山藤（章二）先生が、テレビで「談志はピカソだ」と言っていて、本当にそうだと思ったんです。きっちりした風景画を描いていた人が、だんだん変化して『泣く女』みたいな抽象画を描くようになった。風景画しか見ておらず、ましてやそれが好きだった人にとってはもう意味がわからないですよね。でも、きちんと芸を追っかけている客には、そのすごさがわかるはずなんです。

――志らくさんから見て、その変化の終着駅というか最終的な到達点というのはどのあたりにあったと思われますか。

志らく　六〇代半ばから七〇になるまでがいちばん

いい時期だったと思います。噺でいうと、『二人旅』『金玉医者』『やかん』『千早振る』『天災』……あのあたりのイリュージョン落語ですね。たまらないものがありましたね。で、たまに『らくだ』や『黄金餅』なんかも演るんですけど、それらはもう過去に完成してしまっている噺なんです。それだったらイリュージョンとして昇華していった『居残り佐平次』のほうが凄い。『鉄拐』や『疝気の虫』もいいですね。けれども、やはりオールドファンは『らくだ』や『黄金餅』や『文七元結』を聴きたがった。もちろん芸人はサービス業でもあるので、たまにはどうでィってなもんでそのへんの噺も演ってましたね。『小猿七之助』や『慶安太平記』なんかも、こんなのはいつだってできるぞっていうのを見せたりしてね。『芝浜』に関しては、年々進化させていくっていう興味があったと思います。

――いちばん最後にこだわった噺となると、なにになるんでしょう。

志らく　それが『蜘蛛駕籠』なんですよね。

――若い頃に安藤鶴夫さんに褒められたという。

志らく　そう、師匠にとってはいちばん最初に認められた落語ですね。気管切開手術をする直前のプライベート映像でも病室で『蜘蛛駕籠』を掛けてるんです。原点に戻ったというか。結果的に最後の高座も『蜘蛛駕籠』でした。ただ、その前から、おそらくタイムリミットがわかってからだと思うんですが、『長屋の花見』を演ったり、『品川心中』を演ったり、『明烏』を演ったり、ようは自分の覚えてきた噺を毎回替えながら一席ずつ掛けていましたから、『蜘蛛駕籠』でおしまいにしようっていう気持ちはなかったと思います。極端な話、若い頃に覚えた噺もたくさんあるから、『蜘蛛駕籠』を皮切りにそれらを演っていこうっていう心づもりもあったのかもしれないですね。

――「毎回噺を替えることで、一席ずつ落語とお別れをしているのかもしれない」と志らくさんはおっしゃってましたね。

志らく　どの噺も高座に掛けるのは最後になるで

しょうからね。最後の半年くらいは余計なギャグも入れず、イリュージョンもなくして、とにかく落語をやるんだっていう、そういう姿勢に見えました。

師匠を身体に宿して

——志らくさんは以前からよく名人が身体に入ってくるという言い方をされることがありましたが、昨年末のよみうりホールでは、「師匠、これからは私の身体にお入りください」と当日パンフに書かれていましたね。

志らく　師匠が亡くなったことで、こんなに悲しかったり、寂しかったりすることはないわけです。でも、その悲しさや寂しさは、これからは師匠は自分の身体に入ってきて落語を喋るんだっていうふうにしてしまえば解消できると思ったんです。うちの師匠も、小さん師匠が死んだときに、「小さんはオレの中にいるんだ」っていう言い方をしていましたし。だから、私が師匠に言えるのは、「師匠、どうぞ私の身体を自由にお使いください。もしやり残した落語があるのならば、どうぞ演ってください」ということです。「私の身体がいちばんやりやすいと思います。だって談春兄さんのところに降りたらイリュージョンはやりづらいでしょ？」とか（笑）。ま、本当に降りてくるかどうかなんてのはわからないですよ。この間、降りてくると言ったら、「いま談志師匠はなにを思っていますか」って訊かれたけど、イタコじゃないんだから（笑）。本当に身体を貸してるわけじゃなくて、そう思うことにしたということです。でも、そう決めてしまえば自分としても寂しさの解消になるし、気が楽だし、落語もやりやすくなる。そういうことです。

——向こう三年は年末によみうりホールで『芝浜』を演ることにしたのも、やはり談志さんの意志を継ぐという気持ちがあるわけですよね。

志らく　そうです。そうやって依頼をしてくれる方が私のもとに来たということ自体、師匠の采配なんだと思うようにしています。ただ、師匠の跡を継いで『芝浜』をやるからといって、師匠の真似をしたり、一週間部屋に籠もっても、ろくなものはできないでしょう。あくまで自然に。普段からいろんなことを試しておけば、いざというときに自然と出てくるはずなので。逆になにも出てこないようなら、じゃあ普段はなにをやってたんだってことになる。だから演劇でもなんでもいろいろやってみようと思うんです。それがもしかしたら年末の『芝浜』になんらかの形で出てくることだってあるかもしれない。

——昨年末のよみうりホールではところどころ談志さんの『芝浜』も顔を覗かせていましたね。

志らく　気がついたら、普段の自分なら言わないはずの師匠のフレーズが自然と出ていましたね。「百八つ」とか。ああ、出てくるもんだなと、自分で演ってても驚きましたね。師匠に言わされちゃったよって。「百八つ……百八つ……」。

——談志の間でしたね。また、泣き節もちょっと入っていたり。

志らく　それで女房の泣くところが異様に長くなって。普段の自分の『芝浜』の尺は三〇分から三五分なんですが、終わってみたら五〇分ちょっとあったってマネージャーに言われて、へえーって自分でも驚きました。

——予想外のことでしたか。

志らく　はい。もちろん師匠のように噺の中の人物が勝手に動き出してしまったという域ではないんです。その域ではないんですけど、師匠が入ってきて勝手に喋らせてくれたという感覚はあるんですよね。ただ、女房の台詞で「べろべろになっちゃえ！」はちょっと恥ずかしいものがあって（笑）。私には「なっちゃえ」までが言えない。そこはやめて！って。せめぎ合いがありました。

——その場で身体の中の談志と相談して（笑）。

志らく　相談した結果、「べろべろになってもいいよォ」という言い方になりましたね（笑）。

立川流という行き方

——立川流の今後については落語ファンならずとも興味あるところだと思うんですが、志らくさんとしては、いまどうお考えですか。

志らく　師匠の好きな言葉に「人生成り行き」というのがあります。この件については、私もとりあえず成り行きに任せるっていうスタンスでいますね。ただ、成り行きに任せた結果、立川流が立川流ではなく、単なる談志一門になってしまうのであれば、そのときは考えなければいけないと思っています。いずれにせよ立川流のスピリッツは残していくべきだし、それができる場所に私はいるはずです。

――「立川談志」という名跡については。

志らく　それはもう一代かぎりでしょう。談志というのは、私の中ではもはや渥美清とかチャップリンというのと同じで、単なる名前ではなくなっていますからね。誰かが継ぐということは不可能だし、そんなことは私も含めてファンが許さないと思います。どうしても誰かが継がなくてはならないということになったら、息子さんが継げばいいじゃないでしょうか。あるいはキウイみたいにいちばん駄目なヤツに継がして、みんなで談志をいじめようというのはギャグとしてありかもしれませんが……（笑）。まあ、しかし誰が継ぐのも現実的ではないと思います。名前よりも、精神を継ぐのがいちばん大事なことです。

――当然のごとく、志らく一門も立川流のスピリッツでいくということですね。

志らく　言うまでもないことです。私の弟子は立川流ということを前提で入ってきた弟子ですから、今後も立川流の流れを汲んで生きていくんだよっていうことを教えていきます。

――お弟子さんであるこしらさんと志ら乃さんが、立川流の孫弟子にして初の、そして談志さんが存命中に認められた最後の真打ということになりました。

志らく　意識もなくなってしまっていたので直接お伝えすることもできませんでしたが、師匠がこの世にいるうちに真打であることを認めてやることについては、ぎりぎりセーフでした。ただ、もうちょっと早くなってりゃなァ。間の悪いヤツらだなって。

――でも、逆にこのタイミングだからこそ注目されることもあると思います。

志らく それを自分たちでうまくいい方に転換できればいいんですけどね。

――これで最後ですが、いま談志さんに一言、声をかけるとしたらなんと言いますか。

志らく テレビの追悼番組でも言ったんですが、ありがとうの一言ですね。「ありがとうございます」ではなく、「ありがとう」。師匠が(フレッド・)アステアが死んだときに言った、「アステア、ありがとう」と同じです。もちろん師弟ですから、上下関係はあります。お世話になり、ありがとうございました。いろいろ教えていただき、ありがとうございました。美味しいものもたくさんごちそうになり、ありがとうございました。でもここまで育ててくれた立川談志という芸人に対して最後にかける一言は、「ありがとう」です。

「ユリイカ」(2012)

※追記：後日、病室で師匠が書いてくれた文字は、「人生こんなもんだ」ではなく、「ステレオ持ってきてくれ。ステレオならなんでもいい」であることがわかりました。(立川志らく)

『芝浜』の向こう側

正月は新日の1・4東京ドームも、我闘雲舞の板橋大会も、DDTの全席二〇〇〇円興行も行かずにテレビばかり見て過ごしてしまった。いちばん笑ったのは『ザ・イロモネア』の友近。サイレントで「コアラの花魁道中」だもの。そんなパントマイム、言われなきゃわからないって。

年末には立川談春、今田耕司、壇蜜の司会で『噺家が闇夜にコソコソ』という番組があり、落語家が大勢出演。談笑師匠のお弟子さん、立川吉笑が大喜利で活躍していた。いや活躍どころか、ほぼ一人舞台だったといってよい。

吉笑とは昨年後半に、ある出来事をきっかけに近しい仲となり、高座も何度か観た。ホント面白いんだ。ほかにも上手い若手は大勢いる。落語家として大成しそうな者も。でも、たとえば『THE MANZAI』や『キングオブコント』を向こうに回して闘えるアタマを持った噺家がどれだけいるか。それもきちんと「江戸の風」を吹かせて。現時点で吹いているかどうかは問題じゃない。吉笑には「吹かそう」という心意気がある。そんな立川流の二ツ目に出会えたことが本当にうれしい。

さらに年末にはよみうりホールで立川志らくの独演会を観た。約束の『芝浜』。約束の三回目。もともと年末のよみうりホールは、談志が毎年、『芝浜』を掛ける会場だった。二〇〇七年に

〝芸術のミューズ〟が舞い降りたとされる伝説の『芝浜』が演じられた（ぼくは幸運にも前から四列目で目撃することができた）のもここだ。二〇一一年一一月に談志が亡くなると、翌一二月、志らくが急遽その穴を埋めることになった。

『芝浜』自体は、本来、談志の好むような噺ではない。酒に負けて仕事をサボる夫を賢妻が更正させるという構図は、「業の肯定」からもほど遠い。しかし、だからこそだろうか、談志は『芝浜』をあるべき姿へ進化させることを自らに課した。

女房は賢いのではなく、可愛くなった。亭主が大金の入った革財布を拾ってきたことを一緒に喜んでしまう。それを大家に見つかり、お上に知れたら大変なことになると脅され、亭主の寝ているスキに強引に「夢」にしてしまう。あるいは、女房は魚屋をしている亭主が好きなのだ。その仕事っぷりに惚れたのだ。大金のせいで働かなくなってしまったら、魚屋をやめてしまったら、亭主はあの大好きな亭主でなくなってしまう。そのことが怖い――。

『芝浜』はただの人情噺から、業に振り回されながらも生きていく男と女の噺へと変貌した。新たな生命を吹き込まれた。このへんの経緯は志らくの著書『雨ン中の、らくだ』、もしくは広瀬和生氏の新書『談志の十八番』などに詳しい。そして、もし談志の『芝浜』を〝キャリアの後退〟としてとらえている者がいたら、それはおそらく二〇〇〇年代の談志の高座をまともに観ていないか、観る眼を持たなかった者にちがいない。それはそれでひとつの立場なのだろうが。

肝心は志らくである。志らくもまた『芝浜』について、「はっきりいって落語としてはあまり好きではありません」と言い切る。それでも談志の遺したよみうりホールを引き受けたのは、談志の『芝浜』の可能性を誰よりも間近で見てきたからだ。

談志死去の衝撃がまだ生々しい二〇一一年一二月、一回目の『芝浜』。先代の小さんが亡くなった際に談志の言った「小さんはオレの中にいる」という言葉を彷彿とさせるように、当日のパンフにはこう書いてあった。

「師匠、これからは私の身体にお入りください」

長尺の『芝浜』だった。ところどころに談志のフレーズ、談志の間が入る。「百八つ……百八つ……」談志が最後のお別れをしに、志らくの身体に乗り移った。ホール後方では談志の長女、弓子さんが途中から号泣していた。無事、大役を果たした志らくは、翌年以降もあと二回、年末のよみうりホールで『芝浜』を演じることを約束した。

二年目。一席目に得意の『らくだ』を掛けてからの『芝浜』。可愛い女房だが、昨年よりもドライだ。テンポも志らくのそれ。テーマは「脱談志」か。それは志らくだけでなく、主を失った落語立川流にとっての命題でもあった。

そして昨年末、約束の三回目。少し遅れて会場に到着すると、一席目『粗忽長屋』の途中だった。談志言うところの「主観長屋」を、オーソドックスに。二席目は『やかん』だ。ただの滑稽噺を不条理なダイアローグにまで高めた、談志のイリュージョン落語の最高傑作だ。談志の生み出した数々のフレーズが強烈すぎるため、七〇歳まででは『やかん』はできないとまで言っていた志らく。しかしこの夜、パンフに書かれたキャッチは、「生きている談志」だ。志らくは観客の望むフレーズの数々を、そのまま演ってみせた。談志の声色まで真似ながら。「まさかお前、文房具屋に売っているものなんか信用しているんじゃないだろうな」談志もよくやったことだ。「ひとつ圓朝師匠で演ってみせようか」なんて。志らくの中に生きている談志。しかし、それはもはや乗り移っているのではない。志らくにとって談志は、乗り越えるべき偉大な参照軸となったのだ。

昨年よりもさらに速いテンポで『芝浜』は進む。さらりと挟まれる「百八つ」のやりとり。夢を見ている場合じゃない。そんなガムシャラに生きる亭主と女房、そして志らくがいた。

これからも生きている立川志らくを見ていこう。そんなことを思いながら帰宅して、志らくのTwitterを覗いたら、なんと談志邸をリフォームしてそこに住む予定だという。えっ？「生きている談志」ってそうゆうこと!?　でも、志らくらしくていいや。おまけに家をあれこれ改装してみせるあの番組も密着取材中だという。こりゃ、放送が楽しみじゃないか。談志も雲の上で笑っていることだろう。

「KAMINOGE」（2014）

最後の読書

老舗の音楽誌がインタビュー記事で「追悼」という単語を誤って「ツイート」と表記してしまったらしい、という話を聞き、すぐに該当ページを確認してみた。その雑誌にはぼくも映画評を寄稿しており、見本が送られてきていたのだ。たしかに間違っていた。あるミュージシャンが故ルー・リードについて「みんなお手軽に追悼するなよ」と憤っているのだが、誌面では「お手軽にツイートするなよ」となってしまっている。それはそれで意味は通っているのが可笑しかった。

ある人間にとっての重要なトピックが、別のある人間にとっても同じように重要なわけではない。最近も人気アイドルグループのリーダーがグループを卒業するとかなんとかで、ぼくの周りの愛すべきボンクラたちは生活がひっくり返るほどの大騒ぎだったのだが、アイドルに興味のないぼくはこの件について、そのリーダーの女性はまっとうなキャリア形成を考えてるのだなぁ……ぐらいの感想しか持ちえなかった。

あたりまえだが、世界で起こるあれこれの重さは、受けとる人によって変わる。ルー・リードの死だってそう。悲しみにくれる者もいれば、手軽にツイートで追悼をすます者もいる。ルー・リードが死んだことも、そもそも名前すら知らない者だって多いだろう。誰かが死んだところで、それとは無関係に、それぞれに大事なことや気がかりなことがある。

思い出すのはチェーホフ作品に登場する人物たちのことだ。彼らはよく相手の大事な話を聞き漏らす。愛の告白ですら、気もそぞろで聞いていないことがある。

「使い走り」は、そんなチェーホフの最期をレイモンド・カーヴァーがスケッチした短篇である。執筆時、カーヴァーは癌を宣告されており、結果的に本作は彼にとっても最期の小説となった。

カーヴァーによるチェーホフの死は、医者の視点、妻オルガの視点、とカメラを切り替えながら、最後はホテルのボーイの視点から描かれる。オルガからチェーホフの葬儀の手はずをことづかりながら、ボーイは自分がいまとても大切な状況に置かれていることをじゅうぶんに理解はしているのだけど、彼の頭の中は、オルガの足下に転がっているシャンパンのコルクをどうやって拾おうかでいっぱいである。

本を閉じたぼくは、たとえ自分が死んだとしても世界は平然と続いていくにちがいないと思って、少しほっとした。

「週刊朝日」(2015)

シング・ア・ソング

ここまで拡がるとさすがに圧巻だわ。カンパニー松尾監督の『劇場版テレクラキャノンボール2013』のこと。「めちゃイケ」でパロディにされるわ、前田日明にまで届いてしまうわ。最初のオーディトリウム渋谷での上映ではバッファロー吾郎A先生と一緒にトークで出演させてもらったが、今度は新宿モーションというライブハウスでの上映の際にも司会をすることになった。未見の方は、この機会にぜひ。カンパニー松尾監督と下川諒（挫・人間）くんとのトーク、それからNATURE DANGER GANGとゲスバンドのライブもあります。というか、映画なのにライブハウスでの〝対バン〟がもはや普通のことになってるのがすげーぜ、テレキャノ。

しかし、ここにきて松尾の盟友ともいえるミュージシャン、豊田道倫が新譜《SING A SONG 2》をリリースしたのには星の巡りあわせを感じてしまった。たった一日で四〇曲を弾き語り録音したアルバム。同様の方法で二八曲を録音した二〇〇四年の作品《SING A SONG》の続編という位置づけでもある。

二〇〇四年といえば、カンパニー松尾が前年に立ち上げたAVレーベルのHMJMから作品リリースを開始した年だ。が、その7インチレコードのジャケットを模したイカすパッケージで投下されたレーベル第一弾の七作品は、逆にそのパッケージサイズが仇となり、思うように売り上げが伸びなかった。HMJMはわずか一年で新作リリースを凍結。どの作品もAVというワクを最大限に活かした、掛け値なく素晴らしい内容だったにもかかわらずだ。

ぼくがとくに好きだったのは、松尾と平野勝之と真喜屋力の三人が、それぞれ東京と北海道、沖縄で二〇〇三年の年末から元旦までを思い思いに過ごす日々を記録した『UNDERCOVER JAPAN』というオムニバス作品だ。この松尾パートのある重要なセックスシーンに、豊田道倫の《SING A SONG》収録曲〈雨のラブホテル〉が流れる（おそらくライブバージョン）。

つい先日、この『UNDERCOVER JAPAN』について、「テレキャノがブレイクしているこのタイミングで、改めて光が当たったら……」なんてことをツイートしたら、ホントに何枚か売れたらしく、HMJM営業部長のアキヒトさんから御礼のリプライがきた。買った人は幸せだと思う。だって、テレキャノのさらにその先にある松尾作品の豊穣さに、宝の山に、いまから足を踏み入れることができるのだ。でも、じつは言いたかったことはもうひとつあって。なんの予備知識もなく大勢の男女がテレキャノに熱狂したように、いまこそみんなに豊田道倫を聴いてほしいと思うのだ。

この原稿を書いてる二日前の夜、渋谷のO-nestで《SING A SONG 2》のレコ発イベントがあった。ライブ前には豊田と松尾と川本真琴のトークも行われた。川本といえば、二〇〇二年にメジャーレーベルを離脱し、二〇〇六年にタイガーフェイクファ名義で本格的な音楽活動を再開したのだが、その舞台を用意したのは松尾のハマジムレコードだった。つないだのは豊田である。いま、このタイミングだからこそ、この三人のトークが是が非でも聴きたかった。しかし仕事の関係でどうしても間に合わなかった。

遅れて会場に着き、演奏フロアに続く重い扉を開けると、聞こえてきたのは〈串カツ、食べるか〉。ライブはすでに後半に突入していた。〈グッバイ大阪〉〈結婚の理由〉〈FGV〉〈僕は間違っていた〉――曲名を並べるだけで聴く者の胸中に人生のなにがしかを蘇らせる、そういう歌が続く。〈うなぎデート〉〈戦争に行きたかった〉。そして、かつて昆虫キッズという若いバンドを従えて録音した〈ゴッホの手紙、オレの手紙〉。まさにこの前日、昆虫キッズは解散を発表していた。豊田は豊田で、これらからもこの曲を歌っていくのだろう。

豊田の歌を聴いていると、人生に起こるすべての出来事がなにかの伏線のように思えてくる。それこそHMJMの第一弾作品だった松江哲明監督のAV作品『アイデンティティ』が名前を『セキ☆ララ』と変えて劇場公開されたのを観にいったのが、テレキャノに先駆けること八年、AV

を劇場で他人と一緒に見るという初めての体験だった。そのことをO-nestのフロアで松尾に話すと、「あの頃のオレは、まだ劇場でAVを見せるっていうことに反対だったんだよねぇ」ホント何が起こるかわからない。

ライブは終盤にさしかかっている。アンコールで豊田は、ゲストボーカルに川本真琴を迎える。曲は〈UFOキャッチャー〉だ。

と、ここでちょっとしたハプニングが起こった。サビを歌おうとした川本の声が、突如こみ上げてきた涙で詰まってしまう。

「狂おしく生きていく／死にもの狂いでがっついて／明日も今日も昨日も明後日も／飯を食わねばならぬみじめさ」

しかし、川本はすぐに持ち直し、最後まで歌いきる。

「私は幻か／君は人間か／夏の終わりに／夏の終わりに」

いつだったたか、飴屋法水が「いつか聞いた〈UFOキャッチャー〉みたいな、すごい歌に負けないものをつくろう」とつぶやいていたことを思い出した。

「summer, 2014」

「KAMINOGE」（２０１４）

終わるもの、始まるものと続いていくもの

つい先ほどお台場でボブ・ディランのライブを観たのち、急いで帰宅。この原稿に向かっている。ライブ中に、編集部からの催促電話を受けたのだった。たしか前号も、同じ時期に東京ドームでローリング・ストーンズのライブを観ながら、ほぼ同じような状況に陥っていた。ロックの神々と連載原稿の締め切りを天秤にかけるという状況が続いている（エラソウですみません）。

そして、ここ最近の神々の動向といえば、『いいとも！』最終回でのビッグ3の絡みである。たけしの表彰状には大いに笑ったたし、さんまについては、前日の千原ジュニア生誕祭@両国国技館での「オレはあのふたりみたいにはなれない……」発言をナマで聞いていただけに、最低男のコーナーに封じ込められた「永遠」に、かえって切なくなったりもした。

しかし、なんといってもその後の「夢のお笑い超人タッグ編」の衝撃たるや。とんねるずが乱入してきた瞬間、実際の身長よりもわずかに大きく見えたのは、石橋貴明のムーブがナマ放送のフレームを攪乱したからだろう。勢いづく太田光の姿には、ロープに片足をかけ、トップロープを掴みながら、片腕を上げて観客にアピールする姿を幻視した。その瞬間、タモリのこぼした「これプロレスか？」というつぶやきの的確さ。が、本当にすごいのは、自分が司会の番組で、そんなフラットな感想を言えてしまうことなのだ。その後のタモリの〝積極的傍観〟ともいえる佇ま

いこそ、超一流プロレスラーのそれだった。

タモリがコーナーポストにいるだけで、バトルロイヤルが興行として成立する。最後には、アシュラマンの「呪いの人形」により友情にヒビが入っていた正義超人のごとく、「あれ？　なんで揉めてたんだっけ」と。まあ、そんな牧歌的なものではないにせよ、とにかくあのリング上で、テレビバラエティ史におけるカタルシスがいくつも刻まれたことはたしかである。

終わるものがあれば、始まるものもある。『いいとも！』のグランドフィナーレから二時間後、日付が四月一日に入り、フジテレビで最初にスタートした新番組が『噺家が闇夜にコソコソ』。フジでは『落語のピン』以来、二〇年ぶりとなる落語家バラエティ番組だ。

ここでちょっとしたミラクルが起こる。若手大喜利コーナーの一発目、「エイプリルフールです。一秒でバレるウソをついてください」というお題に対して期待の若手、立川吉笑が出した回答が、「前から読んでも後ろから読んでも、オスマン・サンコン」というもの。サンコンというチョイスが微妙に古い、というツッコミを番組内ではされたのだが、『いいとも！』フィナーレから流れてきた視聴者は驚いたはずだ。あの「夢のお笑い超人タッグ編」でさんざんいじられたオスマン・サンコン。おそらくここ二〇年間のテレビで、もっともサンコンに光が当たった瞬間だったはずだ。『いいとも！』はナマ放送。一方、大喜利は収録なのだから、すべては偶然である。ささいなシンクロニシティだが、吉笑はなにかに選ばれたのだと思った。

同じく四月から始まった新番組で触れなくてはならないのは、DDTプレゼンツ『さいたまースラム！』（テレビ埼玉）だろう。来たるべきさいたまスーパーアリーナ大会に向けてまずは地域密着から、というのがいかにも大社長らしい。番組は、DDT映像班の今成夢人が編集とナレーションを兼任。初回放送ではDDTの所属選手とユニークな試合形式を紹介。第二回からはさっそく試合（埼玉の春日部大会）の模様が放映されている。

テレ玉といえば、二〇〇七年に同じくDDT傘下団体のマッスルによる『マッスル牧場classic』のレギュラー放送があった。エンディングのクレジットロールで遊んでみたり、田舎に泊まる某番組のパロディをやったりしていたのが懐かしい。あの頃はまだ、DDTが毎年のように両国大会や武道館大会を開催し、ついにはさいたまスーパーアリーナ大会まで視野に入れている状況なんて想像できなかった。

ここにきてのカンパニー松尾監督『劇場版 テレクラキャノンボール2013』のスマッシュヒットにも驚きだ。二〇〇九年、阿佐ヶ谷ロフトAで松江哲明とマッスル坂井のイベントをやったとき、マッスル坂井がトークで「いつか高木三四郎をカンパニー松尾と会わせなければならない。ぼくと松江監督にはその義務がある」という趣旨の発言をした。ちょうど『テレクラキャノンボール2009』がリリースされたばかりの頃で、マッスル坂井がこれをさっそくパロディ化。『プロレスキャノンボール2009』という作品をつくったことを受けての話だった。先月、同じ阿佐ヶ谷ロフトAで、松江哲明とカンパニー松尾の両監督とトークをしながら、そんなことを思い出した。

『テレクラキャノンボール』を劇場のスクリーンで観て、しみじみ気づかされるのは、監督とカメラマンと出演者を兼ねながら、スペシャルな映像をものにしていくというこの撮影技法が、世界広しといえど、日本のAVの、それも今回のキャノンボールに参加した監督たちの周辺にしか存在しないのではないか、ということだ。『劇場版テレクラキャノンボール2013』にはその技術やスピリットの〝継承〟というテーマも見え隠れする。とくに一〇時間あるDVD版にはその色が濃厚だった。そんな話をカンパニー松尾にすると、こう返ってきた。

「プロレスと似ているんですよ」

AVのハメ撮りではかならずセックスがある。しかし、松尾はそれ以外の要素――どんな会話をするか、一緒になにを食べるのか、どのタイミングでセックスに突入するか、そうしたやりとりもまた、セックスそのものと同じくらい大事にしたいのだと言う。そのためには、いついかなるときでもカメラを通した見せ方を瞬時に判断できなくてはならない。もちろんセックスにもさまざまな技や見せ場はある。でも、それだけじゃないのだ。コーナーポストにいるだけのタモリの凄みと、カンパニー松尾の言う「プロレス」が、ぼくの中で重なった。

「KAMINOGE」（2014）

つぎの歌の名前

渋谷WWWって元シネマライズの一部だよなってことをたまに思う。九〇年代後半、渋谷を中心にミニシアターブームがあって、シネマライズといえば『トレイン・スポッティング』だ。単館のロングランだけで一五万人を動員した。現在のミニシアターの状況からは信じられない数字である。

そんなシネマライズの地下がいつのまにかライブハウスに変わり（映画館は二階に一部残ったが）、月に数回、ぼくも音楽ライブを観にいくわけだが、まれにそこが元映画館であることを思い出させるイベントがあって。あるときは『極私的神聖かまってちゃん』の爆音上映。またあるときは、あらかじめ決められた恋人たちへと『ライブテープ』の対バン（バンド×映画）。そんなとき、WWWは元映画館のポテンシャルをいかんなく発揮し、豊穣なソニマージュ体験をもたらしてくれる。

いま挙げたイベントのどちらにも松江哲明が絡んでいるのは偶然ではない。単なるコラボという次元を越えて、音楽と映画の融合に取り組んできた松江は、もともと映画館であったWWWを、特殊な作品発表の場所として重要視しているフシがある。

最近もまた松江は、WWWを使って驚愕のライブイベントを試みた。その名も「フラッシュバックメモリーズ 4D」だ。

ベースには昨年公開された松江の最新作『フラッシュバックメモリーズ 3D』がある。交通事故で高次脳機能障害を負い、記憶の一部を失い、さらに新たな記憶も覚えづらくなったディジリドゥ奏者、GOMAを追ったドキュメンタリー映画である。

この作品はインタビューに頼らず、3D構造を使ってGOMAの置かれている状況を再現する。手前に「現在」のGOMAのライブ映像を、背後に事故前にホームビデオなどで撮られたGOMAのプライベート映像――つまりは記憶の消えてしまった「過去」を配置するのだ。この手前に置かれた「現在」のライブシーンの収録場所はWWWである。

「フラッシュバックメモリーズ 4D」は、この映画をバックで上映しながら、ステージ上で新たにGOMAとバンドがライブ演奏をするという試みだ。しかも、この日の会場は、映画と同じくWWWなのである。

GOMAの呼吸とシンクロするディジリドゥの音をカラダで感じながら、ぼくは、彼の記憶の海に吸い込まれるようなトリップ感を味わっていた。WWWは「過去」と「現在」とが交錯する巨大な記憶装置と化していた。

この一ヵ月前、まさに同じWWWで行われた松江哲明の結婚パーティでも、乾杯の音頭に続き、ステージでGOMAが演奏した。さらにNRQ、あらかじめ決められた恋人たちへの演奏が続き、最後に出てきたのが前野健太だった。バックバンドは久しぶりの「デヴィッドボウイたち」。『ライブテープ』の井の頭公園のシーンで演奏したメンバーたちだ。あの映画もまた人生の記憶装置だった。『ライブテープ』のラストシーンで前野が歌った〈東京の空〉を、新婦が歌った。「東京の空は今日もただ青かった」。この結婚パーティの模様を、オーディトリウム渋谷で『劇場版 テレクラキャノンボール2013』を上映中のカンパニー松尾が撮影していた。やはりパーティの参列者である高木三四郎がマッスル坂井に、『プロレスキャノンボール』の続編製作をそそのかしていた。結婚パーティの会場にWWWを選ぶなんて、松江以外に思いつかないだろう。

GOMAとバンドの演奏が熱を帯びてくる。映画はGOMAの交通事故、さらに臨死体験までアニメで再現する。これらの出来事があったから、GOMAはいま目の前のステージに立っているのだ。映画も、ライブも、WWWも、観客も、すべてがシナプスのように絡みあいながらGOMAの記憶を構成していた。

アンコールでGOMAが演奏したのは新曲だった。

「音楽と人」（2014）

初出一覧

※本書は著者がこれまで発表した原稿をもとに加筆修正した著作集である。

1章

あの映画館で待ち合わせ　「音楽と人」(2014年8月号)

『ライブテープ』について私が知っている2、3じゃすまない事柄

『ライブテープ』DVDブックレット(2011年)

松江哲明の呼吸するテンポ　ブログ「wannyan prays」(2006年6月2日)

放り出されてしまった世界で、歌を　「CINRA.NET」(2011年12月21日)

歌を選んだときのこと　「週刊SPA!」(2011年12月13日号)

JASRAC　出　1500251-501

空に溶けていった音楽の行方　「remix」(2009年12月号)

もう旅に出なくてもいいんだと思った　「SPOTTED701」vol.16 (2011年)

コロがしコロがり続けろcero　「音楽と人」(2014年3月号)

MC.sirafuと〈踊る理由〉　「音楽と人」(2013年2月号)

あたらしい日本の音楽について　「CDジャーナル」(2012年8月号)

「どつ」という熱にうなされて　「音楽と人」(2013年11月号)

どついたるねんの終わらない青春　「CDジャーナル」(2014年4月号)

NATURE DANGER GANGのとびきり美しい瞬間　「音楽と人」(2014年4月号)

豊田道倫のネバーエンディングツアー　「音楽と人」(2013年5月号)

大森靖子のマイルストーン　「音楽と人」(2014年5月号)

あたしの見せ方は、あたしが一番よく知ってる　「MUSIC MAGAZINE」(2014年10月号)

師走の低音と不随意な揺らぎ　「音楽と人」(2015年2月号)

ロロと倉内太のポップな反重力　「音楽と人」(2013年1月号)

山戸結希のキメラみたいな映画　「音楽と人」(2013年6月号)

韓国インディのいま　「Quick Japan」108号(2013年)

2章

生き延びるための技術　「EYESCREAM」(2012年10月号)

一〇〇回目の三月の5日間　「新潮」(2012年3月号)

穴底に突き当たるまで　「オルタ」(2008年9·10月号)

Kのこと　「SPOTTED701」vol.2 (2008年)

切断線に差し込む未来　「Quick Japan」vol.115 (2014年)

野宿者／ネオリベ／フリーター　ブログ「wannyan prays」(2006年6月10日)

現実を夢見る言葉の位相	「Quick Japan」vol.113（2014年）
五反田から祈り続ける	「TOmagazine」品川区特集号（2014年）
五反田団の腰の重さ	「アクチュール・ステージ」3号（2012年）
ポツドールとマジックミラー	ブログ「wannyan prays」（2008年6月13日）
三浦と峯田の徒手空拳	「MUSIC MAGAZINE」（2014年9月号）
このコントは笑えるのか	「Quick Japan」vol.110（2013年）
夢と幻のような現在	「Quick Japan」vol.114（2014年）
性と生が変容する場所	「Quick Japan」vol.116（2014年）
トランスするサンプル	「雑誌サンプル」vol.1（2013年）
「女装」のポテンシャル	「雑誌サンプル」vol.1（2013年）
鏡になってあげると大島薫は言った	『ボク〈が〉大島薫。』（2014年）

3章

新しいプロレスの味方	「KAMINOGE」vol.2（2011年）
ロボットとレスラーの暗闇への跳躍	「KAMINOGE」vol.12（2012年）
リングをとりまく叙事詩と抒情詩	「KAMINOGE」vol.22（2013年）
「プロレスラーになること」と「プロレスラーであること」	「KAMINOGE」vol.19（2013年）
女性は一度プロレスをやったほうがいい	「KAMINOGE」vol.16（2013年）
「マッスル」とはなにか？	「BUBKA」（2009年1月号）
プロレスラーの言葉と身体	「KAMINOGE」vol.15（2012年）
マッスルについて考えることは喜びである	「Quick Japan」vol.78（2008年）
プロレスブームを待ち受ける岐路	「KAMINOGE」vol.37（2014年）
カウント二・九の青い空	「KAMINOGE」vol.7（2011年）
まだまだ話したいことがいっぱい	「KAMINOGE」vol.4（2012年）
談志が死んだ	「Quick Japan」vol.99（2011年）
江戸の風の羽ばたき、立川談志の成り行き	「ユリイカ」（2012年2月号）
『芝浜』の向こう側	「KAMINOGE」vol.26（2014年）
最後の読書	「週刊朝日」（2015年1月6日号）
シング・ア・ソング	「KAMINOGE」33号（2014年）
終わるもの、始まるものと続いていくもの	「KAMINOGE」vol.29（2014年）
つぎの歌の名前	「音楽と人」（2014年6月号）

あとがき

本書をまとめるにあたって、気をつけたことが二つある。

一つは、サブタイトルに「ポップカルチャーと社会をつなぐやり方」とあるが、社会状況やその変化が作家や作品に影響を与えているという見方はしないということ。社会のあり様を追認するだけの作品はつまらないし、また、作品を社会に対する「註釈」に切り詰めてしまうような鑑賞態度もとりたくないと思った。

つまり本書は、ポップカルチャーを見れば社会の動きがよくわかる、ということを喧伝する本ではない。「つなぐ」という動詞は、あくまで受け手の側の課題としてある。それゆえ、作家自身が「社会性」を考慮しているか否か、自覚的であるか無自覚であるかなども問題とはならない。作家にとって社会と無縁に自律していると思われる作品やテーマが、それを受け取った誰かにとっては、日常生活のリアリティや、彼や彼女をとりまく社会状況とシンクロしているように感じられることだってあるだろう。むろん、社会と組んず解れつすることで生み出された作品が、単なる現状追認を越えて、まだ見ぬ未来のヴィジョンを引き寄せることだってある。そのような可能性を、作家たちの意図に関わらず、抽出しようと試みた。

もう一つは、本書全体をリニアに組み立てるということ。

ここに収められた各原稿は、雑誌掲載時には個別に読まれることを想定して書かれたものだが、言及した人物が場所を変えて何度か交錯することで、やはり本人たちの思惑とは別に、テーマや背景となる街の物語が浮かび上がってくるような構成を目指した。

いずれも、うまくいったかどうかは読者の判断に委ねたい。

本書の元になった原稿が掲載された媒体は、週刊誌もあれば、実話誌も文芸誌も専門誌もある。どの雑誌にも個性があり、編集方針や読者のニーズなどさまざまである。それらのカラーを意識することで初めて引き出されたアイデアが数多くあった。どの原稿も、媒体ごとのアングルと締め切りがあったからこそその内容だった。そのつどリードしてくれた編集者たちに感謝する。

また、私の本をつくるべく、若い編集者の前田和彦くんと企画を進めてくださりながらも、二〇一三年九月、食道がんでこの世を去られた中川六平さんにも深謝を。中川さんが最初に「九龍さんの本を出そう」と言ってくださったことが、どれほど心強かったか。

紆余曲折を経て、本書をあるべき姿に編んでくれたのは同世代の信頼する編集者、稲葉将樹だった。彼の大胆なディレクション抜きには本書の完成はなかっただろう。年下の友人であり編集者でもある小川一典には、雑誌原稿をテキスト入力する作業を手伝ってもらった。

田部井美奈さんの考え抜かれた装幀と、松井一平さんの素敵な挿画は、この本に最高の外見を与えてくれた。松井さんのやっているバンド、TEASIも素晴らしいので、ぜひ聴いてみてほしい。

そして最後に、読んでくださった皆さま、どうもありがとうございました。

九龍ジョー

九龍ジョー　Joe Kowloon
1976年生まれ、東京都出身。ライター、編集者。いくつかの職種を経たのち出版社勤務を経てフリー。ポップカルチャーを中心に原稿執筆。編集した単行本多数。共著に『遊びつかれた朝に――10年代インディ・ミュージックをめぐる対話』

メモリースティック
ポップカルチャーと社会をつなぐやり方

初刷発行　2015年2月20日

著者　九龍ジョー
イラスト　松井一平
デザイン　田部井美奈
編集　稲葉将樹（DU BOOKS）
発行者　広畑雅彦
発行元　DU BOOKS
発売元　株式会社ディスクユニオン
東京都千代田区九段南3-9-14
［編集］TEL.03.3511.9970　FAX.03.3511.9938
［営業］TEL.03.3511.2722　FAX.03.3511.9941
http://diskunion.net/dubooks/

印刷・製本　大日本印刷

ISBN 978-4-907583-37-8
printed in japan

DU BOOKS

映画に耳を

聴覚からはじめる新しい映画の話

小沼純一 著

「キネマ旬報」「読売新聞」にて紹介されました！

待望の映画（と）音楽の論考集。映画と音楽の豊かな関係。

映画音楽は死語になりかけている、映画は何かもの凄く大切なモノを失いかけている。──岩井俊二

本体2500円＋税　B6変型　400ページ

大韓ロック探訪記

海を渡って、ギターを仕事にした男

長谷川陽平 著

「週刊スピリッツ」、ソウル新聞テソロ、日刊SPA！ にて紹介されました！

韓国音楽=K-POPだけじゃない！　韓国音楽シーンを塗り替えたロックバンド、「チャン・ギハと顔たち」。そのプロデューサー / ギタリストは、実は、日本人だった！　韓国音楽界の生き字引やパイオニアとの対談も収録！

本体2200円＋税　A5　224ページ

ヤンキーマンガガイドブック

文化系のためのヤンキーマンガ入門

稲田豊史 著

50年にわたるヤンキー文化の歴史を、マンガを通して概観する1冊。

日本人なら誰もが親しんだヤンキーマンガを、速水健朗、松谷創一郎、森田真功、山内マリコ、ラリー遠田ほか、気鋭の論客たちが真正面から語ります。

髙橋ヒロシ、元「ヤングマガジン」編集長、品川祐のインタヴューも掲載！

本体1800円＋税　A5　208ページ

音楽マンガガイドブック

音楽マンガを聴き尽くせ

松永良平 監修

「ミュージック・マガジン」、読売新聞、日刊SPA！ にて紹介されました！

史上初！ 1950～2010年代までの、「音楽をテーマにしたマンガ」だけを網羅したガイドブック誕生！　ロックバンド、クラシック、ジャズ、ブルース、合唱、DJ……、計360タイトル掲載！　細野晴臣、坂本慎太郎インタビューも収録！

本体1800円＋税　A5　200ページ

DU BOOKS

職業、DJ、25年
沖野修也自伝

沖野修也 著

Twitterでの大炎上が話題となった1万円レコードの販売、10万人以上がアクセスしたブログ「DJの心境」、そして、風営法の改正のために世界のトップDJたちが現役総理に請願形式の手紙を送ったプロジェクトの考案……。
大胆な発想と行動で常に問題提起を続けてきた国際派DJの音楽人生！

本体2000円＋税　四六　208ページ

INDUSTRIAL MUSIC FOR INDUSTRIAL PEOPLE!!!
雑音だらけのディスクガイド 511選

持田保 著

「サウンド&レコーディング・マガジン」にて紹介されました！「工場産業従事者のための工業産業音楽」―スロッビング・グリッスルのデビュー作のジャケットに記載されたこのスローガンにより誕生したといわれる「インダストリアル・ミュージック」。世界初、ノイズ&インダストリアルの厳選盤511枚を紹介するディスクガイド。

本体2000円＋税　A5　221ページ　好評2刷！

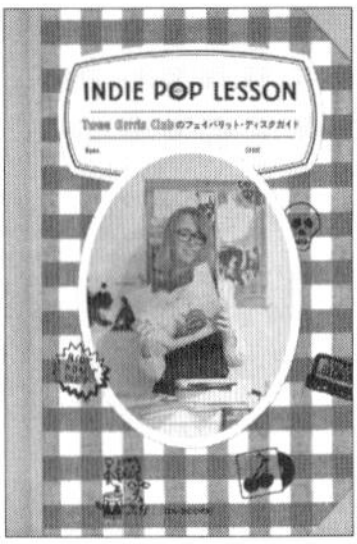

インディ・ポップ・レッスン
Twee Grrrls Clubのフェイバリット・ディスクガイド

Twee Grrrls Club 監修

「装苑」「FUDGE」「クロスビート」にて紹介されました！
女の子の、女の子による、女の子のための音楽レッスン。
お題目、国、年代からイメージする“インディ・ポップ”ディスクをセレクト。
おすすめバンドの未発表曲コンピレーションのダウンロードクーポン付き！

本体1800円＋税　A5　104ページ

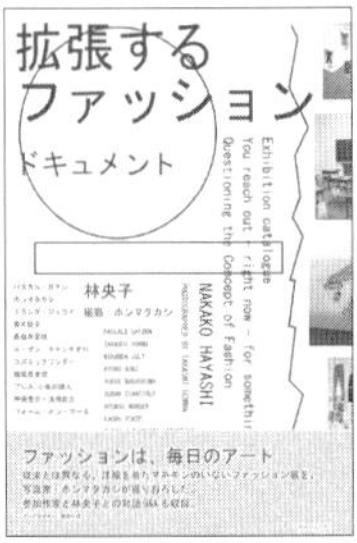

拡張するファッション ドキュメント
ファッションは、毎日のアート

林央子著

従来とは異なる、洋服を着たマネキンのいないファッション展を、
写真家・ホンマタカシが撮りおろした。
参加作家と林央子との対話Q&Aも収録。
アートディレクション&デザインは服部一成。

本体1800円＋税　A4変型　208ページ